U0804536

“十三五”国家重点图书出版规划项目

国家出版基金项目

本书获教育部人文社会科学研究青年基金项目“近代中国贸易网络的研究——以旧海关源汇数据为中心的分析（1873–1942）”（项目号：13YJC770051）和国家自然科学基金青年项目“近代中国城市体系研究——基于旧海关埠际贸易和子口税贸易OD数据的分析（1859–1947）”（项目号：41401149）的资助。

国家出版基金项目
NATIONAL PUBLICATION FOUNDATION

“十三五”国家重点图书
出版规划项目

“港口—腹地与近代中国经济转型研究”丛书

吴松弟 樊如森 主编

近代中国贸易网络空间研究

（1873—1942）

王哲 著

齊魯書社

图书在版编目(CIP)数据

近代中国贸易网络空间研究:1873—1942 / 王哲著. --济南: 齐鲁书社, 2020.6
("港口—腹地与近代中国经济转型研究"丛书/吴松弟, 樊如森主编)
ISBN 978-7-5333-4314-9

Ⅰ. ①近… Ⅱ. ①王… Ⅲ. ①对外贸易-贸易史-研究-中国-1873—1942 Ⅳ. ①F752.95

中国版本图书馆 CIP 数据核字(2020)第 024313 号

策划编辑/赵发国
责任编辑/孟令君 刘 强
装帧设计/郭 觐 李 生

近代中国贸易网络空间研究(1873—1942)
JINDAI ZHONGGUO MAOYI WANGLUO KONGJIAN YANJIU(1873—1942)
王 哲 著

主管单位 山东出版传媒股份有限公司
出版发行 齐鲁书社
社 址 济南市英雄山路 189 号
邮 编 250002
网 址 www.qlss.com.cn
电子邮箱 qilupress@126.com
营销中心 (0531)82098521 82098519 82098517
印 刷 山东新华印务有限公司
开 本 710mm×1000mm 1/16
印 张 19.5
插 页 3
字 数 318 千
版 次 2020 年 6 月第 1 版
印 次 2020 年 6 月第 1 次印刷
印 数 1—1000
标准书号 ISBN 978-7-5333-4314-9
审 图 号 GS(2020)11 号
定 价 86.00 元

总 序

近代是中国由传统社会向现代社会转型的时期，经济上的转型是其中的重要方面。尽管经历了艰难曲折的过程，而且近代经济的发育总体水平不高，但毕竟改变了中国几千年的传统经济面貌，成为后世发展的基础。

近代经济转型的动力，来自外来因素和本国内在因素的共同作用，空间上则表现为“港口—腹地”的双向互动作用。“港口”，指位于我国东部的大连、营口、丹东、天津、烟台、青岛、连云港、上海、宁波、福州、厦门、高雄、基隆、广州、香港等沿海主要港口城市，以及汉口、重庆等长江沿岸的主要港口城市。而且，它并非仅指承担客货运输任务的港口部门，而是包括港口部门和它所在的城市。广而推之，凡通过航空、铁路、公路等交通枢纽而成为一片较大区域的交通中心，均具有“港口”的作用，只不过人们常用“交通中心”“口岸”来代替“港口”一词而已。

“腹地”指位于港口城市背后的吞吐货物和集散旅客，以及大机场、铁路和公路交通中心所及的空间范围。在通常情况下，这一范围内的客货经由该港、机场和公路、铁路枢纽进出，在人和物的运输方面比较经济与便捷。港口城市的对内联系范围与海港、机场、公路和铁路的腹地范围空间上十分接近，因此，港口、机场、公路和铁路枢纽进出的腹地范围几乎都可视为港口所在城市的腹地范围。

我国是一个幅员辽阔的大国，河流多自西向东流，注入大海，在现代交通兴起以前，东西向的河谷往往又成为新式交通发达之区。近代外来的先进生产力在沿海口岸登陆，之后再顺着东西向的水路或陆路往西拓展。在边疆地区，内陆口岸也扮演了沿海口岸的角色，只是影响力基本集中在边疆地区，受其影响的空间范围较小而已。来自沿海和沿边口岸往自己腹地的经济辐射，推动了腹地经济变迁，改变了中国的交通格局、城市分布和区域经济差异，并促使新型经济区形成。

本人长期研究近代经济地理，所提出的“港口—腹地和中国现代化的空间进程”观点，已被学界认为是从空间角度分析近代经济不平衡发展的很好的解释，所指导的硕士、博士研究生一直是国内近代经济地理研究的主要力量。由我主编、戴鞍钢副主编，来自全国的25位学者联合撰写的九卷本《中国近代经济地理》，填补了近代经济地理研究的长期空白，一定程度上满足了学术界和各地政府的需要，2018年获上海市第十四届哲学社会科学优秀成果奖著作类一等奖，2020年获教育部第八届高等学校科学研究优秀成果奖（人文社会科学）一等奖。这次出版的“港口—腹地与近代中国经济转型研究”丛书，抓住经济转型这一重大课题，从空间角度深入论述区域经济变迁的过程，具有重要的学术价值，获得了学术界和出版界的广泛认可，被列入“十三五”国家重点图书出版规划并获得国家出版基金资助。

本丛书的九位作者中，樊如森、方书生、张永帅三人都是九卷本《中国近代经济地理》的作者，陈为忠、张珊珊、徐智、毛立坤、王哲、杨敬敏等人在区域、城市、贸易等方面都发表了有影响的学术论文。各位作者在自己博士学位论文的基础上加以时空拓展，以全面展现一批主要港口城市及其经济腹地，描绘近代时期所发生的宏大经济变迁画卷。本丛书的出版，不仅可以进一步丰富近代中国历史地理研究的学术成果，也能为中国今天的经济建设实践提供扎实的实证基础和智力支持。值此丛书出版之际，谨对齐鲁书社的大力支持表示衷心的感谢！欢迎读者对本丛书提出宝贵的修改意见。

吴松弟

草于2020年4月5日

目　录

绪 论

第一节 问题的提出

近代中国经济发展水平的巨大区域差异已被大量的研究证明，但这并不代表当时国内市场处于严重的割裂状态。反之，学界认为，近代中国的区域间流通和全国市场整合所带来的“亚当·斯密型”经济增长，对于工业生产和消费水平提高均有积极的作用。近代国内市场网络发展程度是怎么样的？近代中国经济的空间结构如何描述？是一个地区间联系紧密且分工明确的经济体，或是一个内部松散的若干经济体的集合，甚至，根本就只有一些貌合神离，具有鲜明界限的区域经济个体？回答上述问题最重要的是尽可能定量恢复贸易网络并计算其物流强度。有的学者如施坚雅（G. W. Skinner）认为，19 世纪晚期中国并不存在一个一体化的城市体系，而分属为几个地区体系，地区间只有脆弱的联系。而且，每个地区体系内的城市腹地互相叠加，每个城市体系都是在其地文区内发展起来的。①

总体来看，学界对近代国内贸易网络的研究角度日趋多样，呈现点—线—面（换句话说就是城镇—商路—区域）的不同研究取向。城镇作为国内贸易的物理节点，其在贸易网络中居于核心地位，这方面研究成果数量众多，内容丰富。商路研究可一分为二，其一为针对某种特殊商品贸易路

---

① ［美］施坚雅《十九世纪中国的地区城市化》，见施坚雅主编，叶光庭等译《中华帝国晚期的城市》，中华书局 2000 年版，第 242 页。

径的考察，如粮食、皮毛货物、鸦片、茶叶等，其二为针对某条固定商路如华北铁路、长江航道、京杭运河、大庾岭商道等与所经地区经济互动的研究。以省或流域为单位的区域贸易网络研究早已有之，当下更为深入。

贸易网络的空间分布是近代市场扩展、市场制度、商品网络和市场整合等研究的一个切入点，也是上述几种概念的总和以及外在的宏观表象。学界一般认为，19 世纪末 20 世纪初国内贸易网络已渐具规模，内部存在不同层级。同时，某些地方存在较高的农产品商品化率，大宗商品如粮食和棉花等长途贸易的数量非常可观。重要的农产品如丝、茶、棉的价格也部分取决于国际市场的价格，集镇数量较之前期大幅度增加。上述表现都说明当时国内经济处于温和增长的态势，国内贸易网络也渐趋复杂化。但是，要对国内贸易网络整体进行定量化或半定量化研究则很困难，因为贸易运输载体多元、产品品种繁多、统计口径亦不一，势必需选择一些有代表意义的贸易种类来进行切片化样本分析。

19 世纪晚期中国被外力推向现代化和全球化的道路，在此之前已经发育了较为成熟且自成体系的商业网络。晚清商业网络在鸦片战争后受到外来的冲击，在全国各区域均得到了反映。长江三角洲城镇体系的中心由内河航运中心的苏州转移到国际航运和国内海运条件优越的上海。① 在华北地区，大运河漕船贩运贸易转向沿海运输，运河沿线在全国城市体系排在前列的一系列商业市镇无可逆转地衰落下去了。19 世纪末到 20 世纪 30 年代，沿海口岸接连开放，胶济、京汉、津浦和陇海铁路相继通车。农产品出口贸易，使得原来区域市场交易中心纷纷向口岸和交通线靠拢甚至迁移。② 天津由一个内贸型的旧式商业城市转变为北方进出口贸易门

① 戴鞍钢《港口·城市·腹地——上海与长江流域经济关系的历史考察(1843—1913)》，复旦大学出版社 1998 年版，第 139 页；戴鞍钢《发展与落差——近代中国东西部经济发展进程比较研究（1840—1949)》，复旦大学出版社 2006 年版，第 417 ~ 434 页；夏俊霞《上海开埠与江南城市格局及发展模式的变迁》，见张国刚主编《中国社会历史评论（第一卷)》，天津古籍出版社 1999 年版，第 277 ~ 295 页。

② 刘海岩《近代华北交通的演变与区域城市重构（1860—1937)》，见刘海岩主编《城市史研究（第 21 辑)》，天津社会科学院出版社 2002 年版，第 29 页。

户和当时的北方经济中心。① 各个省份如山东也有因地制宜的城镇体系变化。②

历史总是惊人的相似，在1840年到1949年百余年间，中国战争频仍，天灾人祸，国家与政府力量孱弱，但仍旧显现出资本主义初期的原始野蛮而自然蓬勃之姿态。中华人民共和国成立之后，经过了一段严格的计划经济时期，中国最终走上了尊重客观规律和依靠市场与民营经济的道路。

现实是历史的函数，长三角的首位城市、最有经济影响力的城市间的耦合关系、上海对长三角的带动与示范作用，上述种种都可以在近代找到影子。类似情况在东部地区和内陆省份都适用。当代经济地理学没有将着力点放在近代，对于与空间有关的经济现象的近代渊源与成因，缺乏历史纵深分析，而这正是本书努力要弥补的。

商品生产出来并融入流通渠道是资本积累的起点。一个社会的经济发展、停滞或衰退归根到底是看有限资源的利用和配置是优化了还是劣化了。③ 运输成本是交易成本的重要部分，信息的传递效率对经济运行效率也至关重要。商品流通是城市间联系强度的一个方面，而城市间的联系强度是衡量城市间以及城市所在区域间相互作用的有效工具，也是构建某一区域城市体系空间结构的最主要数据，同样，在经济史研究中，远距离的物品贩运也被看作生产力提高的显著指标。④

一般认为，国内市场在1840年开埠为代表的早期近代化过程之前就已经充分发展，国内商品流通的数量和价值都相当可观，到清代中叶已形成

---

① 罗澍伟主编《近代天津城市史》，中国社会科学出版社1993年版，第170页；樊如森《华北西北经济现代化与天津开埠》，《浙江学刊》2006年第5期。

② 王茂军、申玉铭、高宜程《民国时期山东城镇体系的空间组织——基于洋货空间流通的分析》，《地理研究》2007年第6期。

③ 吴承明《传统经济·市场经济·现代化》，《中国经济史研究》1997年第2期。

④ ［美］王国斌《转变的中国——历史变迁与欧洲经验的局限》，江苏人民出版社2010年版，第12页。

一定的规模。[①] 甚至可以认为，中国具有“前近代的高度一体化”[②]。而19世纪中叶以来的开埠贸易，促进了国内商品流通网络的再造与重建，使之担负了新的功能——对外贸易。而且，许多原来国内埠际贸易的重要港口也由于其区位优势和商业习惯自然地成为对外贸易的重要枢纽。

晚清民国时期，国内贸易经历着传统经济型态向市场经济型态的转变，埠际贸易的网络体系也同步而动。一般认为，国内贸易的节点分为枢纽性城市、中等商业城镇和农村集市三个等级。当时国内贸易结构的基础是数以万计的基层集市，它们与较高级的市场——中等商业城镇（开埠或未开埠）发生经济关系，最高的层级才是与上海、广州等开埠枢纽性城市连接起来。而所谓的远距离贩运，多发生在枢纽性城市和中等商业城镇之间所形成的网络体系中。各区域的特色经济分工业已形成，长途贩运强度增大。[③] 晚清民国的国内贸易网络，传统经济的联系强度和范围亦达到了可观的水平，但并非真正意义上的市场经济。晚清民国国内经济通过分工和交换产生“亚当·斯密型”的发展动力，在生产力和产业结构变化不大的情况下仍然保持活力。国内埠际网络的构建和长期发展趋势，在传统经济向市场经济转换中具有指标意义和重大研究价值。

开埠并非造就一个全新的贸易网络，而仅仅是对原有体系的改造和补充，且其影响力并未深刻影响底层的国内流通空间，国内的传统流通如木帆船、马车和手推车等载运工具仍然具有相当的竞争力。而且，在中等商业城镇（中间市场）到基层农村集市这一个级别的国内商品流通环节，基本未受到开埠的冲击而保持原来的传统状态，直到20世纪初铁路的大规模修建才对其有了触动。但不可否认，在主要的港口城市，开埠对其的影响

---

① 许檀《明清时期城乡市场网络体系的形成及意义》，《中国社会科学》2000年第3期。

② ［美］托马斯·罗斯基著，唐巧天、毛立坤、姜修宪译《战前中国经济的增长》，浙江大学出版社2009年版，第6页。

③ 许檀《明清时期区域经济的发展——江南、华北等若干区域的比较》，《中国经济史研究》1999年第2期。

巨大。不光表现在城市景观本身，也表现在城市间的关系网络结构上。前者的研究最近20年来十分充分，而后者常常被忽视。

正如城市是人类改造地表的最大产物，城市贸易网络及其背后的城市体系是经济发展最为宏观的外在景观，具有最大的历史惰性。开埠后，外来力量对于中国经济层面影响到底有多大，是仅仅影响到东部沿海的几个大城市而对农村生活的改变微乎其微，还是深刻地改变了中国的经济版图？近代区域经济区的形成又与之有何关系？本书旨在建立多个时间截面进行比较，相信可以给出一些答案，跟从其他角度进行研究的学者进行比较讨论。另外，对汉口、九江等腹地进行定量化的界定和再研究是在尝试一种手术刀式的精确研究，同时可以与先前研究进行对比印证，提供新鲜思路。

既然存在一个全国性市场的可能性尚且存在疑问，那么选择研究的目标区域和对象就是一个关键的问题。所以有必要对本书文章架构做一下简略介绍。

首先，本书选择了12个主要港口进行对外贸易的研究，期望得到中国东部地区最为重要的商业城市在近代港口体系中的职能分配，以及这种职能分配在长时间尺度上的变化趋势。这样的趋势实质上是反映了国外经济因素的“刺激”在空间上的不同作用强度，以及各个腹地对这种“刺激”所做的“回应”强度。这些城市是很多贸易的起点，是国内埠际贸易网络的外立面，跟埠际贸易网络多有契合。

其次，选择46个港口城市进行埠际贸易网络研究，期望得到国内流通的网络结构，以及这种结构在长时间尺度上的变化趋势。其实质反映的是近代中国中东部较为发达城市（通商口岸）间的物流状况。

再次，选择汉口、九江等进行开埠港口子口税贸易研究。这个部分反映的是通商口岸城市与下一个层次（更低一级的城市或者周围农村）贸易流通状况。

复次，对近代山东和湖南进行典型区域的贸易空间结构分析。

这样的行文结构，是为了尽可能地覆盖国内流通的各个层次，从而对于全国流通贸易有基本的了解。

接着，又对近代特殊商品——粮食贸易网络进行了可视化的分析。

本书的重点放在枢纽型城市与中等商业城镇这一层次的埠际贸易。吴承明提出可以用海关的出口统计与“土产国内贸易统计”来反映中国近代的长距离贩运贸易。① 这与本书思路一致。因时代所限，吴先生未能获得各埠间贸易的完整资料，仅根据海关的统计资料对20世纪30年代的市场商品结构进行了分析。② 此外，吴先生又对1869—1908年间的国内市场情况进行了进一步讨论，但使用的仍然是不完整的埠间贸易统计与厘金数据。③ 近年来，国内研究在晚清民国埠际贸易方面，集中于单个港口、两港之间或者港口与腹地之间的联系，这方面的论著与论文成果颇丰。类似上述的货物、货币以及人员的城际流动，是城市史研究的当务之急。④ 但到目前为止，尚未看到有论著研究整体恢复开埠后中国埠际贸易的空间结构及其演变。香港被英国控制之后，在海关统计及相关论著中，有关香港的资料也多半作为国外资料进行统计。若以今天的视角，将香港、台湾视为中国的一部分纳入空间结构，必将重新进行细致的统计计算。

有趣的是，在如今全球化愈演愈烈、地域间差异愈发减小的情形下，经济学界亦有部分学者担忧国内由于地方政府和中央政府的影响，导致中国国内市场产生严重的市场分割问题。⑤ 由此可见，时至今日，全国统一

---

① 吴承明《论我国半殖民地半封建国内市场》，见吴承明《中国资本主义与国内市场》，中国社会科学出版社1985年版，第266页。

② 郑友揆、韩启桐《中国埠际贸易统计1936—1940》，中国科学院1951年版，第23页。

③ 吴承明《近代国内市场商品量的估计》，《中国经济史研究》1994年第4期。

④ 吴弘明译《中国城市史研究之展望——圆桌讨论会纪要》，《城市史研究（第22辑）》，天津社会科学院出版社2004年版。

⑤ 桂琦寒、陈敏、陆铭等《中国国内商品市场趋于分割还是整合：基于相对价格法的分析》，《世界经济》2006年第2期；Sandra Poncet《中国市场正在走向“非一体化”？——中国国内和国际市场一体化程度的比较分析》，《世界经济文汇》2002年第1期。

市场的内部整合程度依旧留有争议。

如何定义本书的学科属性确实是个难题。本书使用现代经济地理学的方法和技术手段，笔者也一直接受系统的地理学训练，所以本书地理学色彩较为浓厚。而本书的研究时段又完全不同于现代地理学，且本书的每一章在其论证分析过程之后，都有一小节专门通过历史文献进行多角度解读、互相印证或者证伪来修正前面的分析，这是历史学方法论赐予本书的最大礼物。

第二节 学术史回顾

贸易研究常常作为其他研究的一部分出现在学术史中。城市本身的研究、城乡市场网络研究、城市（城镇）体系研究三者是很难截然分开的。本书学术史回顾不可避免地对前述都进行回顾，鉴于本书的核心数据是对外—埠际贸易数据，所以侧重于那些跟对外—埠际贸易有更多交集的研究成果。

一、城市史研究中的贸易网络：历史学的视角

近代城市史研究的诸多成果对对外贸易和埠际贸易几乎都有所涉及。中国近代城市史的大规模研究开始于20世纪80年代，第一次“近代中国城市研究学术讨论会”于1989年召开，类似会议至今举办了10余次。

（一）近代单个城市研究中的对外—埠际贸易

这个部分的研究多半集中于在开埠贸易中具有重要地位的城市。比如隗瀛涛主编《近代重庆城市史》（四川大学出版社1991年版）、罗澍伟主编《近代天津城市史》（中国社会科学出版社1993年版）、皮明庥主编《近代武汉城市史》（中国社会科学出版社1993年版）等。

类似成果均辟章节对对外贸易和埠际贸易进行分析。典型的论述结构如《近代重庆城市史》中利用《中国海关十年报告》《英国驻华各口领事

商务报告》等总结了1875—1931年重庆进出口贸易额（简单推算了其增长率）、市场商品结构、商品的流通渠道、商品市场的扩大（腹地）、商业管理体制等。同时，由于腹地对其经济发展的重要性，另辟小节对“城乡经济关系”进行了探讨，实质就是与下一级别的城镇的联系。其从经济较为发达的隋代开始，一直分析到明清乃至开埠，其将重庆与腹地的关系归结为“凝聚与辐射”。而其后的关于工业、农业、金融和城市建设方面的章节，在进行长期经济趋势分析和讨论时，均涉及大量埠际贸易和对外贸易的内容。

《近代武汉城市史》是一部更为纯粹的“城市”史，大约四分之三的笔墨着眼于城市经济建设、城市景观和城市规划，可见其讨论的主体范围限于传统意义上的都市区而不包括城市辐射的范围。在第四编专论“武汉经济中心透视”里讨论到了“经济中心的辐射力和吸引力”，主要从金融和物流方面探讨其与同级或者低级城市间的联系，这是属于埠际贸易研究的范畴。在“武汉与华中腹地之城乡关系”一节，其认为“促进了中国腹地近代化水平的提高，抑或是阻碍了近代化过程？这是探讨近代武汉与华中腹地城乡关系必须予以回答的关键问题”。[①] 在这个小节，作者讨论了武汉开埠对农民的经济文化冲击和产生的移民倾向，这又是属于对外贸易产生的影响。可惜在此节作者并未给出上述问题的答案，这应该得到谅解，因为这似乎是一个永远难于回答的问题。

显然，类似的论著均是以城市发展为研究主体，对外—埠际贸易联系仅仅是其关注的一个方面。

本项研究深入化的结果之一就是类似熊月之主编《上海通史》（上海人民出版社1999年版）和曹子西主编《北京通史》（中国书店1994年版）等成果出现。另一个结果是研究对象更为细致，深入城市内部空间如休闲场所（成都茶馆）等。

---

① 皮明庥主编《近代武汉城市史》，中国社会科学出版社1993年版。

此外，有很多关于中小城市的研究涉及了贸易。①

（二）近代区域城市研究中的对外—埠际贸易

所谓的区域城市，必然是在拓扑关系上相邻。若干个城市之所以能被称为区域城市，必然是因为其具备较多的经济贸易联系。因此，这类研究必然是将埠际贸易作为主要研究对象，与本书研究内容具有较多的交集，因此与上一类研究具备明显的区别。

区域城市研究几乎覆盖了全国各个区域。最先是我国台湾学者的区域现代化研究。② 研究所及有明清江南市镇、长江中下游、华北地区、环渤海地区、东北地区、西北地区以及山东城市等。③ 也有跨区域、研究对象呈线状分布的研究，如傅崇兰之《中国运河城市发展史》（四川人民出版社 1985 年版），张仲礼主编《东南沿海城市与中国近代化》（上海人民出版社 1996 年版），戴鞍钢之《港口·城市·腹地——上海与长江流域经济关系的历史考察（1843—1913）》（复旦大学出版社 1998 年版）等。

张利民等《近代环渤海地区经济与社会研究》上溯至清代前期，详细阐述了开埠之前的区域经济文化状况、开埠过程以及开埠之后的对外贸

---

① 比如：谢本书、李江主编《近代昆明城市史》，云南大学出版社 1997 年版；张学君、张莉红《成都城市史》，成都出版社 1993 年版；傅崇兰主编《拉萨史》，中国社会科学出版社 1994 年版；刘景玉、智喜君主编《鞍山城市史》，社会科学文献出版社 1994 年版；周子峰《近代厦门城市发展史研究（1900—1937）》，厦门大学出版社 2005 年版；党明德、林吉玲主编《济南百年城市发展史——开埠以来的济南》，齐鲁书社 2004 年版。

② 主要是林满红等人，具体见后文。

③ 见任放《二十世纪明清市镇经济研究》，《历史研究》2001 年第 5 期；张仲礼、熊月之、沈祖炜主编《长江沿江城市与中国近代化》，上海人民出版社 2002 年版；罗澍伟《试论近代华北的区域城市系统》，《天津社会科学》1992 年第 6 期；张利民等《近代环渤海地区经济与社会研究》，天津社会科学院出版社 2003 年版；王杉《简析近代东北城市的兴起》，《辽宁大学学报（哲学社会科学版）》2001 年第 4 期；王非、赵荣《近现代西北城市体系的空间发展及其影响机制分析》，《人文地理》1999 年第 4 期；庄维民《近代山东市场经济的变迁》，中华书局 2000 年版。

易。鉴于环渤海地区面积之大，按照一般逻辑，需在内部形成区域市场网络（中级市场）始有“环渤海”之概念。对于如何评价和划分经济区域，作者认为“划分经济区域的重要尺度之一是商品市场、资金市场、资源市场和人才市场所形成的网络。在传统时期，商品市场是各地经济关系最主要和直接的体现，即使近代以后出现了资金和资源市场等，但最能体现商品经济发展的依然是商品市场。它的发展和市场网络的演变，在一定程度上反映了近代化的水平”①。并且重点讨论了“以大连和沈阳为中心的商品市场网络”“以天津为中心的商品市场网络”“以青岛和济南为中心的商品市场网络”这三个经济区域内部整合过程。

近代时期传统经济向市场经济转变，如何描述和分析传统市场结构的变化以及新市场体系的形成就成为一个很好的学术生长点。庄维民的《近代山东市场经济的变迁》在前半部分章节尤其关注新旧交替问题，如在“新旧商路网的兴衰与演变”章节详细回顾了传统的商路走向和物流结构变迁趋势。其认为“口岸进出口贸易与产业的改进发展，制约决定着商品流通的结构和流向”②。与之前土货贸易的内循环不同，在商品流通结构上，形成了土洋货商品的双向流通。同时，在开埠初期，双向流通以口岸进出口的需求为制约机制，后期的20世纪20年代和30年代，土洋货流通内容发生转变，国内工业品与农产品的双向流通成为主流，显然，这是国内埠际贸易网络扩大对对外贸易网络的替代作用使然。

区域城市研究是近代城市研究热点，也是当代城市经济和城市地理学研究的热点，这是当代经济对城市分工的要求和城市比较优势在学术上的体现。国内近代区域城市研究的另一个重点在区域商业流通网络的恢复和重现，包括商人商会、商路走向、新式和旧式的商业金融组织、货物种类

---

① 张利民等《近代环渤海地区经济与社会研究》，天津社会科学院出版社2003年版，第363页。

② 庄维民《近代山东市场经济的变迁》，中华书局2000年版，第198页。

及变迁等。①

江南地区是区域史研究的热点，市镇研究也将大量的对外—埠际贸易研究纳入其内。但是，此类研究着重于中级市场与农村市场之间的交换和贸易，较之本书的研究主题更为微观，存在一定的交集。② 上述著作均未将网络结构和埠际贸易作为其研究重点。

王笛在其研究阶段的早期，对长江上游的城市体系分布产生了兴趣，也涉及了埠际贸易和对外贸易的内容。在其《跨出封闭的世界：长江上游区域社会研究（1644—1911）》（中华书局2001年版）第四章对区域贸易、城市系统与市场网络做了统一考察。这种研究思路常见于以后的学者研究中。书中，长途贩运中的川盐和粮食运销考察，不可避免涉及商业节点的地毯式统计。如其本人在书中所说，“商业贸易必须依赖一定的经济区域，城市则在媒介和参与一定经济区域内的各种交换活动中出现和发展起来。城市商业中心的地位和作用，取决于城市所吸引、辐射区域的大小，取决于与城市发生流通地区的范围和流通量”。与施坚雅类似，他也将长江上游地区依据江河隔断分为8个地文区，并且在历史学著作中第一次引入现代城市地理研究用以测定城市引力大小的数学模型。他还运用《四川第四次劝业统计表》中的吞吐量数据计算了成都对其周围的雅州、灌县、绵州、阆中、遂宁、内江、乐山的引力范围，并制作了一张简单的“玫瑰图”用以示意。另外，王笛详细回顾了施坚雅对长江上游的研究。然后，

---

① 陶水木《浙江商帮与上海经济近代化研究（1840—1936）》，上海三联书店2000年版；王尚义《晋商商贸活动的历史地理研究》，科学出版社2004年版；戴鞍钢《近代上海与长江流域市场网络的架构》，《复旦学报（社会科学版）》1996年第5期；王茂军、申玉铭、高宜程《民国时期山东城镇体系的空间组织——基于洋货空间流通的分析》，《地理研究》2007年第6期。

② 这方面的著作颇多，具有代表性的是傅衣凌《明清时代商人及商业资本》，中华书局2007年版；刘石吉《明清时代江南市镇研究》，中国社会科学出版社1987年版；樊树志《明清江南市镇探微》，复旦大学出版社1990年版；［日］斯波义信《宁波及其腹地》，见［美］施坚雅主编，叶光庭等译《中华帝国晚期的城市》，中华书局2000年版；以及王家范、陈忠平、范金民与我国台湾学者李国祁、范毅军和日本学者森正夫等人的研究成果。

其著作运用上述理论工具，研究市场、市镇和市集层次。遗憾的是，王笛仅仅对施坚雅模式进行了丰富和阐释，并未进一步有更深的创新。

（三）近代城市体系研究中的对外—埠际贸易研究内容

施坚雅是进行近代中国城市体系研究最著名的学者之一。在其独创性的《十九世纪中国的地区城市化》一文中，施坚雅认为清晚期的城市并不构成一个单独的一体化的城市体系，而是由彼此之间有着脆弱联系的好几个地区构成（此观点有待商榷，如傅衣凌先生认为明代中叶以后国内商业已经比较发达，国内市场初步形成①）。其后，他将中国农业区除东北地区以外分为 8 个地文区。所谓的地文区，其实就是指地理学中的“地貌区”或者“自然地理单元”。显然，这样的分区并非基于严格的定量化模拟，而是来源于作者感性的认知，尽管如此，这样的思路还是给后来的学者一定的启示。

随之而来的是作者对 8 个大区内部分别进行城市化方方面面的考察，人口密度、劳动分工、技术的运用、商业化和地区内部的贸易、地区对外的贸易和地方行政皆在其列。施坚雅第一次运用城市“等级—规模”（本书称之为“位序规模”）方法对 19 世纪的中国城市进行了分区考察并加以对比。结论也令人信服：城市体系中首位城市异乎寻常之大（如长江上游、长江中游和岭南）的时候，往往是由于该城市大量对外贸易（或者政治因素如华北之北京）造成的。自然，可以做出其潜在的推论是：第一，以自然经济为主地文区内部的城市体系，城市间规模差别很小（缺乏支撑城市增长的贸易因素）；第二，那些首位城市优势不明显的地文区，有可能是因为对外贸易的欠发达（如西北）。跟本书不同的是，施坚雅在进行城市体系评级的时候，并非根据城市的贸易量来决定其在城市序列中的位置，而是根据静态的属性如人口总量等指标，埠际贸易或者对外贸易仅仅是其解释手段。

同一本书的另一篇文章《城市与地方体系层级》中的实例研究对象为 1893 年的长江流域，可以划归为本书所讨论的区域。在此文中，施坚雅的

---

① 傅衣凌《明清社会经济史论文集》，中华书局 2008 年版，第 49 页。

核心内容为“核心—边缘”理论。显然，他的理论来源于克里斯塔勒（W. Christaller）和廖什（A. Losch）的中心地理论。所谓中心地，就是城市、城镇和其他具有中心服务职能的人口聚居的居民点。施坚雅定义中心地为一个以履行重要中心职能（不光是经济的，而且有行政的、文化的和社会的）为特点的聚居区，它履行这样的职能，不仅是为了它自己的人口，而且是为了一个最低限度也要包括一批邻近农村的腹地。就清朝晚期而言，所有行政城市都是中心地，所有有一个定期市场的市镇也都是。这略微超出了本书埠际贸易—城市体系的讨论范围。施坚雅在其文中“叙述”而非结论性地指出，一个地区的城市体系会受到地文方面的影响，城市的经济中心地位因区域而异。上述结论毫无疑问是不辨自明的，因此施坚雅对城市体系研究的贡献远远没有其“宏观地文区”有说服力。用这种宏观区域理论对中国城市体系进行结构性分析，具有独特的视角，可以打破以行政区划为分析单位的传统方法，跟本书的研究思路也是一致的。

其他学者也进行了中国整体城市史的研究尝试，如傅崇兰等《中国城市发展史》（社会科学文献出版社 2009 年版），戴均良主编《中国城市发展史》（黑龙江人民出版社 1992 年版），何一民《中国城市史纲》（四川大学出版社 1994 年版），国外学者赵冈《中国城市发展史论集》（新星出版社 2006 年版），上述著作均对近代对外—埠际贸易有所涉及。固定的学术论文集有天津社会科学院主办的《城市史研究》，至今已出版了 20 余辑。前三部著作主要是国家城市通史类，经济文化政治皆有涉及，但对对外—埠际贸易并无重点分析。

许檀对明清市场网络的研究尤其全面，尤其重视商品流通的节点枢纽的空间分布和市场网络的形成过程，并认为明清时期城乡市场网络体系的形成和发展是中国近代化过程的一项重要内容。①

① 许檀《明清时期城乡市场网络体系的形成及意义》，《中国社会科学》2000 年第 3 期。另可参考《明清时期区域经济的发展——江南、华北等若干区域的比较》，《中国经济史研究》1999 年第 2 期；《清代前期流通格局的变化》，《清史研究》1999 年第 3 期。

（四）近代开埠城市与腹地互动研究中的对外—埠际贸易研究

开埠城市是城市体系中的一部分，由于其特殊的地理区位导致了其较为重要的学术地位，其与腹地的互动是一种特殊的城市与城市或者城市与乡村的关系。本项研究理论多借鉴自经济地理，但其也可归至经济史或城市史宏观范畴。自20世纪80年代由台湾学者发端①，经戴鞍钢、吴松弟、樊如森等人及其团队的研究已经相当深入，其研究范围几乎涵盖沿海地区（诸如上海、天津、广州和香港）和长江沿岸的所有重要口岸（诸如汉口、芜湖和重庆）。②

此外，姚永超、樊如森、陈为忠、唐巧天、王列辉、方书生等对大连、天津、山东、上海、宁波、广州等口岸与腹地的互动关系进行了比较深入的研究，撰写了相关的论文。③

二、城市地理研究中的贸易网络

国内地理学界涉及对外贸易的为港口地理学分支，而国内埠际贸易研究更可以借助国内城市体系研究的方式、方法。

当代城市地理学研究主要集中在如下几个方面：城市—区域关系、城

---

① 林满红《口岸贸易与近代中国——台湾最近有关研究之回顾》，见“中研院”近代史研究所编《近代中国区域史研讨会论文集》，1986年；我国台湾学者刘翠溶、林满红、范毅军、雷慧儿、刘素芬等人先后完成了有关汉口、九江、汕头、烟台、天津、四川、东北等地港口与内地经济联系的研究。

② 相关成果较多，具代表性的有戴鞍钢《港口·城市·腹地——上海与长江流域经济关系的历史考察（1843—1913）》，复旦大学出版社1998年版；吴松弟主编《中国百年经济拼图：港口城市及其腹地与中国现代化》，山东画报出版社2006年版；樊如森《天津与北方经济现代化》，东方出版中心2007年版。

③ 如方书生《近代岭南商埠格局的变迁（1843—1939）》，《中国历史地理论丛》2004年第2期；姚永超《1906—1931年日俄经济势力在东北地区的空间推移——以港口、铁路、货物运销范围的变化为视角》，《中国历史地理论丛》2005年第1期；毛立坤《晚清时期中外贸易的个案分析——以香港转口贸易为例》，《中国历史地理论丛》2006年第1期；唐巧天《从鼎盛到中落——上海作为全国外贸转运中心地位的变迁（1864—1930）》，《史林》2007年第6期；王列辉《近代宁波港腹地的变迁》，《中国经济史研究》2008年第1期。

市规划、城市化、城镇体系、城市发展方针、城市空间结构和城市可持续发展。① 其中区域城镇体系依然受到关注，近年对城市群、都市连绵区研究迅速开展。实事求是讲，城市化和城市体系研究在西方关注度日益下降，因为西方城市化热潮已经过去，国内关注度也有类似趋势。现在西方与国内最大兴趣点都在城市空间结构。② 在西方学界，除了单个城市的研究，上述的区域城市、城市整体、城市体系和城市—腹地研究都有城市地理学家和区域经济学家参与。可惜的是，主流城市地理研究涉及中国的很少，研究年代上溯到近代的更少，大多数是在中国缺席的背景下进行的，从另一方面看这是中国城市地理学的机遇。目前国内城市地理研究也迫切需要回答最优城市规模、等级分布、什么样的城市间交通系统才是最优、中国需要建立几个城市区域、全球城市和金融中心等问题。由于中国城市发展的规模与复杂性不断提高，迫切需要对上述问题进行探索。③ 对历史的考察有助于问题的解决，毕竟在 19 世纪和 20 世纪相交的相当长一段时间内，资本和商业都处于基本自由发展的阶段，城市和城市体系亦具有天然的合理性。

对现代城市体系研究，角度趋于多样化。有从可达性角度进行区位评价的④，有从交通运输网络进行城市整体描绘的⑤，更多的还是采取定量方式进行模型分析⑥。

将研究年代上提，现代国内地理学界对历史上的城市体系研究涉及不

① 顾朝林《改革开放二十年来中国城市地理学研究进展》，《地理科学》1999 年第 4 期。

② 许学强、周素红《20 世纪 80 年代以来我国城市地理学研究的回顾与展望》，《经济地理》2003 年第 4 期。

③ 沈建法《海外中国城市地理研究进展》，《世界地理研究》2007 年第 4 期。

④ 金凤君、王姣娥《20 世纪中国铁路网扩展及其空间通达性》，《地理学报》2004 年第 2 期。

⑤ 周一星、胡智勇《从航空运输看中国城市体系的空间网络结构》，《地理研究》2002 年第 3 期。

⑥ 顾朝林、庞海峰《基于重力模型的中国城市体系空间联系与层域划分》，《地理研究》2008 年第 1 期。

多，宁越敏等的《中国城市发展史》（安徽科学技术出版社1994年版）、顾朝林的《中国城镇体系——历史·现状·展望》（商务印书馆1992年版）和王茂军的《中国沿海典型省份城市体系演化过程分析——以山东为例》（科学出版社2009年版）是具有代表性的成果。

顾朝林在《中国城市地理》中未对中华人民共和国成立前的城市体系做理论性探讨，在其另一本著作《中国城镇体系》有简要的描述。顾认为在近代，贸易口岸城市、交通型城市、工矿业城市是新兴城市的主体，这符合其他国家的经验。同时，超大型城市和小城镇的城市两极分化严重，中等城市（20万~50万人口）很少，全国仅有18个。大城市的首位度非常高，达到0.725。就城市总体来说，他认为我国这一时期的城市规模以增长为主，停滞型不多，衰落型更是极少数，并初步概述了三个城市集聚地区：东部沿海、沿长江和东北地区。这与罗兹曼对于18—19世纪中国的研究结论一致。罗兹曼认为："中国城市网络在为农村居民服务方面表现出惊人的效率，但在同时，若从为下一个时期聚集资源的要求来看，那它把资源送到大城市的能力就显得十分有限了。"①

罗兹曼实质上指出了中国当时城市体系中中等城市的欠缺，因为小城镇为农村服务功能并没有受到外来经济力量的干扰，开埠通商促使大城市快速增长，而中间类型的城市则缺乏增长的理由和推动力。也就是说，中国城市体系的金字塔的腹部是极为薄弱的（或者根本无所谓金字塔而呈现一种两头大中间小的哑铃型），而金字塔的底部还在拓宽。其所谓的"下一个时期"，笔者认为意指城市化的更高阶段。罗兹曼认为产生这种结果的原因是外来经济力量并未真正深入农村市场。器物用具的改变无法动摇"村庄的相对稳定和繁荣"，"在建筑、消费方式和学术文艺的繁荣等方面，城市对于悠闲的拥有土地的精英们，显然没有什么特殊的吸引力"。②

---

① ［美］吉尔伯特·罗兹曼主编《中国的现代化》，江苏人民出版社2010年版，第146页。

② ［美］吉尔伯特·罗兹曼主编《中国的现代化》，江苏人民出版社2010年版，第142~143页。

在当今的城市体系或者区域间联系研究中，主要的研究方式分为“静态”研究和“动态”研究两种。

所谓的“静态”研究方式，其数理基础来源于物理学的万有引力定律，而且首先运用在自然地理学上。早在 1885 年，拉维斯坦（E. Ravenstein）已经试图运用万有引力，解析在地理环境中人口迁移的规律（The Laws of Migration），这是地理流在人文地理学中的一种重要体现。它的基本表达式形式为：

$$I_{ij}=\frac{(W_iP_i)\ (W_jP_j)}{(D_{ij})^b}$$

式中：I_{ij}一般认为是 i 和 j 两个城市间的相互作用量；

W_i，W_j 为经验确定的权数；

P_i，P_j 为人口等指标；

D_{ij}为 i 和 j 两个城市间的距离；

b 为测量距离摩擦作用的指数。

引力模式中权数的选择是研究中的核心问题，人口总量、GDP、贸易量的总值等均可作为权数代入计算。

类似的静态研究中，两个城市间联系的强度是虚拟出来的，不具有实际的物理载体，因此，这种方式中城市体系计算的结果跟权数的选择以及摩擦系数的选择均有重大关系。

所谓的“动态”研究，与上述的研究相反，其研究的不是城市本身，而是城市间真正存在的贸易流、客流和金融流。研究城市间的经济联系强度，是建立城市体系内部结构的重要方法。

经济联系是指在自然、社会诸要素综合作用下，区域间（或者中心地即城镇间）通过交通运输设施进行旅客和货物交流产生的相互联系与作用。

地理学的任何学术进展都来自现实的需要。对于经济联系的研究也是由于时代的需求。“20 世纪 50 年代和 60 年代，工业化带来了城市增长和大都市的集中，区域联系研究主要集中在城市间联系、商品流联系和中心地联系等方面；70 年代，更高的商品价格与制造业的相对下降相接合，将增长分散到以资源为基础的新地区和更小的社区，区域联系主要集中在产业联系、公司联系和扩散联系等方面；80 年代出现了服务业的兴旺与更大的大都市地区经济机会的部分恢复，区域联系主要集中在等级联系、相互作用联系等方面。90 年代由于持续的国际经济政治的重组，城市建设环境和自然生态体系的日益退化，出现了城市生活的社会领域范围内的结构变化以及城市化过程的地域再组织，城市体系和大都市地区再循环引起城市的增长和发展，区域联系主要集中在通过城市增长及其形态的模拟研究间接反映的区域联系方面。”①

国外的学者，早在 20 世纪 50 年代就曾运用回归—相关分析以及其他统计手段得到变量与其他变量间的功能联系。后来，对于区域联系的研究逐渐发展，分化成了几个大的研究方向：1. 地区联系：边远地区和核心地区间的联系；外商公司与地区间的物质联系。2. 中心地联系：城市与中心地联系程度等。3. 城市等级联系：自从克里斯塔勒中心地理论提出以来，城市中心等级的思想已引起相当大的注意，城市中心等级思想的一个极为重要的方面是城市间实际的联系。4. 商品流联系等若干种。②

我国交通运输地理学研究由来已久，地域间的联系是其研究内容的一部分。20 世纪 80 年代以来，我国的体制改革与对外开放同步进行。市场经济体制的逐渐建立与对外开放领域的不断扩展，给国民经济增长注入生机和活力，也改变了经济联系的空间格局。③ 因此，区域间联系也逐渐受到重视。

张文尝等人首先总结出了地域间客运联系基本模式（图 0.1）。这样的

---

① 朱英明、姚士谋《国外区域联系研究综述》，《世界地理研究》2001 年第 2 期。

② 朱英明、姚士谋《国外区域联系研究综述》，《世界地理研究》2001 年第 2 期。

③ 周一星、张莉《中国大陆对外经济联系的空间格局》，《经济地理》2000 年第 1 期。

模式一旦建立，将客运替换成其他的指标如货运或者航空物流亦可得到相关的空间模式。类似的研究成果在近10年来更加丰富。

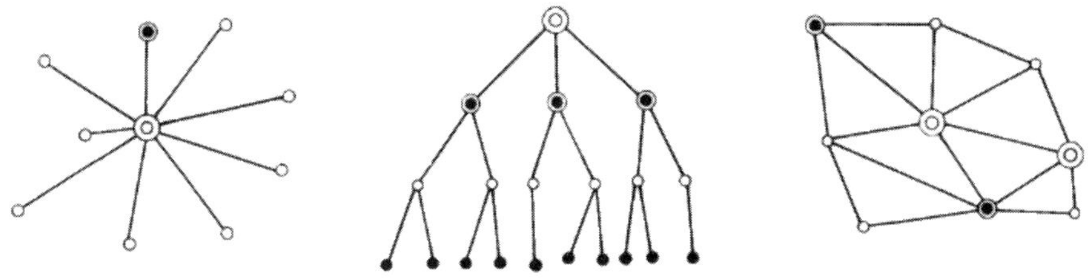

1. 单中心向心型客运联系　2. 多中心层次型客运联系　3. 多中心网络型联系

图0.1　地域间客运联系基本模式①

本书在汉口、九江、上海以及后续几章对湖南省和山东省的研究均是以价值衡量的货物流。

根据城市间贸易建立全国或者区域城市的体系这方面，地理学者做了大量的尝试工作，这方面的著作数量过多，本书只关注研究时段接近的成果：

方修琦等试图通过探讨城镇体系的演变追踪清代东北地区的开发过程，其文通过1900年、1905年、1911年等六个时间断面的GIS化的城镇分布图（不包括县以下）考察了清代东北垦殖和移民的发展历程。② 姜涛从人口统计角度考察近代人口在农村和城市之间的双向流动，认为忽略农村人口从城市“潜回”的“隐象”决定了宏观人口城乡结构的稳定，也使得城市化不可能得到很大发展，从总体上说，开埠后的中国城市体系，应该是城市体系的“近代化”而非“城市化”。③ 邓祖涛等试图通过双核理

① 张文尝、金凤君、唐秀芳《空间运输联系的分布与交流规律研究》，《地理学报》1994年第6期。

② 方修琦、叶瑜、葛全胜等《从城镇体系的演变看清代东北地区的土地开发》，《地理科学》2005年第2期。

③ 姜涛《通商口岸体系的形成与中国近代城市体系的变动——基于人口史的考察》，《四川大学学报（哲学社会科学版）》2006年第5期。

论解释某一流域内长时间城市体系的发展过程，也取得了一定成果。① 王茂军等通过对民国调查资料中各县出口洋货数据进行分析，建立了山东省的城镇体系空间结构模式。② 其运用的是经济学和地理学中常见的主成分分析法，通过建立输出地和输入地的 OD 数据矩阵，建立相关系数矩阵从而得到主成分因子，并计算相应的特征值和特征向量。最后取因子得分最高的 10 个输入地并列出其相应的输出地。上述工作出色地将实证分析和历史的视角运用到城市体系研究中，使得城市体系内部城市间联系强度谱系得到了彻底研究，取得了定量性的令人信服的结果，较好地实践了运用现代地理学手段解决近代经济地理问题。

近年来，空间结构理论在当代经济活动、经济地理和城市规划中得以大量应用。也有部分学者运用此手段进行长时段的流域研究。如俞勇军对赣江流域空间结构模式的研究，其博士学位论文在流域空间结构的历史演化章节分析了唐代以来的城市体系特点，归纳为内部充填、双核结构和继续发展三个城市体系发展阶段。③ 刘景纯关于清代黄土高原城市体系的研究是运用现代城市研究方法理论较为成功者。其对城镇化与近代化特征、城镇的分布与空间格局的变化、城镇的空间组织结构和等级规模结构、其功能的组合结构与功能特征均做了详细研究。④ 一种令人可喜的现象是越来越多研究区域发展史和城市史的成果都将城市体系的研究作为其重要的研究单元。如陆远权在其 2003 年华东师范大学博士学位论文《重庆开埠与四川社会变迁（1891—1911 年）》单辟章节讲述城市体系的形成。

---

① 邓祖涛、陆玉麒《汉水流域中心城市空间结构演变探讨》，《地域研究与开发》2007 年第 1 期。

② 王茂军、申玉铭、高宜程《民国时期山东城镇体系的空间组织——基于洋货空间流通的分析》，《地理研究》2007 年第 6 期。

③ 俞勇军《赣江流域空间结构模式研究》，南京师范大学 2004 年博士学位论文。

④ 刘景纯《清代黄土高原地区城镇地理研究》，陕西师范大学 2002 年博士学位论文。

近年来，城市体系研究仍然占据我国城市地理研究较为重要的位置。城市分布和规模类型、城市地域结构和职能结构、城市群的研究是主要方向，新的研究手段和方法不断涌现。① 但是现代城市地理方法如何运用到近代仍是一项重大的挑战，这方面的成果也稀少，是一个可以努力填补的空白，也是学术创新的一个试验场。

曹有挥②和王成金③均在进行港口地理学研究过程中涉及中华人民共和国成立前的港口体系，王列辉对上海、宁波两港关系做了深刻的分析。④

第三节　本书概述

一、研究思路

本书的工作重点：

1. 不以城市本身为主要研究对象，偏重研究城市间的联系；
2. 定量分析，定量界定腹地；
3. 第一次全面复原近代埠际贸易网络图谱；
4. 界定不同港口在对外贸易中的职能；

---

① 陈彦光、余斌《中国城市空间分布的双侧对称性》，《地球科学进展》2006 年第 7 期；仵宗卿、戴学珍、杨吾扬《帕雷托公式重构及其与城市体系演化》，《人文地理》2000 年第 1 期。

② 曹有挥《长江沿岸港口体系空间结构研究》，《地理学报》1999 年第 3 期；曹有挥《集装箱港口体系的演化模式研究——长江下游集装箱港口体系的实证分析》，《地理科学》1999 年第 6 期；曹有挥、曹卫东、金世胜等《中国沿海集装箱港口体系的形成演化机理》，《地理学报》2003 年第 3 期；曹有挥、李海建、陈雯《中国集装箱港口体系的空间结构与竞争格局》，《地理学报》2004 年第 6 期。

③ 王成金《中国港口分布格局的演化与发展机理》，《地理学报》2007 年第 8 期。

④ 王列辉《近代上海港崛起的区位分析——兼与宁波港的比较》，《史学月刊》2009 年第 8 期。

5. 埠际贸易 OD 数据流能提供城市体系的最关键数据；

6. 埠际贸易和对外贸易的契合点以及不同发展趋势。

学界关于开埠港口给城市本身及其腹地所带来的经济社会影响的研究取得了丰硕成果，但仍存在一些不足：

埠际贸易研究主要集中在东部沿海和长江流域，国内不同区域城市之间的比较并不常见。而且，对于埠际贸易整体的研究较为少见。集中于单个港口开埠后对本埠或者内地的经济社会影响，对于开埠港口间经济联系着墨较少。

研究时段方面缺乏前后对比，往往以政治节点作为分界进行讨论，存在先有论后有史的弊病，以国家宏观经济政策作为文章立论之导向。研究区域往往以今日的行政区划作为研究边界，缺乏对于经济力量所造成的区域经济体的尊重。城市腹地研究尚有理论提炼空间，城市腹地研究实质是城市间、城市与乡村间两种联系在开埠城市的综合映射。将开埠城市间以及与下一级别城市的经济联系的强度定量化，也就基本上界定了腹地范围及层次。这种联系强度包括商品、资金和人口的流动，需要建立在基本可靠的数据基础上。此研究经前人深入研究，腹地范围已经得到较为准确的定性或者半定量界定，但是通过贸易数据进行严格定量研究的工作并未充分进行。较少通过 GIS 手段集中展示比较，也无多区域（如东部沿海各港口腹地）的无缝拼接。另外，放宽视野，将国内港口体系纳入东亚甚至全球经济网络体系将更有助于理解自身特点。

本书通过对国内绝大部分港口的埠际贸易研究和大部分主要港口的对外贸易研究，突破以往港口史和城市史的研究之不足，从港口空间结构（港口体系）和埠际物流网络的角度考察开埠港口整体发展趋势，将区域经济学和当今经济地理的研究时段上溯，希望可以通过定量的方式，总结出国内开埠后港口空间结构的发展模式以及对外贸易的港口职能分配。

二、需要说明的一些问题和相关概念

（一）研究时段

本书的研究时段是1873—1942年，根据每一章节研究内容的不同，选择的子区间略有不同。

埠际贸易具有两个研究时段：1885—1904年和1936—1940年。理论上来讲，埠际贸易数据是多多益善，越多的数据越能显示其发展的长期趋势，但是在海关建立的百年间，其统计体例发生多次重大变化，在1904年之后，各埠的国内埠际贸易部分不再单独列出，而代之以商品分类的列举方式。因此选择1885—1904年的原因是囿于资料。而1885年作为研究时段的开始是因为从此年开始有较多的港口开埠，且其统计单位统一为海关两。另一个时段是1936—1940年，其之所以能够有资料可循，依赖于韩启桐等的《中国埠际贸易统计1936—1940》，此书乃作者在搜寻海关原始资料的基础上汇编而成，弥补了海关出版物的不足。如果没有韩启桐等的工作，要想从散落在各地的海关资料中汇总出类似的成果，其困难是不可想象的。

（二）相关概念

为了更好地认识海关埠际贸易，下面将海关统计项目详述如下：

1. 进出口。

出口一般指此开埠港的轮船运出的所有商品（来自本地或来自进口）。进口是指通过船运输入到该港口的商品（不管是来自国外港口，还是其他条约通商口岸）。

2. 原出口。

原出口是指原产的、首次在本埠海关登入记录的商品，目的地是国外港口或国内港口。进口的洋货也可能以“原出口”而不是“复出口”的名义出口，但为了便于统计，原出口一般被视为来自国内。

3. 复出口。

某港口先进口然后再出口的货物，即为复出口，但是，这个周转过程有一定的时间限制，开始为1年，后来延长到3年。例如，如果上海土货运往宁波出口国外，在2个月内办理出口，则退还“复进口半税”，不计入“沿岸贸易”（Coast Trade），如果滞留在宁波，或在宁波最终消费，或再转运其他国内口岸，则计入“沿岸贸易”。一般而言，如果上海的土货运往宁波，不是为了出口，很有可能通过常关，而不是海关，因为常关的实际税率多数时候比海关低，虽然名义上可能要高。当然，常关纳入海关后，自然归入“沿岸贸易”。这部分税收暂时计入“沿岸税”，如果2个月内直接出口国外，则免除复进口半税，仅仅征收出口正税；如果等待一段时间后再出口，则半税、正税都需要课征并记录；如果最终未出口国外则只要交纳半税。

4. 埠际贸易。

本书所指的埠际贸易与一般意义上的埠际贸易内涵并不相同。本书所指的埠际贸易是被海关所记录的那一部分港口间贸易。海关的统计，在1904年以前基本上是轮船和洋式帆船，而不包括中国民船，1904年后仍然不包括铁路、公路、航空、邮政等新式交通方式的进出口贸易。本书所指的埠际贸易仅仅是两个港口间经济物流联系的一部分。为了便于统计，转口贸易仅仅包括通过凭证转运（Transit Trade）的贸易，不隶属“进口”或“出口”条目。

同时，埠际贸易内部也具有一定的分化，比如某港口的埠际贸易分为进出口商品的转口贸易和本国土货的埠际物流两个部分。同时，在此基础上，对某港口的埠际贸易内部仍可做进一步的细分，国内土货的埠际流通还可以分为国内埠际直运与国内埠际转运。

5. 海关统计中的数量单位。

1海关两/关平两可以兑换37.7994克纯银，1875—1932年的统计全部采用海关两，1932年以后采用中国元转换的方式部分继续存在。海关两仅仅是计量单位而已，并不代表着实际流通、用海关两来支付需要地方货币完纳的税收。海关两是银本位的，在对英镑或其他金本位的货币中贬值非常严重。当1933年中国政府采用新的货币以后，在土货贸易中海关采用这种新币及其价值单位，但在进口货中则采用海关金作为价值单位。海关统计年报中载有不同时期海关两、中国元、海关金之间的兑换比率，以及市场决定的不同货币与外币的兑换比率。①

除了海关统计，本书使用较多的几个概念：

1. 城市体系。

如同几乎所有的教材都将区位论章节放在地域结构章节之前，作为城市体系的预备知识，区位论的发展更是远早于城市体系研究。区位论讨论的是一个物理点（农庄、企业、跨国公司、城市）在某特定区域内如何达到最优化配置，而城市体系讨论的是一个集合（若干的城市或者企业）如何达到在一个区域内最优化的配置。

区位论是为了解答区位因子如何影响经济活动的，其分为古典区位论和现代区位论。古典区位论源自古典政治经济学的地租学说和比较成本学说。农业方面有杜能（V. Thunen）1826 年所著《孤立国同农业和国民经济的关系》。随后，应工业发展之需求，1909 年韦伯（A. Weber）撰《工业区位论》，严谨表述了一般的区位理论，发展为空间经济学的另一流派。接下来的新古典区位论学者有克里斯塔勒（W. Christaller），其在 1932 年发表了名为《德国南部的中心地：关于具有城市智能聚落的分布和发展规律的经济学—地理学考察》的博士学位论文，首次对城镇（聚落）的空间结构是否存在规律进行了探索，其理论在“二战”后才受到重视。在这种探索中，对于历史的考察是最重要手段，其中心地理论就是为了探索“决定城市的数量、规模以及分布的规律是否存在，如果存在，那么又是怎样的规律”这一课题。② 与古典区位论仅仅考虑成本问题不同，1956 年，艾萨德（W. Isard）出版 *Location and Space Economy* 一书，开创“区域科学”，将人才、市场、风险、科学技术等考虑加入变量，是为现代区位论。上述

① ［美］托马斯·莱昂斯著，毛立坤、方书生、姜修宪译《中国海关与贸易统计（1859—1948）》，浙江大学出版社 2009 年版，第 49 页。

② ［日］富田和晓《经济区位的理论与实践》，大明堂 1991 年版。

理论，为城市体系的提出做了充分的理论准备。

1960 年，美国经济学家邓肯（O. Duncan）在《大都市与区域》中，第一次将城镇体系作为一个科学概念明确提出。1978 年加拿大地理学家鲍恩和西蒙斯编著《城市体系》。20 世纪 80 年代后，因为理论难以取得更多进展，研究热度降下来。对于城市体系的定义很多但差别不大，如：宋俊岭等认为，城镇体系（网络）是“在一个相对完整的区域或国家内，由规模不同、职能各异、紧密联系、相互依存的城镇群构成的集合”。① 学界一般参照顾朝林在《中国城镇体系——历史·现状·展望》中的定义：城市（镇）体系，按其现代的意义来说，它是一个国家或地域范围内一系列规模不等、职能各异的城镇所组成，并具有一定的时空地域结构、相互联系的城镇网络的有机整体。一般认为，其必须具有以下特征：第一，关联性。城镇体系内部有密切的经济联系，其为城市体系最重要的特征。第二，层次性。每一个城镇体系都是由规模不同的城镇组成的，如在我国，可将城镇分为特大城市（100 万人以上）、大城市（50 万～100 万人）、中等城市（20 万～50 万人）和小城市（20 万人以下）等。

另外需要指出的是，目前学术界在“城市”和“城镇”的使用上比较混乱，本书讨论的一般是城市，对城镇略有涉及。周一星认为，在许多场合下，城市和城镇是有严格区分的两个概念。城市指经国家批准设有市建制的城镇，不够设市条件的建制镇称为镇，市和镇的总称叫城镇或市镇。在不严密的情况下两者可以混称，以至于在很多情况下两者的混用已难以扭转。②

2. 腹地。

据不列颠百科全书的解释，腹地是指大江大河的支流地区，可以是农村也可能是城市或者二者皆有，是紧密地通过经济联系连接在一起的邻接的城镇。乔治·奇泽姆（《商业地理手册》1888 年版）转录的德语单词

① 宋俊岭、黄序主编《中国城镇化知识 15 讲》，中国城市出版社 2001 年版，第 60 页。

② 周一星《城市地理学》，商务印书馆 1995 年版，第 32 页。

“hinterland”（在背后的土地），作为腹地定义，并用它来指一个港口或沿海聚落背后的区域。到20世纪初港口背后的穷乡僻壤或支流地区，通常称为它的腹地。[①] 界定港口的腹地是通过那些地方的产品通过这个港口运往外地来定义的。

具体到港口地理学来说，其将腹地的概念进行了延伸，腹地不仅是指向港口背后的陆地区域，其面向的海洋区域也可称为其腹地，并赋予其海向腹地（Foreland）的概念。[②]

具体到本书而言，陆向腹地是主要的研究对象，并分为两个层次，第一层次，为46个开埠城市间的埠际贸易转运；第二层次，以汉口为代表，表示的是第一层次之下的，在子口税单下的内陆转运。

3. 赫芬达尔指数。

赫芬达尔指数（Herfindahl-Hirschman Index）在经济学和商业兼并法律中广泛用来测度某一市场中企业的垄断程度。本书用此参数测度贸易网络的集中度。其计算公式为：

$$H = \sum_{i=1}^{N} S^2 \quad (0 < H \leqslant 10000)$$

其中，H 为赫芬达尔指数，S 为某港口在港口体系中的贸易份额百分数（$0 < S \leqslant 100$），N 为港口数目。赫芬达尔指数在100以下，说明其具有高度的竞争性（Highly competitive）；在1000以下，表明市场不具备垄断性（Unconcentrated）；在1000到1800之间，表明市场具备一定的集中度（Moderately concentrated）；高于1800表明市场具有高度的垄断性和集中度

---

① Tributary region, either rural or urban or both, that is closely linked economically with a nearby town or city. George G. Chisholm (*Handbook of Commercial Geography*, 1888) transcribed the German word hinterland (land in back of), as *hinderland*, and used it to refer to the backcountry of a port or coastal settlement. Chisholm continued to use hinderland in subsequent editions of his Handbook, but the use of hinterland, in the same context, gained more widespread acceptance. By the early 20th century the backcountry or tributary region of a port was usually called its hinterland. (http://www.britannica.com/EBchecked/topic/266517/hinterland)

② 王列辉《国外港口体系研究述评》，《经济地理》2007年第2期。

（Highly concentrated）。[1]

在本书中，利用赫芬达尔指数对对外贸易和埠际贸易的空间集中程度进行测试。分别利用某港口的对外贸易所占百分比（以 11 港口为代表）和某港口的埠际贸易所占百分比作为参数 S，计算二者的集中程度。并且，此集中度可以进行长时间尺度上的对比分析。

三、基本资料

本书基本资料主要是两种：海关出版物和民国调查资料。

（一）海关出版物

近代中国海关的基本职能是监管进出口贸易、征收关税、查缉走私、编制进出口统计，同时兼办沿海及内河航务、港务、邮政、检疫、气象、内外债和对外赔款的海关担保与清偿支付，代征厘金、常关税等附加税捐，甚至筹办国际博览会、教育（国文馆、税务专门学校）以及中国政府特派的外交事务等。为了及时地掌握贸易与口岸地区的情况，从 1860 年开始海关就按照西方的管理和统计理念，建立起一套严格的申报、汇总、出版体制，基本持续到 1949 年。海关出版物以其编制时间之长，内容之广泛，表达方法之科学、严谨，成为中国近代史最为系统完整的资料。2001 年，在中国第二历史档案馆和海关总署办公厅的合作下，京华出版社影印出版了 170 册的《中国旧海关史料》，为研究全国和各口岸的贸易情形和经济变迁提供了莫大的方便。这套资料主要收集了海关年刊（年度贸易统计和贸易报告）、十年报告，即旧海关出版物中“统计系列”（Statistical Series）的核心内容。[2]

本书所利用的核心资料乃“统计系列”中的对外贸易数据和埠际贸易数据。其中，对外贸易数据延续性较好，基本每个年度的主要进出口贸易数据、税收数据均有记载。而埠际数据较为分散，1904 年之后较为少见，

---

① U. S. Department of Justice and the Federal Trade Commission, *Horizontal Merger Guidelines*（U. S. Department of Justice, 1997）, pp. 15 - 16.

② 吴松弟、方书生《一座尚未充分利用的近代史资料宝库——中国旧海关系列出版物评述》，《史学月刊》2005 年第 3 期。

因此，埠际数据是分散而不连续的。

表0.1　海关统计体例的变化

1859—1881年 Return of Trade 贸易统计 Part Ⅰ. *Abstracts of Trade and Customs Revenue Statistics*（1867—1881） 本书相应年份的船只进出港、全部税收数据就来源于此。 通商各关华洋贸易总册（*Abstract of Statistics*，中文本，1875—1881） Part Ⅱ. *Statistics of the Trade at Each Port*（1859—1881） 本书相应年份的埠际贸易转运数据和部分对外贸易数据来源于此部分的总结表格中。 Report of Trade 贸易报告 *Report on the Trade*（1875—1881） *Annual Report of Each Port*（1864—1881）： 本书所载相应年份汉口埠际贸易数据就在此部分，九龙、上海亦有与之类似的数据。
1882—1904年 Part Ⅰ. *Reports on the Foreign Trade of China and Abstracts of Statistics* 包括：*Report on the Foreign Trade of China*（1881—1904）；*Abstract of Statistics*（1881—1904）；通商各关华洋贸易总册（1881—1904） 本书相应年份的船只进出港、全部税收数据和部分对外贸易数据就来源于此。 Part Ⅱ. *Abstracts of Trade of Each Port* 包括：*Trade Statistics and Reports*（1881—1904）；分关贸易情形论略（1889—1904） 本书相应年份的埠际贸易转运数据和部分对外贸易数据来源于此部分的总结表格中。
1905—1931年 Part Ⅰ. *Reports on the Foreign Trade of China and Abstracts of Statistics* 通商各关华洋贸易总册（1905—1912） 本书相应年份的船只进出港、全部税收数据和部分对外贸易数据就来源于此。 Part Ⅱ. *Port Trade Statistics and Reports* 分关贸易统计和报告（1905—1919、1920—1929）； 分关贸易情形论略（1919—1924）；贸易统计书（1924—1930） 本书相应年份的埠际贸易转运数据和部分对外贸易数据来源于此部分的总结表格中。 Part Ⅲ. *Analysis of Foreign Trade* 进出口货物类编（附机制洋式货物出口数量1921—1931）（1905—1919、1920—1931）

1932—1948 年
Vol. Ⅰ. *Reports with General Tables of Revenue, Value, Treasure and Shipping*
全国贸易统计年刊（1931—1943、1946）
本书相应年份的船只进出港、全部税收数据和部分对外贸易数据就来源于此。
此阶段统计体例变更幅度最为剧烈：
Vol. Ⅱ. Foreign Trade: *Analysis of Imports* 进口货物类编（1931—1942、1946—1948）
Vol. Ⅲ. Foreign Trade: *Analysis of Exports* 出口货物类编（1931—1942、1946—1948）
Vol. Ⅳ. Domestic Trade: *Interport Statistics* 国内土货转口统计（1931—1943、1946—1948）

资料来源：吴松弟、方书生《一座尚未充分利用的近代史资料宝库——中国旧海关系列出版物评述》，《史学月刊》2005 年第 3 期。

本书的基本数据库包括：

1. 对外贸易部分：九龙、广州、厦门、福州、宁波、上海、重庆、汉口、大连、青岛（胶州）、烟台（芝罘）和天津 12 个主要开埠港口在《中国旧海关史料》中的所有年份的 17 个主要进出口指标的数据，计 10000 条有余。

2. 埠际贸易部分：1936—1940 年埠际数据采用郑友揆等的卓越工作成果①，其乃海关数据的再整理，与前者数据同源，但未录入香港和台湾的贸易数据。为了数据的完整性，同时保证两个时间截面对比的科学性，经过作者对《中国旧海关史料》中对应年份的逐年分析，在国家间贸易中抽离出了香港与内地各埠数据并逐年加入前述资料。遗憾的是，原始资料中将台湾淡水和打狗合计统计而无从区分，则无奈将其数据舍弃。这部分资料也有其不足之处，统计范围只限于关内各埠，东北沦陷期间，关外各埠无从稽考，只把国内通商口岸运往东北的货物开列在内，所以不是贸易的全数。统计商品范围只限于“土货”，即国内生产的农业、手工业和工业品（工业品包括民族工业和外资在华工厂产品），占市场交易额很大的外贸商品不计在内（只包括间接由他埠运往外洋的土产）。统计时间较短，抗战全面爆发后资料不全，误差较大。另外，如海关其他统计一样，也是

① 郑友揆、韩启桐《中国埠际贸易统计 1936—1940》，中国科学院 1951 年版，第 23 页。

只限于轮船运输报关部分。①

本书所讨论的46个开埠港口分别是：大连、天津、烟台（芝罘）、青岛（胶州）、重庆、汉口、上海、宁波、福州、厦门、广州、九龙、安东、牛庄、秦皇岛、龙口、威海、万县、宜昌、沙市、长沙、岳州、九江、芜湖、南京、镇江、苏州、杭州、温州、三都澳、汕头、拱北、江门、三水、梧州、南宁、雷州、琼州、北海、龙州、蒙自、思茅、腾越、淡水、打狗和香港。

3. 汉口子口税单控制下的转口贸易（Transit Trade）与内地各埠的多年贸易数据（1873—1895年）。此记录与上述埠际贸易不同，如果将埠际贸易看作一个系统，这部分数据是比上述更接近于消费地的，其终端往往是县甚至经济较为发达的镇。而第二部分的来源地和目的地均为约开口岸。

4.《中国实业志》湖南和山东各县进口出口货物详情及货物来源地数据，计10000条，略有不足。

5. 文字报告部分：a.《中国旧海关史料》中的季刊、年刊中的贸易报告部分，报告由文字和表格组成，一般写于次年一月底。初期的报告只有几页，后来逐渐增加，到1881年部分大港已多达十余页。反映的内容前后也有变化，最初只报告各约开港口贸易状况和进出口数据，1875年以后增加了全国总状况的报告，以及工作人员的名单等。② b. "*Decennial Reports on the Trade, Industries, etc., of the Ports Open to Foreign Commerce, and on the Condition and Development of the Treaty Port Provinces*"简称十年报告，属于统计集的第六系列。始于1882年，10年一期，发行了1882—1931年五期报告。十年报告跨度较大，内容十分详细，具有对其间的内外经济形势的宏观叙述和微观体验，是最有价值的文本部分，也是本书对数据分析结果进行校正的主要参考文献之一。

---

① 王水《中国近代国内贸易统计》，《中国经济史研究》1987年第1期。

② 吴松弟、方书生《一座尚未充分利用的近代史资料宝库——中国旧海关系列出版物评述》，《史学月刊》2005年第3期。

（二）民国调查资料

晚清民国的社会经济调查资料，主要包括各省市的交通建设、农工统计、财务税收等。在20世纪初，南京国民政府整理了大量的经济普查资料，连载于《工商半月刊》等刊物，也资助了相当一批出版物的刊印，如《中国实业志》。如在《中国实业志·湖南》第二编“湖南经济鸟瞰”之第三章“商业经济”中有“各县进出口商品状况”记录，其以县为单位，详细记载了各县往来贸易的商品品种、计数单位，并经过折算，计算出其总价，最为可贵的是，此记录也留下了货源地和目的地，为考察埠际物流的方向留下了第一手资料，在《中国实业志·山东》《中国实业志·浙江》等均有类似章节。这是一般的经济调查资料所不具备的。

资料的丰富与贫瘠程度，在全国各个区域是不尽相同的。上海、天津和广州等重要商埠的资料汗牛充栋、不可胜数，出版了大量专著、连续出版物，甚至本地报纸也有大量记载。这一点在以往城市史研究中就可见一斑。但是，对于本研究最为珍贵的，具备清晰的商品源—汇归属地的商业记载是非常罕见的。

四、技术路线

本书所采取的技术路线的原则是这样的：

1. 择取恰当的对外贸易数据和埠际贸易数据，充分利用《中国旧海关史料》等其他资料，建立长时间的数据库。

2. 在数据库中，尽量选取较长的时间段，选择12个主要港口的对外贸易数据，分析其内部类型和长期变动趋势，并通过相关文献资料的解读来对分析结果进行修正。

3. 在数据库中，选取适当的年份建立埠际贸易数据的OD数据矩阵，并运用GIS软件形成埠际贸易空间结构第一层次的图谱，通过赫芬达尔指数来测算其空间集中程度，分析这个结构的长期变动趋势，并通过相关文献资料的解读来对分析结果进行修正。

4. 选择汉口作为第二层次的代表港口，运用第三阶段的方法，建立汉口子口税单下的贸易转运结构图谱，分析这个结构的长期变动趋势，并通过相关文献资料的解读来对分析结果进行修正。

5. 选择湖南省和山东省的《中国实业志》中的洋货土货数据，建立以省为单位的城市体系，分析埠际贸易网络和近代城市体系的关系及特点。

6. 分析对外贸易和埠际贸易网络的不同特点及其契合点。

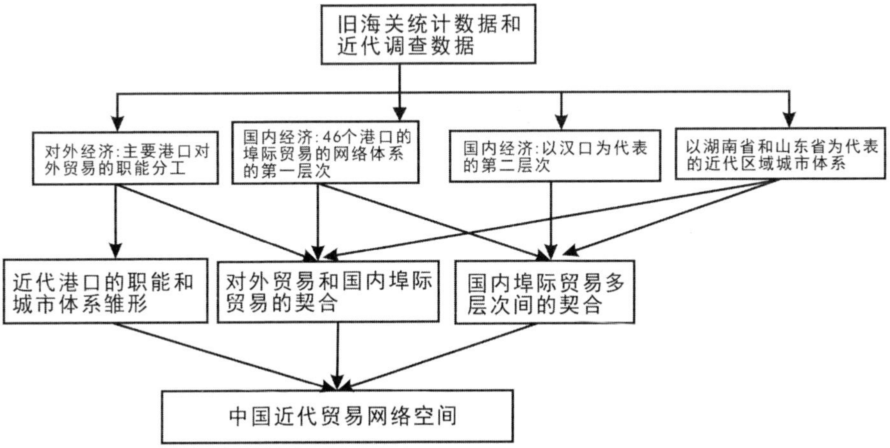

图0.2 本书的论述框架

第一章　中国近代港口职能分类和分析

近200年来，中国经济发展的过程，是从世界经济的“中心”走向“边缘”，又从“边缘”回到“中心”的过程。中国在鸦片战争前相当长的时间里，国内经济自给自足，出口贸易十分繁盛，出口刺激下手工业相当发达，是全球白银等贵金属流入的目的地，对外贸易处于高水平的出超阶段。欧洲国家对于这种倾斜的贸易结构无计可施，只能不断开掘南美的银矿来补贴出超。这时候，中国经济毫无疑问处于全球贸易圈的“中心”地位。① 但在19世纪40年代的鸦片战争之后，以中国为代表的东方沦为“边缘”地区，直至今日，尚未完全摆脱国际分工中的不利地位。

在这个过程中，对外贸易发挥着首位的作用，对外贸易的结构是确定“核心—边缘”地位的最重要指标。

作为对外贸易的实际物理载体，中国港口一般具有两条主线：第一，海港方面，港口发展的重点区域或宏观格局呈由南向北逐步推移的空间轨迹，大致形成“华南沿海（秦汉至南北朝）→东南沿海（隋唐至南宋）→东南沿海与环渤海（元朝至明中叶）→东南沿海（明中叶至1949年）→东南沿海与辽东半岛（1949年至20世纪80年代）→沿海港口

① ［德］贡德·弗兰克著，刘北成译《白银资本——重视经济全球化中的东方》，中央编译出版社2008年版。

（20 世纪 80 年代至今）”；第二，从河港看，港口布局呈现从北向南推进的轨迹，经历了“关中、中原（秦汉至南北朝）→长江三角洲、关中、中原（隋唐至南宋）→京杭运河沿线（元朝至鸦片战争）→长江流域（鸦片战争至今）”，其中黄河和淮河港口呈现从西向东的推进轨迹，而长江港口呈由下游向中上游即由东向西的演进轨迹；第三，综合判别沿海和内河港口的宏观格局，大致呈现由内陆向沿海不断推进的轨迹，形成“河港主导（秦汉至南北朝）→内河港与海港并举（隋唐至明中叶）→河港主导（明中叶至鸦片战争）→海港主导（鸦片战争至清末）→沿海与内河港并重（清末至 20 世纪 70 年代）→海港主导（改革开放至今）”等布局阶段。① 由此可见，不同时期的不同港口，其担当的角色定位是不尽相同的。

就埠际贸易最为发达的长江三角洲而言，唐朝时扬州是最重要的港口，宋元时期宁波上升为最重要的港口。明代虽然海上贸易处于非正常状态，但也显示出中国最重要的贸易港口向长江三角洲转移的趋势，宁波外侧的双屿港一度成为中国最大的港口，自然更是当时长江三角洲最重要的港口。清代康熙年间开放海禁以后，上海港发展迅速，并随着北洋航线的兴盛逐渐发展为本区域乃至中国最大的内贸港。鸦片战争开埠以后上海港发展更为迅速，不仅贸易量远远凌驾于其他港口之上，而且将区域内的其他港口都变成其支线港和喂给港。即使上海港强势如此，长江三角洲也从来没有出现一港独尊、众港皆灭的现象。②

就全国而言，近代对外贸易的港口职能分配并未得到充分的定量研究。这是本章所要解决的问题。

---

① 王成金《中国港口分布格局的演化与发展机理》，《地理学报》2007 年第 8 期。

② 吴松弟、王列辉《唐朝至近代长江三角洲港口体系的变迁轨迹》，《复旦学报（社会科学版）》2007 年第 2 期。

第一节　天津等12个港口的选取及数据处理

一、港口和指标的选取

本书所依据的是《中国旧海关史料》170册，该史料时间跨度为1859年到1947年。作为晚清唯一的现代化国家机构，近代海关借助西方成熟的管理理念和统计口径，留下在当时条件下基本精确的数据记录，这些记录成为近代史研究中最为系统完整的数据，《中国旧海关史料》是其精华之一。本书主要分析资料中对外贸易（Foreign Trade）包括洋货进口和土货原出口，资料以英文为主，后期辅以少量中文，具体选取大连、天津、烟台（芝罘）、青岛（胶州）、重庆、汉口、上海、宁波、福州、厦门、广州、九龙12个代表性港口，采集每年洋货总进口值、洋货净进口、原出口、总税收等10余项指标。

本章统计了《中国旧海关史料》中所有记录年份的上述12个主要港口数据。下面以1864年和1931年为例说明指标的选取（表1.1和表1.2）。

表 1.1　主要港口的对外贸易统计

（以 1864 年和 1931 年为例，单位：海关两）

SHIPPING TRADE												
ID	UNIT	YEAR	PORT	NO.	TONNAGE	TFI	NTFI	CPI	NTCI	TELO	GV	NV
ID	结算单位	年份	港口	船舶数	船舶吨位	洋货总进口	洋货净进口	土货进口	土货净进口	原出口	贸易总值	贸易净值
1	TAELS	1864	天津	185	45968	622213	620637	3752601	3734699	1730786	6105600	
2	TAELS	1864	芝罘	900	279449	942026	941125	1550173	1465530	2758547	5250746	
3	TAELS	1864	汉口	793	418855	5954355	5812191	6310875		13116063	25381293	
4	TAELS	1864	上海	4241	1788059	34229977	30311873	30602294	11643555	18740051	83572322	
5	TAELS	1864	宁波	2837	595666	6340894	6214977	3923722	3806561	6250306	16514922	
6	DOLLARS	1864	福州	937	380370	5875505	5810734	3636670	3571899	17498743	27010918	
7	DOLLARS	1864	厦门	1316	419829	5627561	5597099	3770387	3685244	3773812	13171760	
8	MEXICAN DOLLARS	1864	广州	1702	706947	8535790		2458050	2476772	13659177	24653017	
672	HK. Tls	1931	大连				114515551		29294931	270473083		404283565
673	HK. Tls	1931	天津				134702697		82563190	132964050		350229937
674	HK. Tls	1931	芝罘				8154500		21804054	19124371		49082925
675	HK. Tls	1931	胶州				75041663		37375776	105857748		218275187

（续表）

SHIPPING TRADE												
ID ID	UNIT 结算单位	YEAR 年份	PORT 港口	NO. 船舶数	TONNAGE 船舶吨位	TFI 洋货总进口	NTFI 洋货净进口	CPI 土货进口	NTCI 土货净进口	TELO 原出口	GV 贸易总值	NV 贸易净值
676	HK. Tls	1931	重庆				13458154		32415113	29429580		75302847
677	HK. Tls	1931	汉口				71296446		43160996	93930247		208387689
678	HK. Tls	1931	上海			840729125	639411012	336466799	167412180	537980298	1715176222	
679	HK. Tls	1931	宁波				10950688		19417497	13800526		44168711
680	HK. Tls	1931	福州				10216203		18736855	18051571		47004629
681	HK. Tls	1931	厦门				26867628		21615705	4359659		52842992
682	HK. Tls	1931	广州				62506967		104222436	76502301		243231704
683	HK. Tls	1931	九龙				30865293		4445181	8392973		43703447

注：“港口”一列为笔者据原文献英文名音译而来，下表同。

表 1.2　主要港口的对外贸易税收统计

（以 1864 年和 1931 年为例，单位：海关两）

REVENUE											
ID ID	UNIT 结算单位	YEAR 年份	PORT 港口	IMD 进口正税	EXD 出口正税	CTD 沿岸税	TOD 吨位税;船钞	TD 子口税	OD 鸦片税	IND 转口税	TC 总共征收
1	TAELS	1864	天津	33696.9	50151.3	59588.8	3600.7		63811.9		210850
2	TAELS	1864	芝罘	41094	111394	33217.7	12666.3		30549.2		228921
3	TAELS	1864	汉口	1047	573659	212912	4815				1289598
4	TAELS	1864	上海	454004	487655	204625	147969	39042.7	810029		2081374
5	TAELS	1864	宁波	76771	230845	52405.3	35302.2				395323
6	DOLLARS	1864	福州	249628	1293577	36695.8	21359.2				1601260
7	DOLLARS	1864	厦门	219502	206514	26693.7	22199.8				474909
8	MEXICAN DOLLARS	1864	广州	194232	488709	25046.1	19902.6				727890
672	HK. Tls	1931	大连	6820973	4804110		3196.24			819352	12515589
673	HK. Tls	1931	天津	18326739	4451756		97145.1			464557	23430265
674	HK. Tls	1931	芝罘	1257775	194037		23101.1			117768	1597557

（续表）

REVENUE											
ID ID	UNIT 结算单位	YEAR 年份	PORT 港口	IMD 进口正税	EXD 出口正税	CTD 沿岸税	TOD 吨位税;船钞	TD 子口税	OD 鸦片税	IND 转口税	TC 总共征收
675	HK. Tls	1931	胶州	8581548	2243329		4144.32			609901	11473257
676	HK. Tls	1931	重庆	486778	475717		3848.08			564391	1531550
677	HK. Tls	1931	汉口	6738100	2213620		66160.9			541340	9571531
678	HK. Tls	1931	上海	115434520	4621070		2311478			2168729	125168916
679	HK. Tls	1931	宁波	360889	116911		18394.9			140097	1139126
680	HK. Tls	1931	福州	1507629	244369		25267.2			187865	1969872
681	HK. Tls	1931	厦门	3922676	137708		124133			39868.2	4243165
682	HK. Tls	1931	广州	8958068	1830458		85468.2			274424	11178210
683	HK. Tls	1931	九龙	1149399	207188		7395.94			557.509	1370456

表 1.3　对外贸易各项统计的起止年份

（灰色为存续年份，以《中国旧海关史料》为准）

SHIPPING TRADE									
YEAR 年份	NO. 船舶数	TONNAGE 船舶吨位	TFI 洋货总进口	NTFI 洋货净进口	CPI 土货进口，在国内（coast）贸易中	NTCI 土货净进口	TELO 原出口；分两部分：f 和 c 贸易	GV 贸易总值＝进口＋原出口（含复出口）	NV 贸易净值＝净进出口＋原出口（不含复出口）
1859									
1861									
1863									
1864									
1917									
1919					以下年份仅上海有			以下年份仅上海有	
1920									
1930									
1931									
1932									
1943									
1947									

对于所有的指标而言，其起止年份具有很大的不同，而且不同的指标之间存在某种替代的关系（表 1.4）。

表 1.4　对外贸易税收统计的起止年份

（灰色为存续年份，以《中国旧海关史料》为准）

REVENUE								
YEAR	IMD	EXD	CTD	TOD	TD	OD	IND	TC
1859								
1861								
1863								
1864								
1917								
1919								
1920								
1930								
1931								
1932								
1943								
1947								

本章数据一共 10000 余条。但是鉴于海关统计的开始若干年的统计币值尚不统一，且半年刊与年刊混杂，本书决定将 1864 年作为对外贸易统计的起始年份，数据共约 9600 条（后面章节，由于具体研究对象的不同，研究时期起始或略晚于 1864 年）。

二、数据处理方式以及理念

上述数据采集之初采用西方统计方法，但其跨度近百年，数据统计口径和体例多有变化。

（一）市场价格、离岸价格和到港价格的演变

1904 年以前，进出口贸易货值 $U_{进口}$ 和 $U_{出口}$ 是采用国内市场价格来计算

的。通过本地物价与货物量的乘积来得到货物的总价值。如果采用这样的计算方式，那么进口商品必然较之这批货物离开国外港口时候的价格要高，多出来的部分包括海运费、装卸费用、进口税收和本地卖家的利润等。而出口货物仅仅包括从原产地价格加上产地到本港这一转运过程的运费。显然，这样的计算方式是相当不科学的，会造成进口商品估值的偏大、出口商品估值的偏小。为了解决这个弊端，必须改变计算方式。

1889—1903 年，每年贸易报告之末，附上了把进口总值减至到岸价、出口总值增至离岸价的修正值。海关的修正公式为：

进口到岸价 = （市价 - 进口税及厘金）［1 - 7%（杂费）］

出口离岸价 = 市价 ×［1 + 8%（杂费）］+ 出口税额①

贸易统计方法上的改革从 1904 年始，进出口货值直接记录为进口 $U_{C.I.F}$ 和出口 $U_{F.O.B}$。由此出现了进口额比实际贸易额大和出口额比实际出口值小这一问题。为了统一起见，本书将 1904 年以前的反向折算为 $U_{C.I.F}$ 与 $U_{F.O.B}$ 值。二者关系如下：

$$U_{某商品进口} = P_{C.I.F} \times (1 + 5\% + 2.5\% + 7\%) \times K$$

$$U_{某商品出口} = P_{F.O.B} \times (1 - 2.5\% - 8\%) \times K$$

式中，$P_{C.I.F}$ 为特定商品到港价格（Cost，Insurance and Freight）；$P_{F.O.B}$ 为离岸价格（Free On Board）；5%、2.5% 分别为进口税率、子口税率；7% 和 8% 均为杂费；K 为货物量。

但是，仍然存在的问题是，全国各口岸的区域市场价格波动并不一致，同一商品的价格存在较大的时空差异。如何协调不同海关在出口同一商品时的价格不同问题？

1914 年以后，海关将上海、汉口、天津、广州四埠的离岸价印成出口估价单（Export Valuation List）分发相邻各关，作为统计时的参考，统计上更加准确，但是由于国内物价的变迁，大约到了 1914 年后，依然存在着

---

① 转引自陈争平《1895—1936 年中国国际收支研究》，中国社会科学出版社 1996 年版，第 22 页。

出口估价过低的问题。①

（二）通货膨胀：南开指数

对外贸易横亘近百年，这百年间是国内经济形势和政治形势变化极为剧烈的时间段，所以通货膨胀和通货紧缩都是常见现象，物价指数变化幅度极大。若想在长时间段比较不同年份的经济指标，必须进行物价指数的修订。

1928年春开始，南开大学经济学院在何廉教授主持下，用了近三年的时间收集到19世纪60年代到20世纪20年代的海关贸易册，据此编制了《中国六十年进出口物量指数物价指数及物物交易指数（1867—1927）》一册，同年又刊行了英文本“*Index Numbers of the Quantities and Prices of Imports and Exports and of the Barter Terms of Trade in China*（1867—1928）”，均附有编制说明。1932年该院在《经济统计季刊》第一卷第一期又修正重印一次，易名为《中国进出口物量指数物价指数及物物交易率指数编制之说明（1867—1930）》。其后逐年续编至1936年。1937年抗日战争全面爆发，南开大学自天津迁往昆明，指数停编。②

南开指数分为物价指数、物量指数、外汇指数和外贸指数等。本书采用何廉主导编制的南开物价指数（未调节指数）进行修正。其公式如下：

$$\beta=\frac{\sum p_1q_0}{\sum p_0q_0}\times\frac{\sum p_1q_1}{\sum p_0q_1}$$

式中，β为目标年的物价指数；p_0、q_0为基期1913年的物价与物量；p_1、

① 陈争平《1895—1936年中国国际收支研究》（中国社会科学出版社1996年版，第23页）有如下表述：1904年以后海关贸易统计中各项进口商品值改用到岸价记载，各项出口商品值以离岸价记载。海关这时对商品市价折算为到岸价或离岸价的具体方法如下：进口货，除一些重要商品的到岸价由海关造册处每年年终时决定并提供给各关外，一般进口货到岸价，北方各口岸按照该货上海市价扣除12%（5%税加上7%杂费），南方沿海及珠江各口岸按照香港市价（《海关税务纪要》一书称“按照广东市价”）扣除12%，在某些情况下则按各口岸当地市价扣除12%。出口货，各货离岸价按市价加8%杂费，再加出口税。

② 李惠村《南开大学外贸指数研究》，《南开经济研究》1991年第6期。

q_1 为目标年的物价与物量。对于每一年的进口和出口都具有相应的物价指数 β。

旧中国编制的外贸指数，一般都是未调节指数，即不考虑经济现象常态变动（长期趋势）影响的外贸指数，以固定一年为基期，而求其他各年的物量或物价与其基期的物量或物价对比的外贸指数，称未调节指数。南开物价和物量指数中的未调节指数见表 1.5。

表 1.5　南开物价指数（1867—1936 年）

年份	物价指数 Price Indices		年份	物价指数 Price Indices		年份	物价指数 Price Indices	
	进口	出口		进口	出口		进口	出口
1867	46.9	45.1	1891	38.7	52.3	1915	113	107.8
1868	46.9	51.7	1892	39.6	51.4	1916	122.4	117
1869	47.9	47.8	1893	44.7	50.8	1917	131	106.2
1870	46.7	46.1	1894	62.8	52.8	1918	147	114.5
1871	47.4	47.2	1895	66.1	53.5	1919	150.2	112
1872	45.8	48.7	1896	67.1	57.7	1920	175.7	112.9
1873	46.3	49.6	1897	71.8	66.1	1921	118.6	91.5
1874	38.5	45.9	1898	71.9	62.3	1922	100.8	94.4
1875	35.3	40.6	1899	67.2	78	1923	99.1	100.2
1876	33.8	47.1	1900	74.8	72.1	1924	96.2	100.9
1877	35.5	40.8	1901	75.3	70.6	1925	94.7	101.4
1878	35.7	40.2	1902	78	81.7	1926	91.8	103.3
1879	35.2	41.3	1903	88.3	89	1927	95.6	98
1880	38.3	41.1	1904	87.2	92.7	1928	91.3	101.3
1881	39.6	40.5	1905	81.2	90.4	1929	88.2	105.7
1882	37.6	36.2	1906	75.4	90.6	1930	94.7	103.3
1883	37.1	36.8	1907	82.3	97.6	1931	101.7	98.1
1884	37.1	32.9	1908	95.4	94.1	1932	92.3	80.5
1885	38.1	33.9	1909	95.1	90.5	1933	86.3	68
1886	43.3	35.3	1910	102.5	91.8	1934	73.7	60.9
1887	43	51.8	1911	102.2	91.5	1935	65.2	59.8
1888	43.6	52.4	1912	100	88.6	1936	70	72.1
1889	44.3	53.5	1913	100	100			
1890	40.7	51.5	1914	108.9	105.4			

物价指数以1913年为基期，采用连锁制。其所以用1913年为基期，是因为这一年为欧战前的最后一年，政治经济比较稳定，便于长期比较。

本章所有的对外贸易数据，凡是牵扯到进出口，均经过了南开物价指数的修正，也折算回了离岸价和到港价格。这样在长时间尺度上的对比有了较为科学性的保证。

表1.6 数据校正举例分析（1898，1905）

年份	洋货总进口	洋货净进口	原出口	$U_{C.I.F}$和$U_{F.O.B}$计算公式			当年南开物价指数β		经南开物价指数修正		
				洋货总进口	洋货净进口	原出口	进口	出口	洋货总进口	洋货净进口	原出口
1898	a	b	c	$d=a/(1+5\%+2.5\%+7\%)$	$e=b/(1+5\%+2.5\%+7\%)$	$f=c/(1-2.5\%-8\%)$	71.9	62.3	$d/71.9$	$e/71.9$	$f/62.3$
1905	j	p	q	j	p	q	81.2	90.4	$j/81.2$	$p/81.2$	$q/90.4$

以上以天津1898年和1905年为例说明1904年前后的数据校正的不同方式（表1.6）。在1898年，进出口必须经过折算回进口商品的到港价格和出口商品的离岸价格，然后，再经过物价指数的修正，得到“真正”可以比较的商品价值。

1905年的数据仅仅需要通过物价指数的折算即可使用。本书涉及进出口的长期经济数据，均采用南开指数进行折算。

（三）中国物价指数

王玉茹教授这样评价南开批发物价指数：“可能是由于文字的便利，又由于其覆盖的时间范围最长，因此这个指数为西方学者使用最为普遍。吴大业在他的论文中说明，由于没有可靠的长期物价指数可资利用，所以暂以南开大学经济学院所编之进出口物价指数代替。”①

南开物价指数毕竟是以进出口的商品作为基本数据而得到的指数。此外，还有“中国物价指数”的编制。

唐启宇博士在他的博士论文中以海关册资料为基础编制的中国批发物价指数，其期限为1867—1922年。② 另外有“沃尔赛姆（Wertheim）指数，期限为1913年至1937年”③。王玉茹综合唐启宇指数和沃尔赛姆指数，制订了中国批发物价总指数（1867—1937），见表1.7。

表1.7　中国批发物价总指数（1867—1937）

年	指数	年	指数	年	指数
1867	82	1879	64	1891	71
1868	84	1880	65	1892	66
1869	85	1881	64	1893	71
1870	84	1882	64	1894	74
1871	82	1883	61	1895	71
1872	84	1884	62	1896	72
1873	80	1885	63	1897	79
1874	67	1886	66	1898	84
1875	60	1887	69	1899	93
1876	64	1888	70	1900	87
1877	62	1889	71	1901	81
1878	65	1890	75	1902	97

① 王玉茹《增长、发展与变迁：中国近代经济发展研究》，中国物资出版社2004年版，第156页。

② 何廉《二十余年来我国已编之物价指数》，《银行月刊》1927年第2号。

③ 王玉茹《增长、发展与变迁：中国近代经济发展研究》，中国物资出版社2004年版，第156页。

（续表）

年	指数	年	指数	年	指数
1903	103	1915	118	1927	157
1904	99	1916	118	1928	156
1905	111	1917	122	1929	162
1906	100	1918	123	1930	178
1907	104	1919	121	1931	190
1908	110	1920	131	1932	170
1909	111	1921	132	1933	152
1910	102	1922	130	1934	145
1911	106	1923	137	1935	150
1912	106	1924	133	1936	175
1913	100. 1	1925	146	1937	206
1914	106	1926	149		

需要指出的是，本书涉及国内流通的部分，采取“中国批发物价总指数”。

三、结果的初步分析和展示

（一）船舶数和船舶吨位数

毫无疑问，船舶数和船舶吨位数是港口贸易兴盛与否的最直观外在表现，可以从一个侧面反映贸易的长时间波动。由此，本节首先对十二港口的船舶数及其吨位总数进行长时间尺度上的分析。

厦门、宁波、广州和福州四个港口的发展趋势具有相当的一致性，在1885 年之前，船舶数和船舶吨位数都有一个令人惊异的高峰（图 1.1）。而在此之后，船舶数猛然降低。奇怪的是，船舶吨位数很稳定，这样的对比，让人不得不对其统计持有保留态度。笔者猜测，这也许是海关方面对于某一吨位数以下的船只不统计其船只数而仅仅统计其吨位值。1885—1932 年，船舶数和船舶吨位数都十分稳定。

对于船舶数和船舶吨位数而言，有两点极其异常：第一，船舶数和船舶吨位数并未呈现同步的波动状况，这一点在全国的港口均出现这样的状况。究其原因，笔者认为，这是由于每年进出港的船只大小悬殊，造成了船舶数和吨位数的不同步。第二，图 1.1 中的南方四个港口，自 1877 年到 1930 年（1930 年之后的战争状态不计）均呈现一种缓慢的降低过程，这跟北方的天津和长江流域的上海港非常不同，也与人们的一般认识大相径庭。

较之船舶数，船舶吨位数更为可信，因为“吨位税”是按照吨位来计算的，在涉及税收金额的统计上，海关较之与自己的收入相关度较小的船舶数应该更为仔细和认真。因此，船舶吨位总数，较之船舶数更为稳定和可靠。这就不难理解，在 1885 年左右，烟台和天津船舶数出现非常明显的减少，而船舶吨位数非常稳定。这也非常符合我们的常识。

天津和青岛，作为北方的代表性港口，在 20 世纪 30 年代之后，进港出港的船舶吨位之和有了非常大的增加（图 1.2）。类似的跃升，在所有的 12 个港口里非常少见，仅有上海与之类似（图 1.3）。其余港口，均在同时间出现船舶吨位的明显降低。

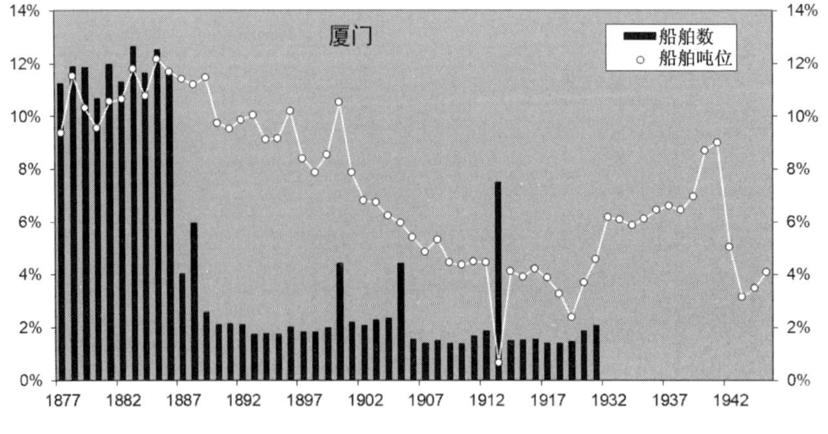

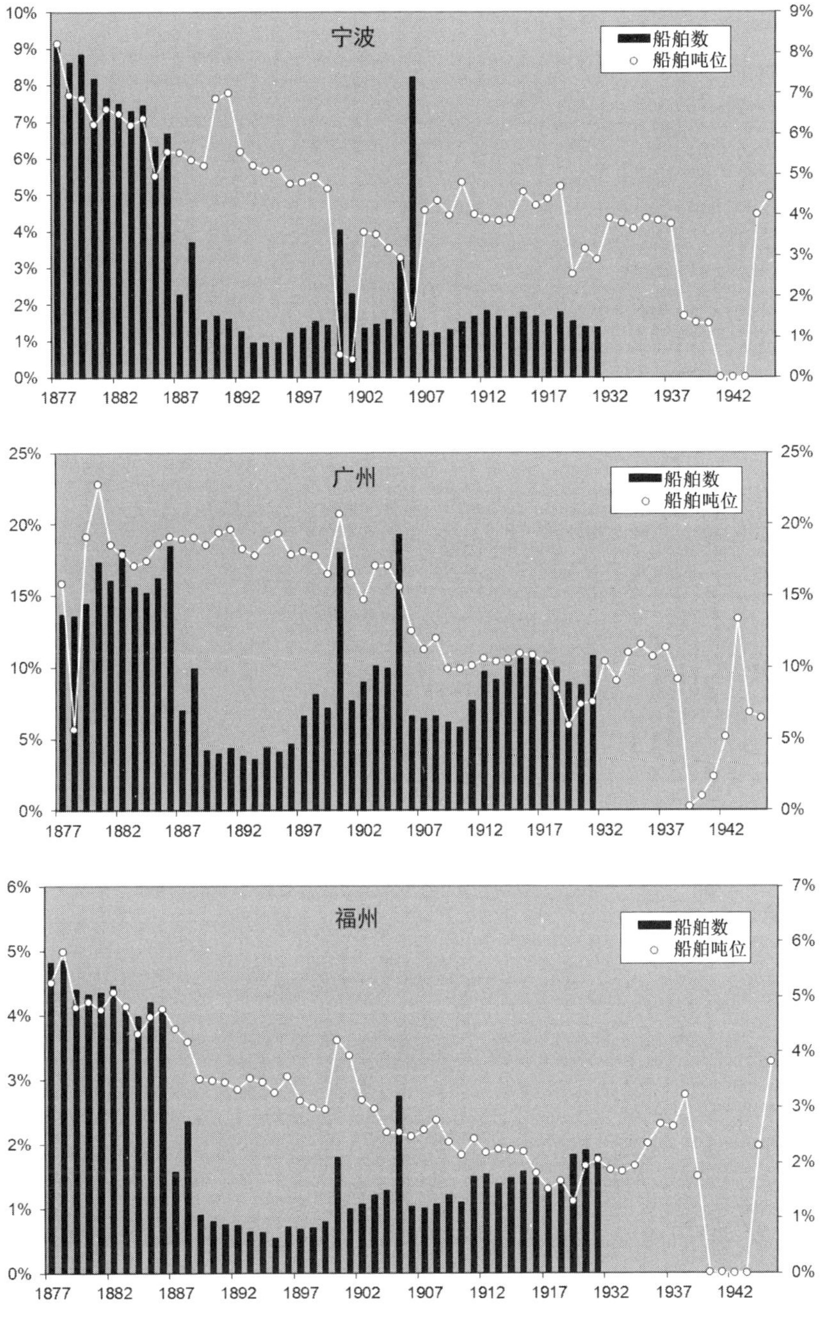

图 1.1　厦门、宁波、广州和福州四港的船舶数和船舶吨位数

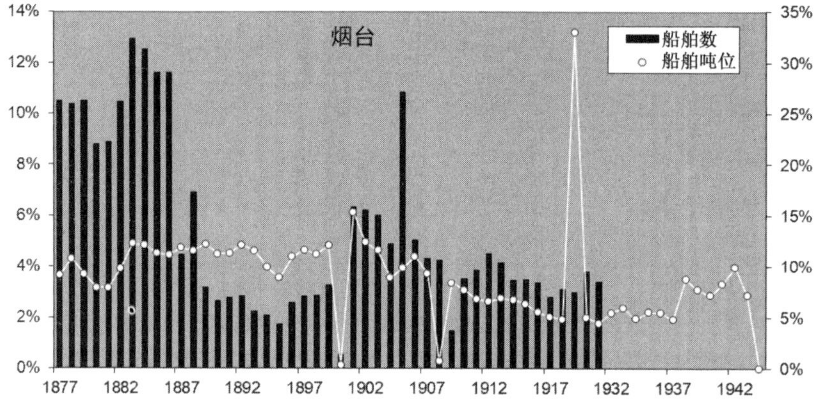
烟台
船舶数
船舶吨位
14%
12%
10%
8%
6%
4%
2%
0%
35%
30%
25%
20%
15%
10%
5%
0%
1877
1882
1887
1892
1897
1902
1907
1912
1917
1932
1937
1942

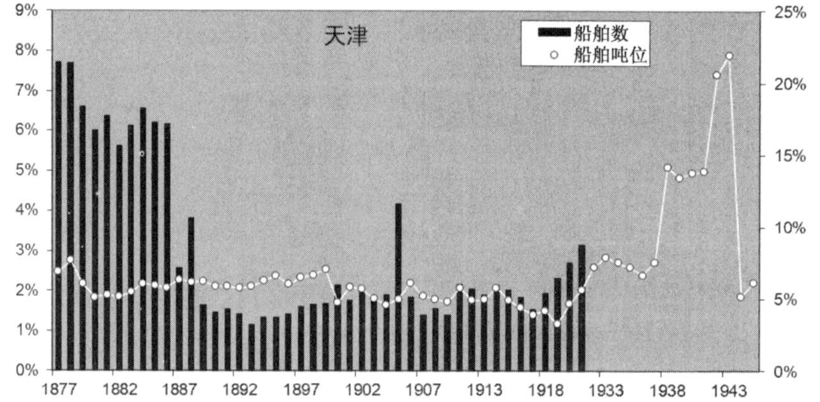
天津
船舶数
船舶吨位
9%
8%
7%
6%
5%
4%
3%
2%
1%
0%
25%
20%
15%
10%
5%
0%
1877
1882
1887
1892
1897
1902
1907
1913
1918
1933
1938
1943

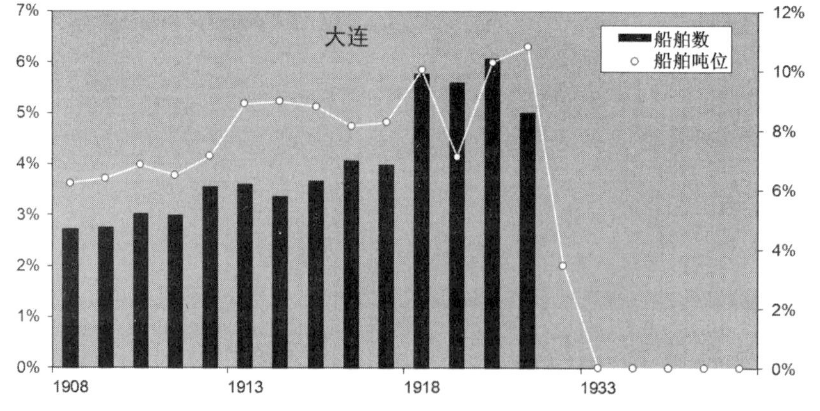
大连
船舶数
船舶吨位
7%
6%
5%
4%
3%
2%
1%
0%
12%
10%
8%
6%
4%
2%
0%
1908
1913
1918
1933

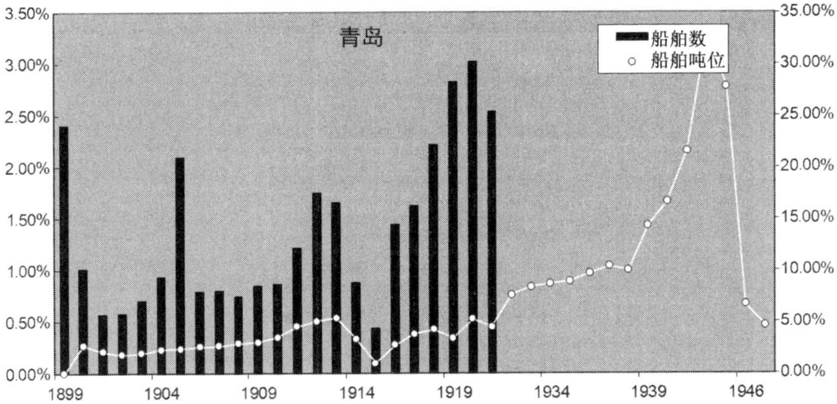

图 1.2　烟台、天津、大连和青岛四港的船舶数和船舶吨位数

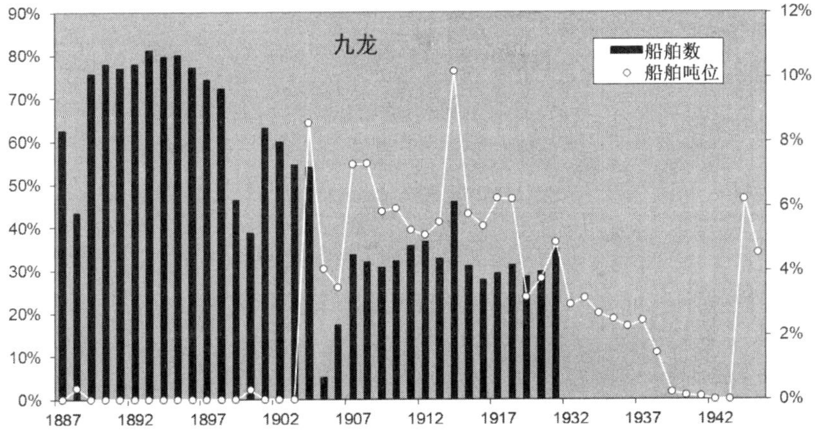

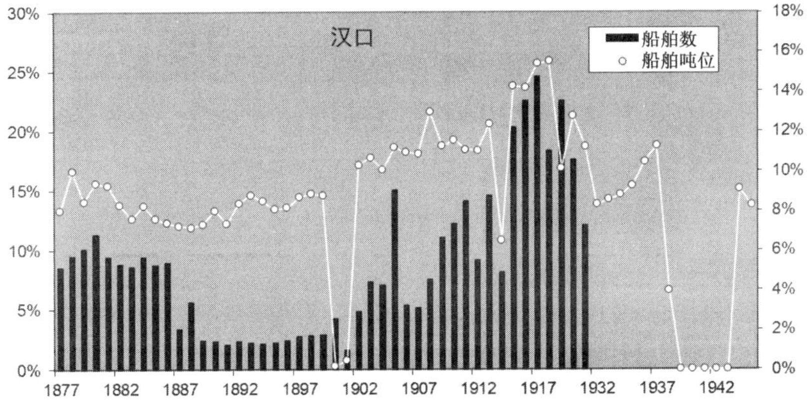

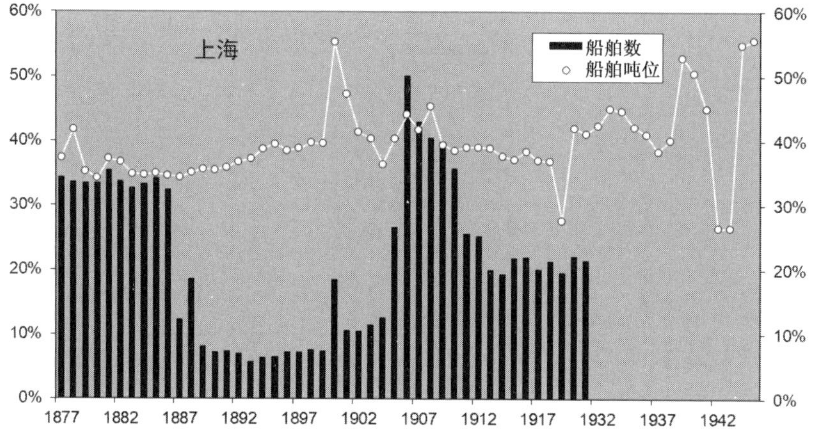

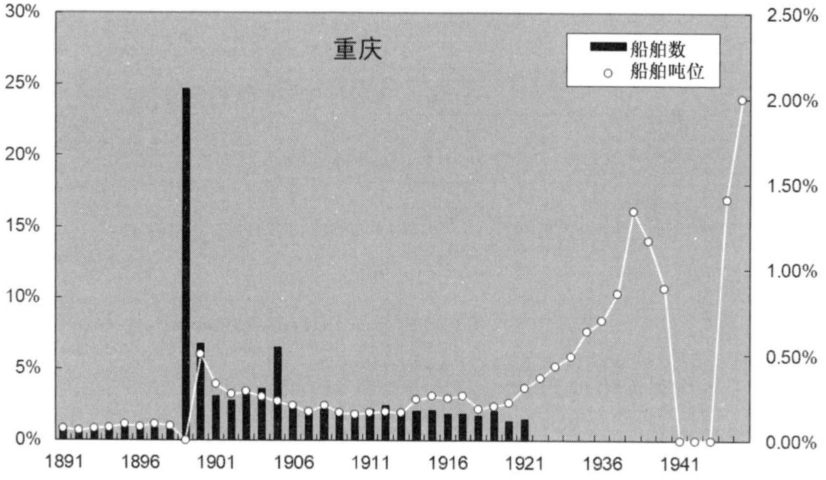

图 1.3　九龙、汉口、上海和重庆四港的船舶数和船舶吨位数

上海与汉口，作为份额最重的两个港口，其船舶吨位数的发展是十分稳定的，尽管船舶数看起来波动幅度很大，但那些波动多半应该忽略不计，真正和贸易有关的是船舶吨位数的变化。

九龙所在地区走私现象十分严重，因此，随着海关每一年对走私的打击力度的不同，其海关征缴的税收以及所管理的船只数量和吨位变化是非常剧烈的，这一点，几乎毫无规律可循。

毫无疑问，上海和汉口是全国范围内船舶吨位数最为稳定的两个港口。

总结来看，船舶吨位的发展趋势，南北方具有鲜明的地域特点：

1. 长江南北的港口发展趋势不同。

长江以南的港口，除上海以外，在长期的趋势上，其船舶吨位数都是缓慢减少的（20 世纪 30 年代之后非正常时期不论）。对比而言，北方港口在长期的趋势上，其船舶吨位数都是缓慢增加的。究其原因，是由于南方开埠港口不断“加密”导致的货流分散趋势。而北方港口本来就少，在后期增加的亦不如南方那么多，在腹地不断增加的趋势下，其进出港口的船舶数之和不断缓慢增加。南方港口的腹地虽然亦在不断增加，但无奈腹地处在不断“被切割”“被分散”的过程中，具体到某一个港口而言，其吞吐数量自然会减少。

2. 长江流域的港口较为稳定。

长江流域的重庆、汉口和上海这三个港口的进出港船舶吨位一直稳步增长。长江流域的港口则不具有上述南方港口的问题，因为其腹地较为稳定，在漫长的长江航道中，开埠港口实在不算多。而且，由于其腹地与所在支流流域密切相关，不同港口腹地间独立性较强，不存在较明显的竞争关系。

（二）洋货净进口（NTFI，Net Total Foreign Imports）—原出口（TELO，Total Exports of Local Origin）的长时间尺度趋势分析

洋货净进口（NTFI）是相对于总进口洋货（TFI，Total Foreign Imports）而言的，TFI 除去复出口到国外或者中国其他港口的洋货的剩余部分就是 NTFI。原出口指的是在本地原产，首次在海关所记录的部分，复出口不计在内。

每一个港口，由于其在整个海关体系所处的职能不同，其洋货净进口—原出口的比例以及这种比例的发展趋势是很不一样的。

在图 1.4 中可以看到，闽江流域的福州、厦门两个港口，均存在极为

相似的发展趋势。特别是其原出口的发展趋势，均走了一条缓慢下行的曲线，最后在1920年前后又有了急剧的提升，显示二者腹地的相关性十分紧密。

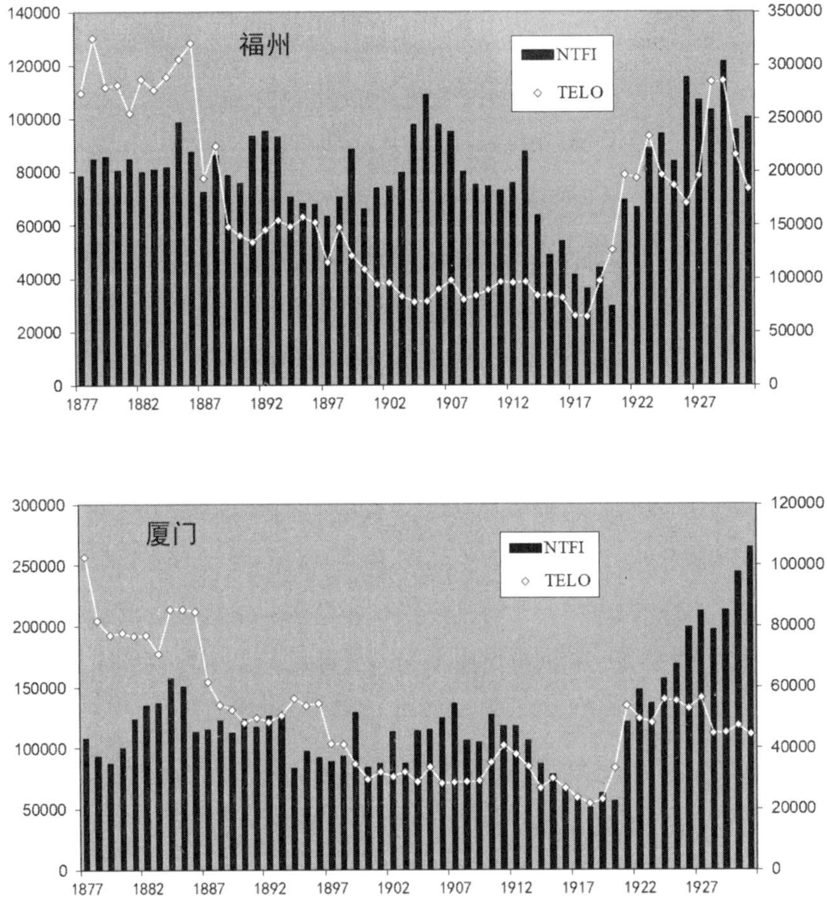

图1.4 福州、厦门的洋货总进口和原出口长期发展趋势图

烟台、宁波和重庆三个港口属于后期开埠的“后发型”港口（图1.5），其洋货总进口和原出口的发展趋势特点就是年际波动非常强烈，有5年左右的波动周期，但是总体变化并不强烈，而且多是单向度变化。

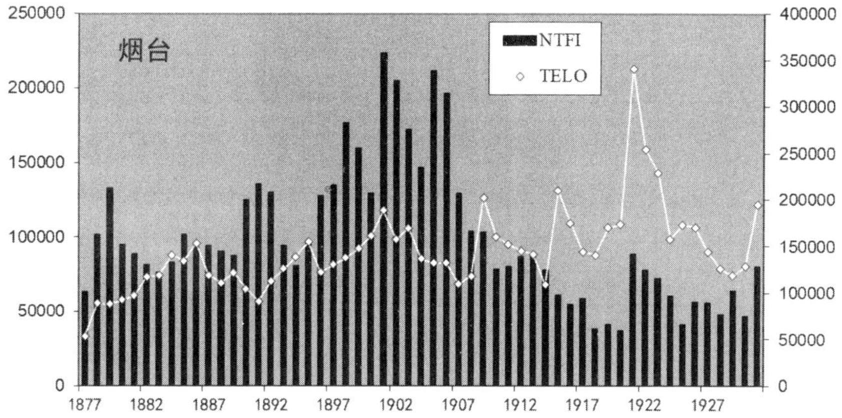

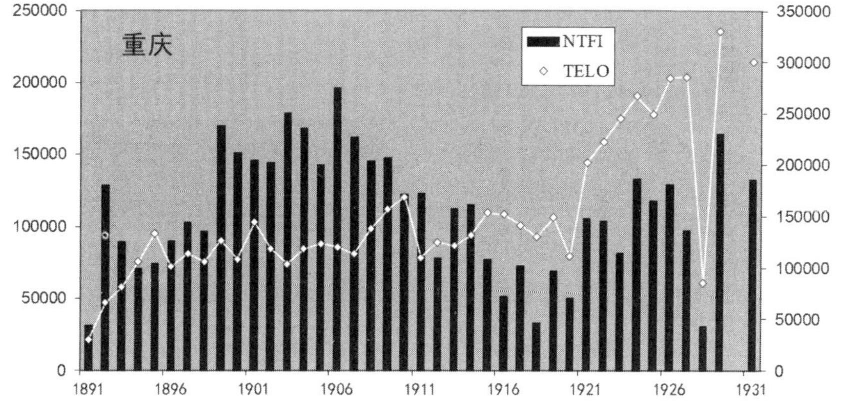

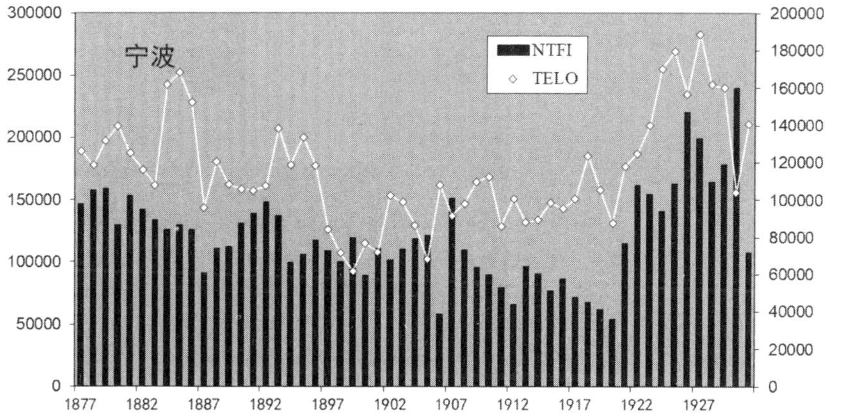

图1.5　烟台、重庆和宁波等后发型港口的洋货总进口和原出口长期发展趋势图

上海、汉口等这几个港口的发展趋势十分稳定，不断增长，很少出现大比例的进出口贸易减少的现象（图1.6）。这是在之前的中小型港口中所难见的稳定发展情况，其取决于腹地的广阔和货源的稳定。由此，可以得到这样的结论：中小型港口的进出口贸易均具有较明显的弹性，而大型港口皆十分稳定。而且，在当今，这5个港口也是具有全国意义的重要港口，由此可见历史的继承性。

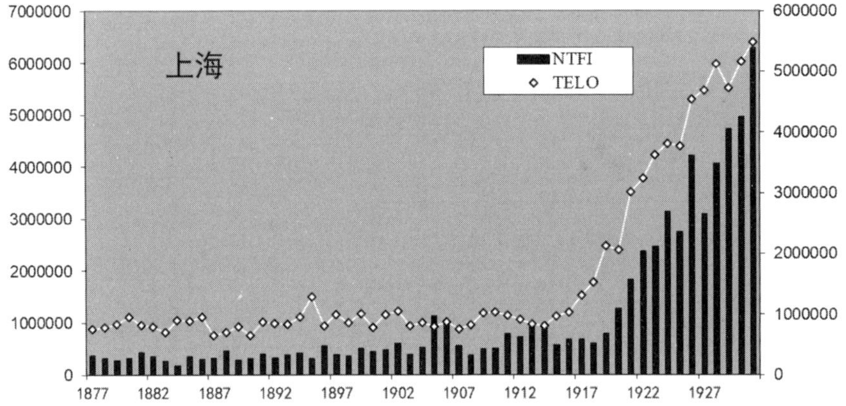

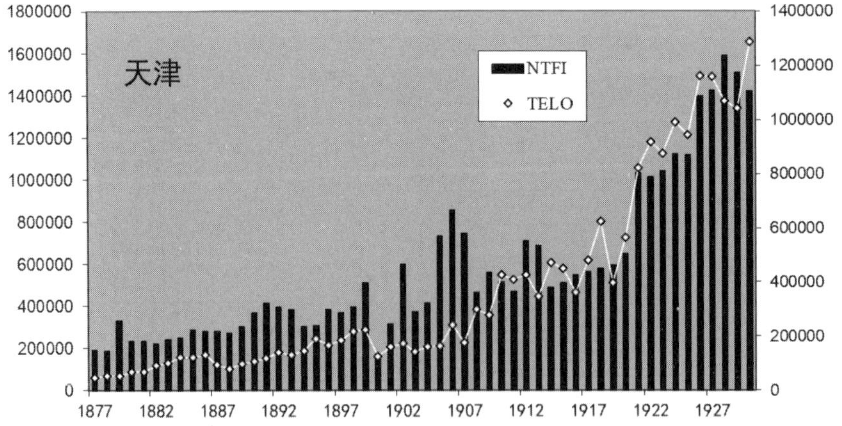

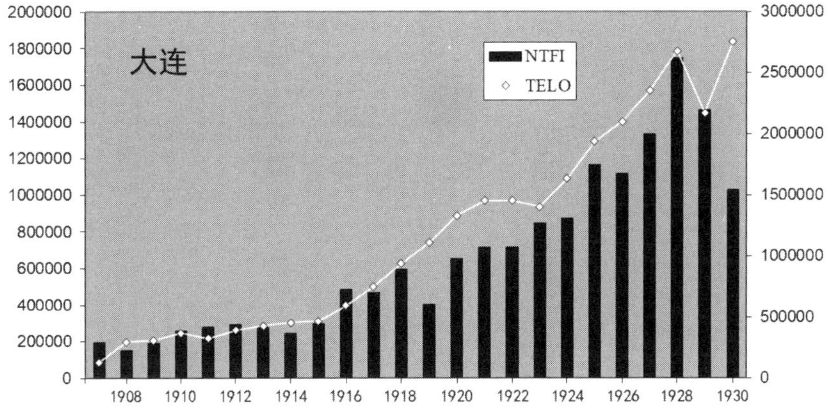

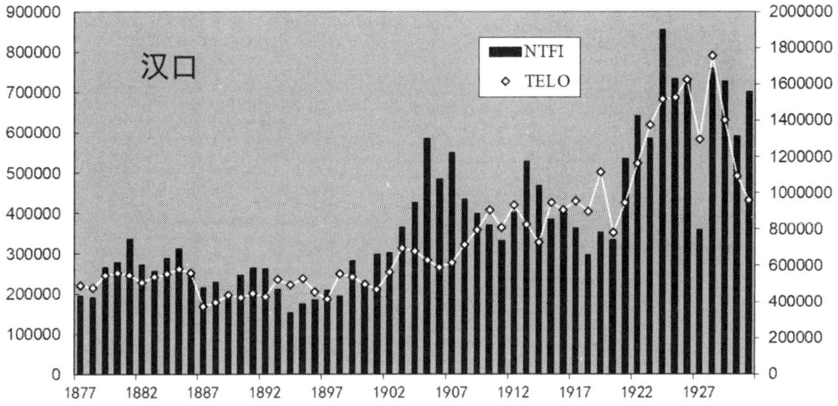

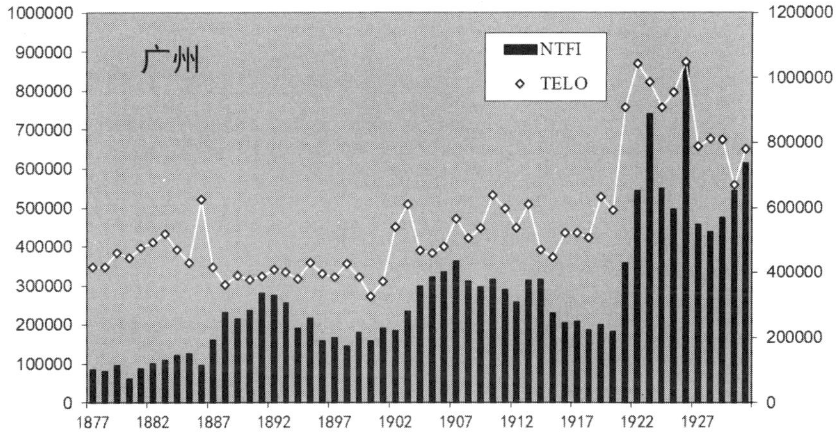

图1.6　上海、天津、大连、汉口和广州等港口的洋货总进口和原出口长期发展趋势图

（三）长江下游、长江中上游、长江以南和长江以北的贸易权重分布

从上一小节的内容分析可以知道，长江南北和长江流域中上游和下游的贸易发展趋势是相当不同的。为了更好地表现这种地区差异，下图以总征收TC为指标，测算不同区域的贸易权重。

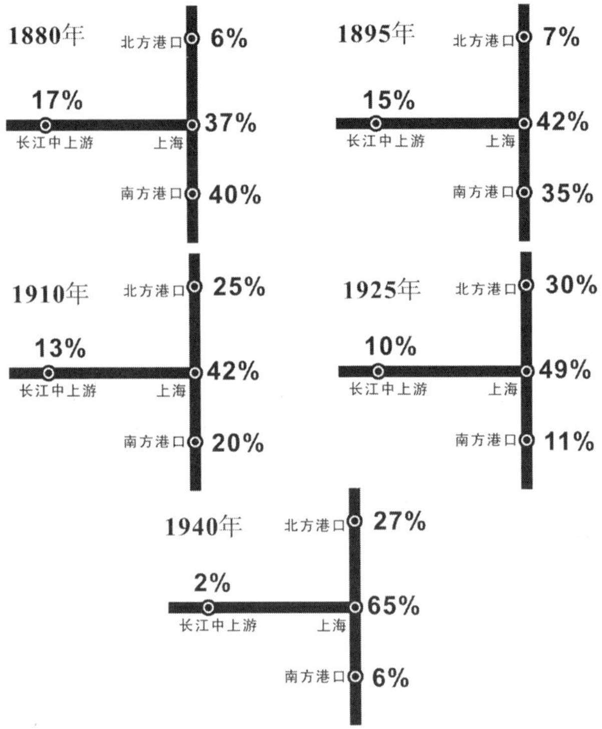

图1.7　南北方、长江中上游、上海贸易权重分布示意图

图1.7选取1880年、1895年、1910年、1925年和1940年5个间隔15年的年份进行对比分析。非常清楚的是，北方港口在渡过了开埠初期的低迷之后，在1895—1910年达到了20%以上的权重比例，相应而言，南方的港口从开埠初期的40%降低到1925年的10%左右。1925年以前，长江中上游的若干港口权重虽然一直稳定在10%以上，但是考虑到开埠港口的数量一直

在增加，显然每个港口的权重都在减少。总征收最为稳定的毫无疑问是上海，其一直在40%左右波动，在1940年的战时非常情况下，突增到65%。

（四）净进口（U_{NTFI}）与原出口数据（U_{TELO}）的二维分析：腹地经济外向化的测度

将经过何廉物价指数修正后的净进口（U_{NTFI}）与原出口数据（U_{TELO}）进行二维分析。x 轴为 U_{NTFI}，y 轴为 U_{TELO}（图 1.8）。重庆选取年份为1891—1947年，青岛选取年份为1899—1947年，大连为1908—1947年，其余9个港口均为1877—1947年。

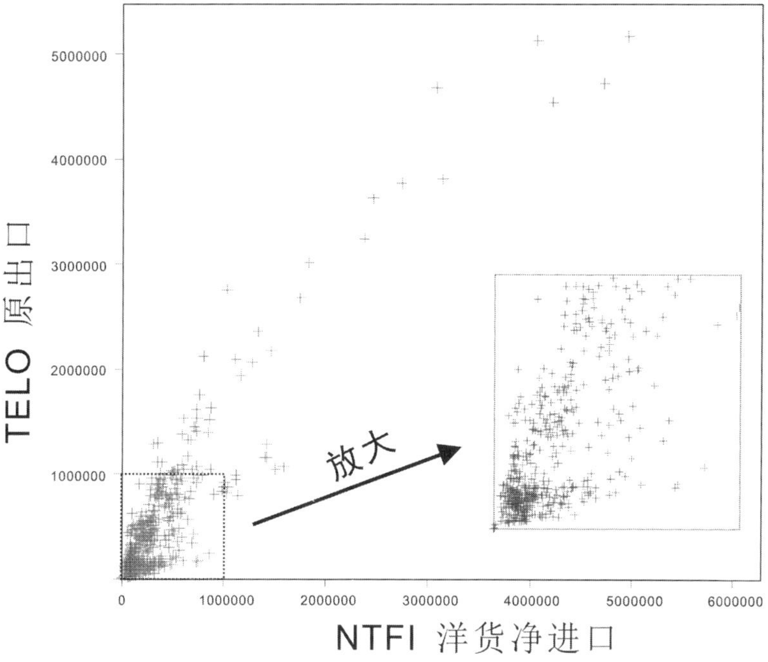

图1.8　12个港口的净进口（U_{NTFI}）与原出口数据（U_{TELO}）的数据分布（单位：海关两）

港口均有其腹地。洋货净进口货值 U_{NTFI} 是指洋货总进口除去转运到国外或者国内其他港口的纯进口成分。原出口货值 U_{TELO} 是指原产于腹地，第一次在海关记录的货物数据。二者之比 α 可以定量化某港口腹地经济的外向化程度。

$$\alpha=\frac{U_{TELO}}{U_{NTFI}}$$

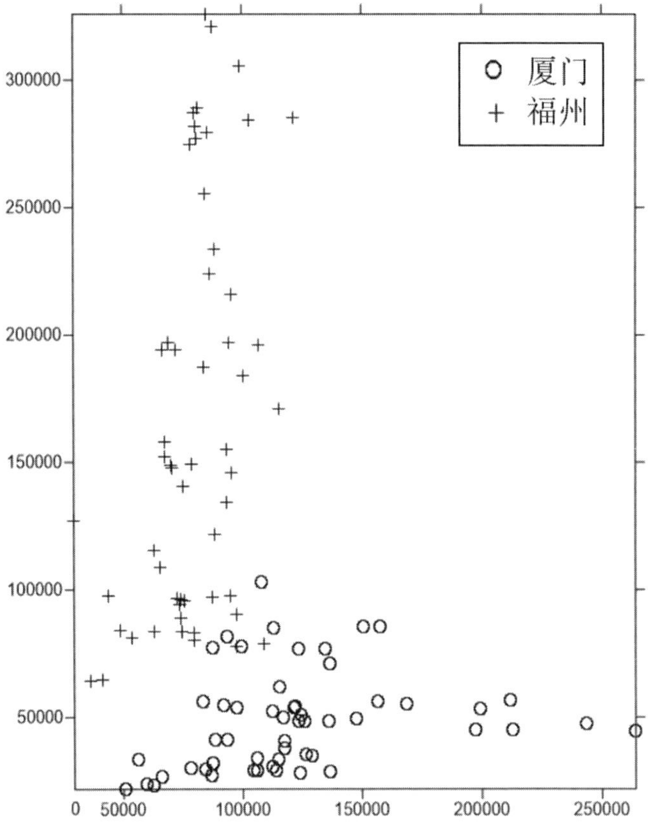

图1.9　福州、厦门的净进口—原出口分布（单位：海关两）

福建省内的福州与厦门规模类似，分布在 $y=x$（$\alpha=1$）两侧，其港口职能迥异。厦门数据分布 $y=x$ 下部（$\alpha<1$），原出口数据基本都在100000海关两以下。这表明其净进口数据远大于其原出口数据，且趋势愈到后期愈明显，1926—1931年数据点与 $y=x$ 的距离较之前期更大，贸易结构更为极端化。福州距离厦门很近，情况却完全相反，原出口数据远大于净进

口数据，可见其腹地闽江流域经济结构的外向性。而且，由于本地土货出口很大部分并不经过洋关，所以在1901年洋关接管常关之后，α值变大也就合乎情理且更加接近历史事实。

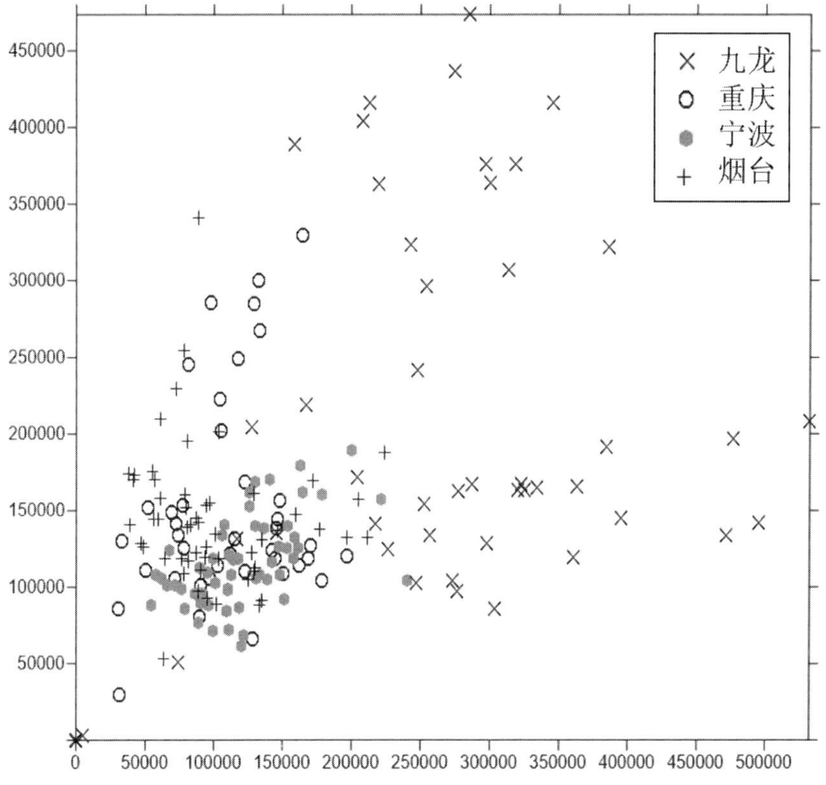

图1.10　九龙、重庆、宁波和烟台的净进口—原出口分布（单位：海关两）

九龙、重庆、宁波和烟台四港口进出口规模类似，数据点在$y=x$两侧极为分散，是12个港口的特例，显示其贸易结构非常不稳定，职能发生经常性的逆转。重庆与九龙结构变动趋势相反，重庆在开埠初期净进口—原出口数据相差不大且均呈增长趋势，后期特别是1920年后，数据点集中于$y=x$上方。宁波和烟台虽然是较为均衡型港口，进出口数据差别不大，但长时段内仍旧不免多次此消彼长。

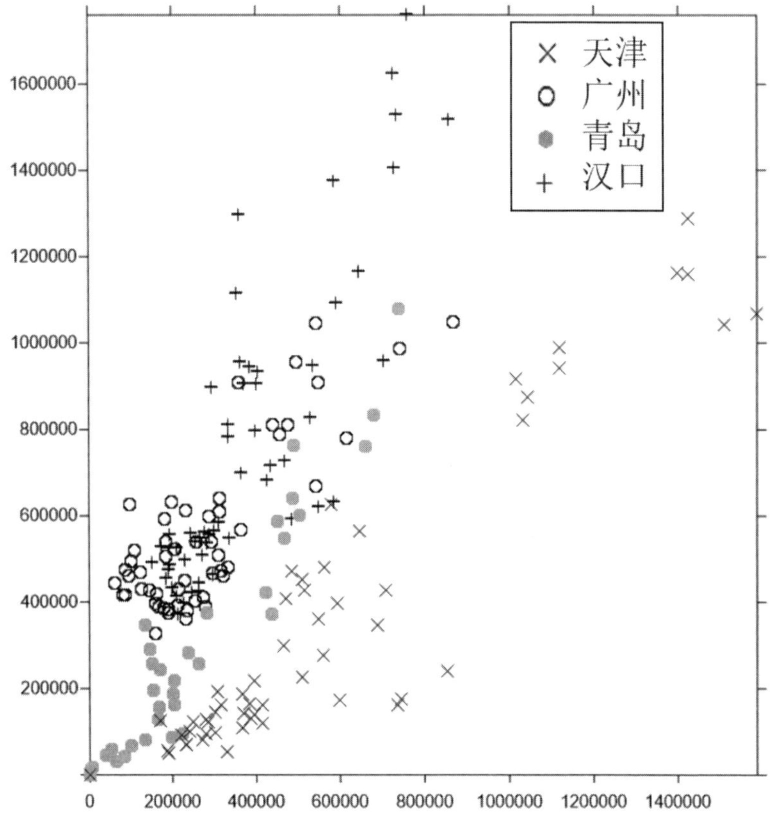

图1.11　汉口、青岛、天津和广州的净进口—原出口分布（单位：海关两）

图1.11与图1.10相比，反映在坐标轴上的进出口规模要大3倍左右。汉口、青岛、天津和广州四港口数据点聚类分布特征明显。天津与汉口、广州两个港口在数据点的分布上具有极大不同，天津的数据一直处在$y=x$以下，而且数据明显呈三个聚类：1899年以前、1899—1921年、1922—1930年。同为北方港口的青岛与天津类似，其1921年前后数据聚类也较明显。汉口数据则以1902年为界，分为两个聚类；广州以1922年为界，分为两个聚类。

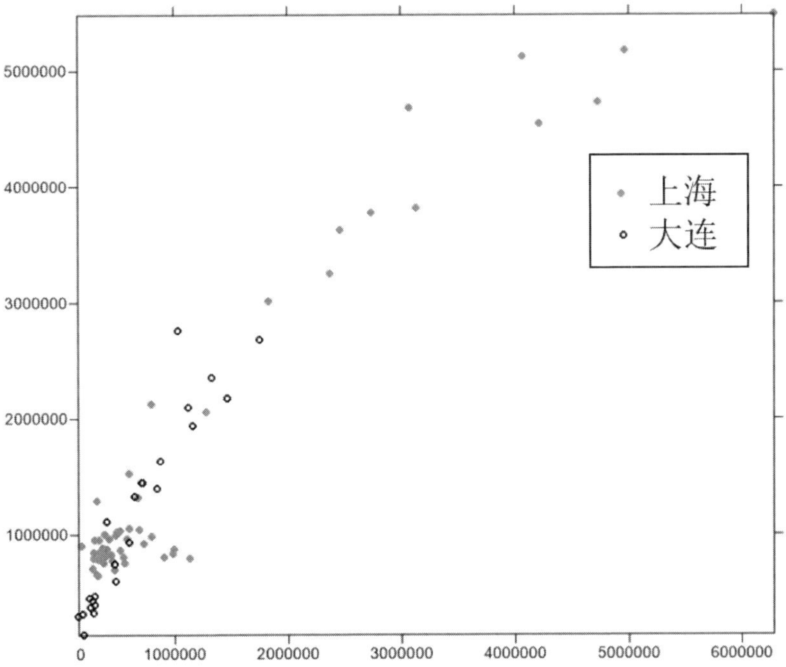

图1.12 上海、大连净进口—原出口数据点分布（单位：海关两）

上海和大连部分数据（1917 年以后）分布具有一致性。大连至 1908 年始开埠，是 12 个城市里最晚的一个。这说明到后期，12 个城市 α 的方差减小，其职能具有趋同倾向。

（五）进出口税收的特点：四城市指数

本节选取广州、上海、天津和汉口四个主要城市的进出口税收进行比较，并测算其四城市指数（具体公式见后文）。

为了消除长时间尺度上币值和通货膨胀变化，本节考察的主要对象放在某港口某年的税收相对份额上（所谓相对份额，是就某港口较之港口体系的总体税收而言）。例如，在本书所讨论的 12 个港口之中，计算广州等 8 个港口在 1887 年和 11 个港口在 1938 年之进出口税收份额（表 1.8）。依照这个办法，从而得到每个港口在 1877—1947 年所有年份的进口正税等三项指标的相对份额曲线。

表 1.8 天津、汉口、上海等港口进出口税收份额

（以 1877 年和 1938 年为例，单位：海关两）

年份	港口	进口正税	出口正税	总共征收	在当年所统计港口中的份额 q		
					进口正税 q_1	出口正税 q_2	总共征收 q_3
1877	天津	54688. 205	72001. 185	322684. 562	2%	1%	3%
1877	芝罘	25237. 496	89117. 999	215056. 794	1%	2%	2%
1877	汉口	259. 581	1522322. 251	1690434. 476	0%	28%	17%
1877	上海	1491693. 935	628078. 819	3269919. 328	63%	11%	34%
1877	宁波	252399. 536	418244. 352	723300. 422	11%	8%	7%
1877	福州	62117. 235	1624155. 202	1821630. 967	3%	30%	19%
1877	厦门	302463. 01	334844. 47	712445. 598	13%	6%	7%
1877	广州	164443. 351	779022. 317	1004706. 988	7%	14%	10%
1938	天津	45364768. 02	3382889. 04	56443984. 21	32%	30%	27%
1938	芝罘	1735982. 84	152710. 15	2997144. 15	1%	1%	1%
1938	胶州	6401535	677354. 65	8869733. 66	5%	6%	4%
1938	重庆	412733. 77	117614. 2	3280001. 78	0%	1%	2%

（续表）

年份	港口	进口正税	出口正税	总共征收	在当年所统计港口中的份额 q		
					进口正税 q_1	出口正税 q_2	总共征收 q_3
1938	汉口	1377049. 61	343854. 07	8233161. 24	1%	3%	4%
1938	上海	60044640. 87	2424063. 81	84913650. 45	42%	22%	40%
1938	宁波	996793. 38	9652. 31	3526321. 43	1%	0%	2%
1938	福州	1966749. 62	46048. 67	5406085. 97	1%	0%	3%
1938	厦门	1876107. 81	64560. 27	2665254. 31	1%	1%	1%
1938	广州	9665395. 18	3691287. 54	19547659. 79	7%	33%	9%
1938	九龙	12295501. 38	254904. 66	13841695. 58	9%	2%	7%

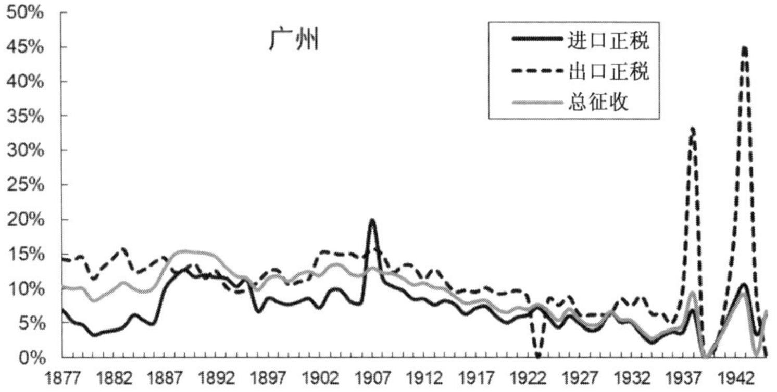
广州
进口正税
出口正税
总征收
50%
45%
40%
35%
30%
25%
20%
15%
10%
5%
0%
1877
1882
1887
1892
1897
1902
1907
1912
1917
1922
1927
1932
1937
1942

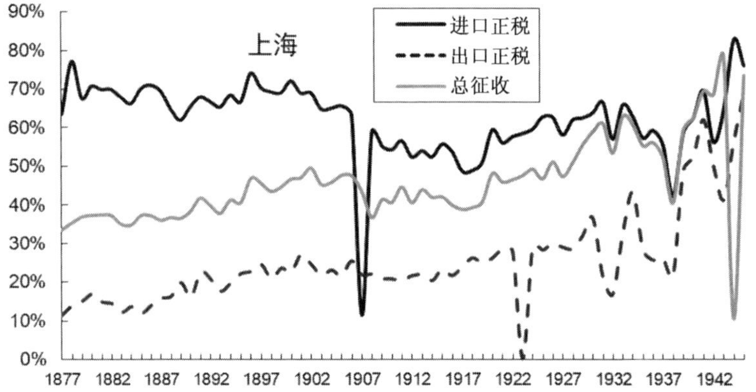
上海
进口正税
出口正税
总征收
90%
80%
70%
60%
50%
40%
30%
20%
10%
0%
1877
1882
1887
1892
1897
1902
1907
1912
1917
1922
1927
1932
1937
1942

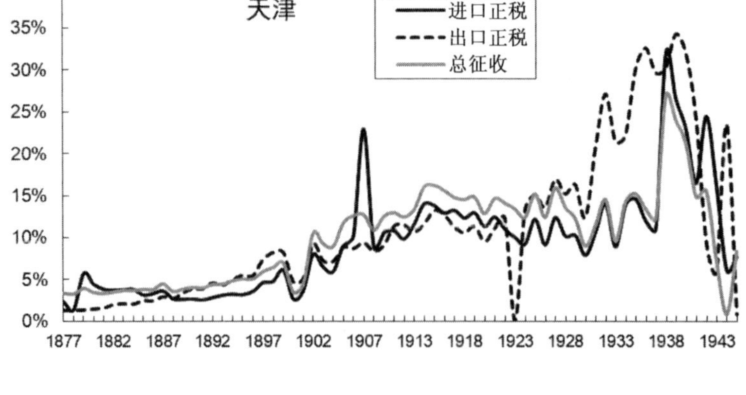
天津
进口正税
出口正税
总征收
40%
35%
30%
25%
20%
15%
10%
5%
0%
1877
1882
1887
1892
1897
1902
1907
1913
1918
1923
1928
1933
1938
1943

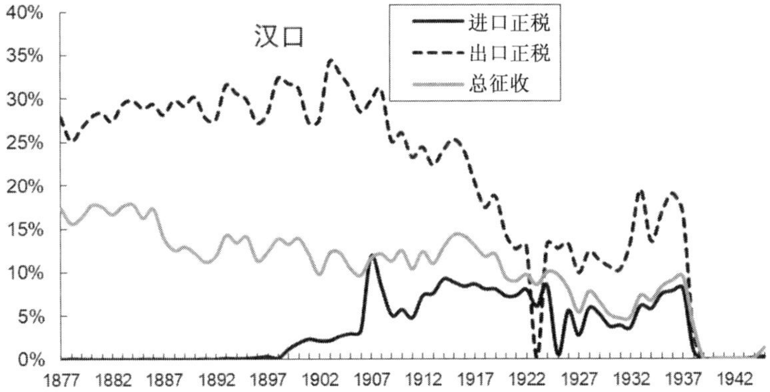

图 1.13　**广州等四港口的进出口正税和总征收趋势**（纵坐标为其权重百分比）

在上述计算结果的基础上，进行四城市指数的计算。四城市指数 S，即用首位城市与第二到第四位城市的规模 P 之和（P 为人口、贸易等指标）之比：

$$S = P_1 / (P_2 + P_3 + P_4)$$

式中四城市指数的 P 值，采用的是上述计算过程中得到的进口正税相对权重 q_1 或者出口正税相对权重 q_2，也可以是总征收相对权重 q_3。

并且，对 1877—1947 年这 70 年的四城市指数进行长期测算，得到下图。

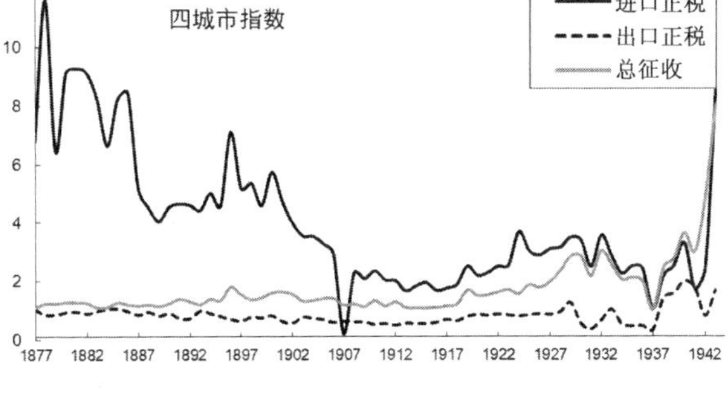

图 1.14　**以上海为首位城市的四城市指数**（1916 年以前出口以汉口为首位城市，之后为上海）

进口正税四城市指数的变化剧烈，这意味着进口正税的权重排列顺序变动非常不稳定，经常发生权重排名上的更迭。换句话说，进口商品的输入非常不稳定，具有鲜明的暂时性，内销的流通渠道尚未完全建立和打通，某年某港口输入某项产品，第二年则丝毫未进口的情况比比皆是。

出口正税四城市指数和总征收四城市指数较为稳定，这说明出口货物的购销渠道较之进口货更为完善和稳定。因为土货出口基本由本地商人掌握，而洋货进口都是洋商或者洋商委托买办所进行。而深入内地以后，买办更为稀少，所以洋货的渠道建设十分不畅。

在研究时段的前期，后二者具有一定的同步性；中后期，三者均具有同步性。特别是 1937 年之后，三个指数均有上升，说明各项贸易均向首位城市集中。

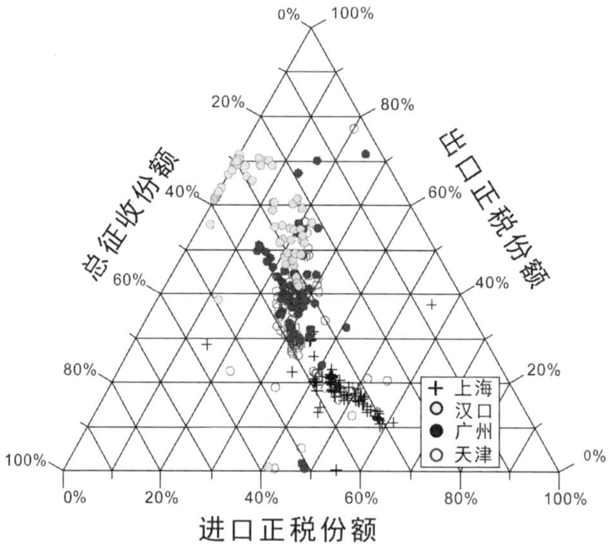

图 1.15　上海、汉口、广州和天津四港口总征收—进口正税—出口正税份额三角图

为了更好地观察研究上海、汉口、广州和天津四港口所代表的不同类型的港口的情况，二维的分析已经力不从心，因此，在此使用在自然科学中使用较多的三轴坐标图进行分析。

在图中可见（图 1.15），广州和天津的港口类型十分相似，其数据点具有相当的重叠率。但是到了后期，天津港的规模只能与上海港渐趋于一致。

上海、广州和天津的贸易结构比较均衡，其进出口份额基本相同。汉口港一直处于独立的地位，因为其出口正税在全国所占的份额一直很高，而其总征收的份额却一直很低，因此，其贸易结构并不平衡。

第二节　12 个主要港口职能的分析

自从广州一口通商到五口通商以来，中国融入世界贸易体系的大趋势不可逆转，在这个过程中，不同港口，由于其所处的区位不同，其背后的腹地经济结构和运输条件迥然不同，造成了其港口的不同发展趋势。长时间地发展下去，就形成了不同港口在港口体系中所担当的职能各不相同的局面。

如何表征港口的规模存在多种的表达方式，进出口贸易值或者海关税收总值均可从某一方面代表港口的规模大小。由于海关总征收 TC 具备较长的统计时段，且较为容易互相比较，本书采用海关总征收 TC 作为港口规模比较的主要指标。

α 值用来表征进出口贸易的比例指标，也代表了腹地经济结构的外向化水平。

表 1.9　以广州、天津、上海为例的 α 值计算

（表中 ID 为原始输入数据时所加）

ID	年份	港口	洋货净进口	原出口	总征收	α
109	1877	广州	3507682	15183233	727889.742	4.328565987
117	1878	广州	3303867	15020992	1010174.794	4.5464881
125	1879	广州	3851430	17031110	503327.801	4.42202247
133	1880	广州	2698283	16391363	426044.788	6.074738269

（续表）

ID	年份	港口	洋货净进口	原出口	总征收	α
141	1881	广州	3989805	17256901	556404. 112	4. 325249229
149	1882	广州	4331340	16035943	498675. 028	3. 702305291
157	1883	广州	4658835	17118874	524260. 492	3. 674496736
……	……	广州	……	……	……	……
658	1929	广州	41895279	85607839	4193543. 856	2. 043376749
670	1930	广州	51507813	69070052	594620. 996	1. 340962623
102	1877	天津	7757207	1783213	210849. 625	0. 229878228
110	1878	天津	7694805	1954787	243514. 182	0. 254039836
118	1879	天津	13279624	1980236	2162495. 84	0. 149118379
126	1880	天津	10169133	2559096	1712429. 974	0. 251653312
134	1881	天津	10589556	2500777	1819100. 377	0. 236155038
142	1882	天津	9509724	2968624	1776303. 672	0. 312167209
150	1883	天津	10290571	3317666	1490724. 93	0. 322398631
……	……	……	……	……	……	……
649	1929	天津	145095553	108284739	528706. 528	0. 746299502
661	1930	天津	133246191	110225213	674674. 925	0. 827229748
673	1931	天津	134702697	132964050	400863. 284	0. 987092708
105	1877	上海	15092335	27771045	2081373. 631	1. 840076105
113	1878	上海	13187404	28173605	1642200. 24	2. 136402661
121	1879	上海	11494902	31136327	533149. 408	2. 708707477
129	1880	上海	14575924	35204236	238911. 11	2. 415231858
137	1881	上海	19782334	29878687	284363. 216	1. 510372184
145	1882	上海	15045346	25680783	287856. 726	1. 706892151
153	1883	上海	11461309	23341824	306383. 104	2. 036575752
……	……	上海	……	……	……	……

（续表）

ID	年份	港口	洋货净进口	原出口	总征收	α
654	1929	上海	416790205	499550862	6878496. 082	1. 198566703
666	1930	上海	470231624	533986623	5555583. 81	1. 135582117
678	1931	上海	639411012	537980298	5690264. 671	0. 841368522

利用表 1. 9 的同样方式，对于 12 个港口可以类推，计算每一年每一个港口的 α 值，然后以总征收 TC 与 α 值做出二维分布图。下面选取烟台、宁波、上海、天津为例说明港口规模与腹地经济结构的关系（图 1. 16）。

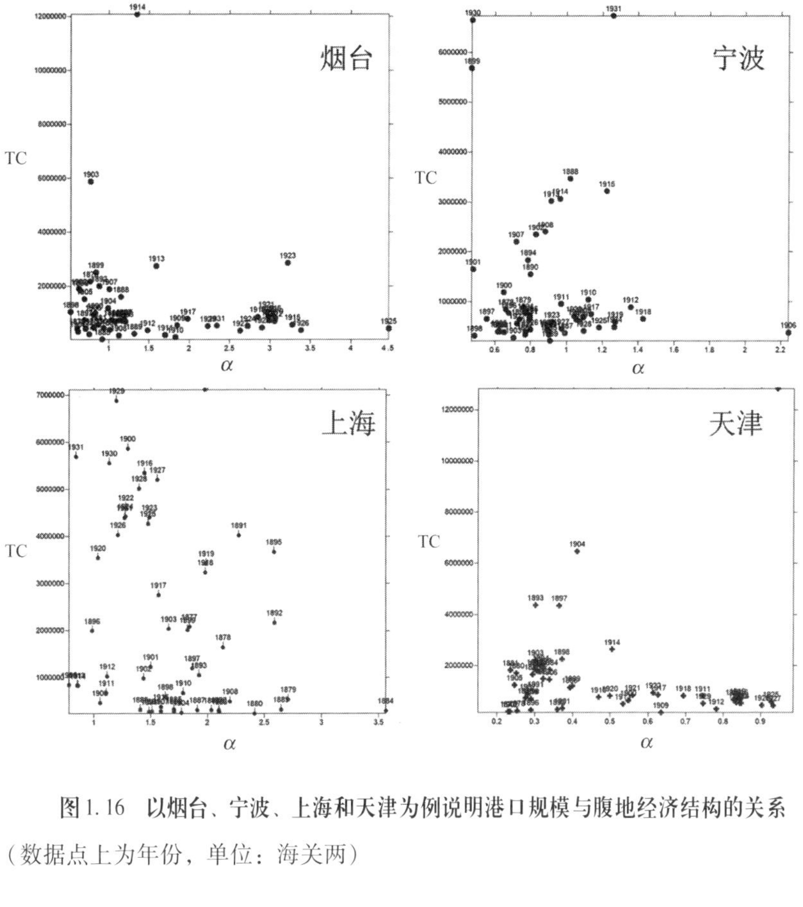

图 1. 16　以烟台、宁波、上海和天津为例说明港口规模与腹地经济结构的关系
（数据点上为年份，单位：海关两）

由图 1.16 可以看出，宁波的 α 值变化较小，从 0.6 到 1.6 不等；而烟台从 0.5 到 4.5 都有分布，上海在 1.0 ~ 4.0 区间波动，天津一直在 1.0 以下。

总体来看，每一个港口的 α 值均有变动，由此可知，某一年的 α 值是没有任何指示意义的，只有对某港口的多年平均 α 值进行计算，才有其贸易研究的利用价值。

第三节　国际贸易的空间极化程度

一、赫芬达尔指数

在进行了 12 个主要港口的职能分析之后，可以清楚地看到每一个港口由其背后的腹地所决定的“港口性格”和发展趋势。那么，针对进出口的对外贸易而言，这些港口是否具有空间结构上的极化？换句话说，国际贸易是否具有垄断性、支配性的港口出现？

以洋货总进口 U_{TFI}（Total Foreign Imports，1892—1919 年）、原出口 U_{TELO}（1892—1931 年）、总税收 U_{TC}（Total Collection，1892—1937 年）为指标 S 进行赫芬达尔指数测度。分析对象为前述 12 个代表性港口。

以洋货总进口 U_{TFI}为例。首先，必须计算某年、某港口在 12 个港口的总体当中所占的份额 Sn（$n=12$），然后计算 12 个港口整体的赫芬达尔指数 H。

表 1.10　1892—1937 年 $U_{TFI}-U_{TELO}-U_{TC}$赫芬达尔指数

（未乘 10000）

YEAR	TFI	TELO	TC	YEAR	TFI	TELO	TC
1892	0.257462	0.17819	0.217186	1896	0.290642	0.16484	0.261044
1893	0.264648	0.169877	0.205478	1897	0.297262	0.19038	0.252013
1894	0.286024	0.179131	0.224504	1898	0.277778	0.17035	0.239151
1895	0.251239	0.196575	0.219518	1899	0.273271	0.18534	0.245554

（续表）

YEAR	TFI	TELO	TC	YEAR	TFI	TELO	TC
1900	0. 283879	0. 174516	0. 264127	1919	0. 233223	0. 1825	0. 227132
1901	0. 279159	0. 182889	0. 262453	1920		0. 179205	0. 279023
1902	0. 271394	0. 193245	0. 285726	1921		0. 191973	0. 260578
1903	0. 259071	0. 181932	0. 252329	1922		0. 193437	0. 266578
1904	0. 275219	0. 18778	0. 25621	1923		0. 201092	0. 273199
1905	0. 310387	0. 181118	0. 270167	1924		0. 204224	0. 284934
1906	0. 315258	0. 191682	0. 269876	1925		0. 199114	0. 269327
1907	0. 239581	0. 175141	0. 240918	1926		0. 220773	0. 301668
1908	0. 26014	0. 181418	0. 210965	1927		0. 219844	0. 276256
1909	0. 243049	0. 152904	0. 217872	1928		0. 233432	0. 304248
1910	0. 229335	0. 156756	0. 216522	1929		0. 218163	0. 343427
1911	0. 253365	0. 148194	0. 244777	1930		0. 257396	0. 372613
1912	0. 251211	0. 148072	0. 21547	1931		0. 237421	0. 397861
1913	0. 241488	0. 143202	0. 240219	1932			0. 322645
1914	0. 242973	0. 148117	0. 233843	1933			0. 41884
1915	0. 248484	0. 158028	0. 237129	1934			0. 400175
1916	0. 233139	0. 153719	0. 219345	1935			0. 345398
1917	0. 211524	0. 165903	0. 211982	1936			0. 350362
1918	0. 217915	0. 17251	0. 215771	1937			0. 309922

表 1. 10 的指数乘以 10000 之后（即 100^2，因为公式中使用的百分数），就是通常意义上的赫芬达尔指数。

由表 1. 10 可知，U_{TELO} 的赫芬达尔指数在 1920 年之前，一直稳定在

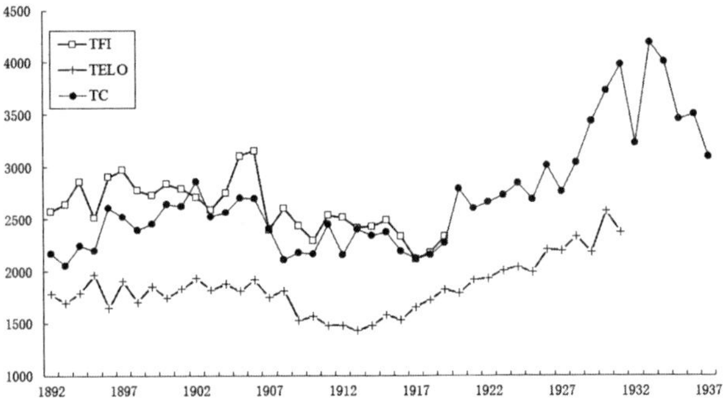

图 1.17　$U_{TFI}-U_{TELO}-U_{TC}$赫芬达尔指数长期趋势

2000 以下，意味着国内港口在土货出口方面，空间极化并不明显，并未出现垄断性的枢纽港口。但 U_{TFI}则完全相反，其值基本都处于 2500 以上，显示研究时段内，国外进口货物在国内的第一停靠地点和卸货港口非常集中，存在具有统治性的港口，遗憾的是由于统计体例变化，U_{TFI}在 1919 年之后未单独列出。

进口洋货和出口土货都需要缴税，因此总税收 U_{TC}长期趋势一定程度上可以代表前述二者之和。H_{TC}在 20 世纪 20 年代之后开始急剧增长，在不到 10 年之内，从不足 3000 激增至 4000，进入了高度垄断性的阶段。与此同时，H_{TELO}增长平缓，显然，这部分增量由 U_{TFI}贡献。这意味着，在 20 世纪 20 年代之后，就国际贸易而言，国内港口的空间结构具有急剧集中化的趋势。

二、城市贸易规模分布：位序规模

位序规模法则（Rank-Size Rule）从城市的规模和城市规模的位序的关系来考察一个城市体系的规模分布。

1949 年，杰夫（G. K. Zipf）提出在经济发达国家，一体化的城市体系城市规模分布可用简单的公式表达：

$$P_R = P_1/R$$

式中：P_R 是第 R 位城市的人口；

P_1 是最大城市人口；

R 是 P_R 城市的位序。

这样的“位序规模”分布图在双对数坐标图中是一条完美的直线。如果一个国家的首位城市很强大，首位度远远高于这个标准，那么，其城市的位序规模曲线会明显偏离这条直线。

在地理学研究中，经常将各种指标如 GDP、人口或某种经济指标代入公式中，求得其城市的位序规模曲线，以求其与标准曲线的异同，从而得到这个城市体系的特点。一般认为，城市规模分布分为首位分布和位序规模分布两种基本类型，介于两者之间则属于过渡类型。如下图所示：

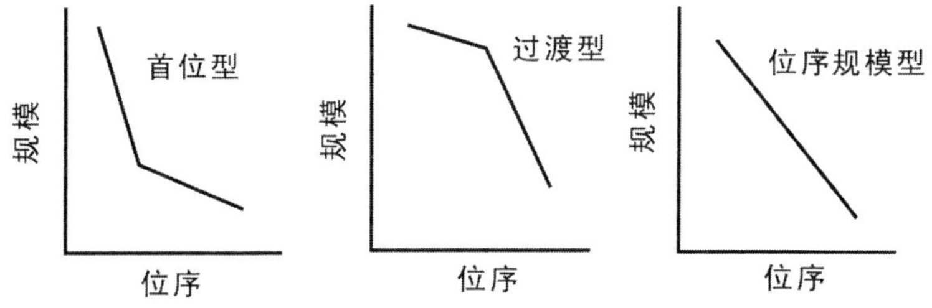

图 1.18　城市规模分布类型

首位型的城市规模分布，意味着占据首位的若干城市，其在城市整体序列中占据优势地位。过渡型分布则相反，较小规模的城市占据多数。而位序规模型分布是较为折中和平衡的城市规模分布类型。

本书利用进出口贸易总值 GV（Gross Value of The Trade）和总税务征收（Total Collection）作为“规模”的指标。本节借用“位序规模”曲线对近代港口体系的总体进行分析。

由图 1.19 可以得到，1880 年和 1915 年的拟合曲线，其 R^2 均接近于 1，其都属于“位序规模型”的分布。

由图 1.20 可以得到，1880 年和 1920 年的拟合曲线，其 R^2 均接近于 1，其都属于“位序规模型”的分布。

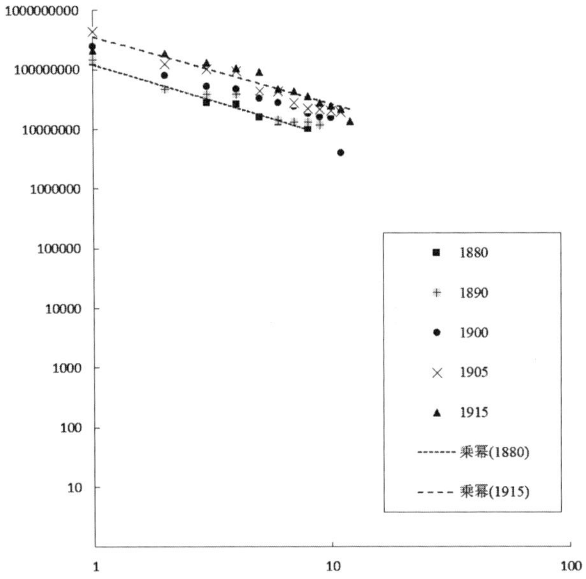

图1.19　位序规模分布（以进出口贸易总值为规模参数，双对数坐标轴）

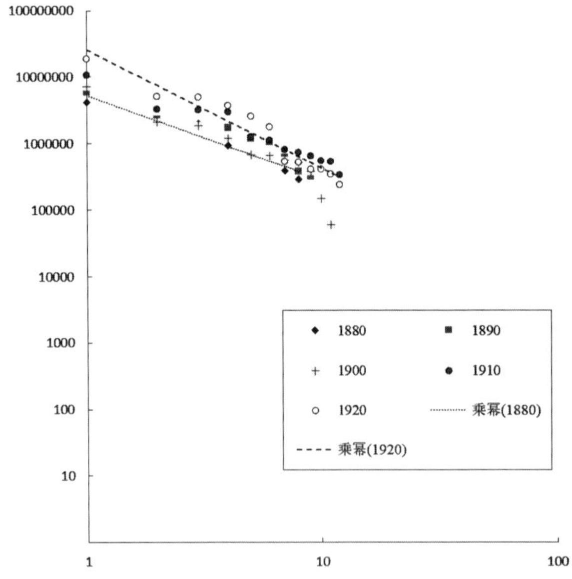

图1.20　位序规模分布（以进出口税—总征收值为规模参数，双对数坐标轴）

综上而言，无论是以何种指标作为参数，对外贸易的港口体系均是较为标准的“位序规模型”分布。如何解释这样的近代港口体系空间分布？有学者认为在只有少数几个力量强大的因素作用的国家，城市规模常产生首位分布，这些国家一般是人口少、面积小的小国，或城市化历史比较短的国家，或有单一出口的殖民地历史的国家；而位序规模分布是许多种力量在很长时间里作用的结果，以致一旦获得了位序规模分布，这些（力量）中的任何一个很有可能只是产生一种随机的相对微小的作用。这种分布通常在工业经济发达的国家或那些面积大、历史久、人口多、条件复杂的大国出现。①

显然，近代中国港口对外贸易的类型就非常接近于“位序规模”分布，这是因为：

1. 在所有港口的序列中，有较多的港口都是在开埠前长期传统经济条件下的国内贸易节点，其具有悠久的历史，是在长期残酷的经济选择中优胜劣汰下的区位优势节点，众多的这类港口，又纳入了新的港口体系。因此，从这一点也可以看出来，开埠对于中国的国内贸易网络来说，并非创造了一个新的网络，而仅仅是对原有的流通网络做有限的修改。如果定位为开埠创造的全新的港口体系，那么这个港口体系是很难很快进入“位序规模型”分布形态的。

2. 中国的国土面积很大，人口众多，近代国内政治形势多变，能够影响国内经济形势的因素非常多。在影响港口或者城市规模分布的力量很多的时候，某一个因素已经很难成为决定性的因素，最后的结果是在复杂的情况下，众多因素互相影响，从而达到一种稳定的状态。因此，近代中国港口的规模分布与只有少数几个因素强力影响下的国家内部的城市规模分布是非常不同的。

---

① 许学强、周一星、宁越敏《城市地理学》，高等教育出版社 1997 年版，第 130～131 页。

第四节　文献分析和讨论——以腹地与港口类型的关系为中心

单纯依靠数据获得的结论，在历史学家眼里必然是单方面的说法，因此必须在海关报告中寻找当时贸易情况的第一手描述和分析，才能更好地了解历史真相。而港口的任何进出口贸易指标都是由其背后的腹地所决定的，腹地的经济结构类型决定了港口的“性格”。下面以重庆、宁波和青岛为例子进行说明。

一、重庆

重庆的开埠、全面抗战期间升格为陪都、1997 年中央直辖，是其近代以来最重要的三个标志性发展阶段。上述巨变，无一不是由重庆特殊的区位优势所决定的。近代重庆的开埠，是其现代化的起点。

重庆开埠之前，就有持子口税单或者挂外国旗的商船进行一定程度上的进出口贸易。同时，在国内贸易方面，重庆与长江中下游的基于农产品市场差异而进行的交换亦具有一定的规模，这种交换贸易是“川米易苏布，衣食各有惬”① 的传统经济形态。开埠初期阶段，其经济结构非常单一和不稳定，进口商品以洋纱为主，而出口商品以大米和土产鸦片为主。鸦片贸易具有不稳定性，极易受到政治等因素的影响，这就决定了重庆开埠初期的经济结构是畸形而不稳定的。

在开埠初期，重庆的贸易条件整体上并没有受到开埠的影响，如分销贸易仍然完全掌握在本地商人手中。“如果没有轮船、保险和外国银行，现有的秩序不会有太大的变动。在目前的条件下，外国商人能否战胜早已建立并且组织严密的本地商行还是个问题。但是他们可以更深入地推进子口制度以尽量扩大贸易。迄今为止，重庆是子口制度的终点站，为了抵制

① 李鼎元《师竹斋集》卷六《重庆府》。

繁重的厘税，应该把子口制度推广到川省的每一角落，并深入到川省邻近地区。如前所述，以往的这种努力遭到了明显的失败。”① 可以看出，在开埠的初期，开埠港对于腹地经济的拉动是十分有限的，这就决定了其 α 值是小于 1 而且十分接近于 0 的。

到了开埠十年前后，洋货的贸易并不顺利，“在重庆初开为通商口岸时，关心售卖洋货的人们都抱着生意兴隆的大希望；虽然输入数量确属步步高升，但是实现的成绩却未如预期之好”②。由此可见，在开埠十年之后，洋货的销路依然并不顺畅，传统的消费习惯根深蒂固。因此，开埠对腹地拉动仍不够。

重庆的本地商人在跟国外的交易方面，此后并没有任何改进。从上海或其他口岸输入外国货物的传统办法保留未变。输出品也是首先运到这几个相同的口岸，在那静候买主光顾贩往最终目的地。除了对香烟的交易，直接输入或输出几乎无例外地全由外国洋行办理。然而，一个值得注意的变化是，以前重庆曾是云南、贵州、陕西、甘肃等省多种物产的集散地，但由于本地各种捐税加重，这种贸易已不再经过本城：“重庆的外国洋行，与 1921 年 38 家相比，现时为 24 家。”③ 由此可见，洋货深入内地确需要长久的努力。

总体来看，重庆由于其深处内地，洋货进入路途遥远且艰巨，以及 20 世纪 30 年代的川省军阀混战严重，省内经济形势一直不稳定，因此重庆港对腹地的经济拉动在全国范围而言仅能算是中等程度。

重庆是长江上游的开埠重镇，没有一个开埠港口像重庆这样深入内地。而重庆亦可以作为宁波、烟台等进出口贸易波动极大的港口类型的代表。“‘……其外各府州县民间服用所需仍土货多而洋货少’。正因为内重外轻，

---

① 周勇、刘景修译编《近代重庆经济与社会发展（1876—1949）》，四川大学出版社 1987 年版，第 87～88 页。

② 周勇、刘景修译编《近代重庆经济与社会发展（1876—1949）》，四川大学出版社 1987 年版，第 117 页。

③ 周勇、刘景修译编《近代重庆经济与社会发展（1876—1949）》，四川大学出版社 1987 年版，第 353 页。

其商品流通的程度不高，人均商品流通量不过1.72两，远远低于沿海和华中地区的流通水平”①，说明其腹地消费能力较之沿海地区的差距较大。

重庆是长江上游的区域市场的中心，与长江中游的汉口和下游的上海不同，重庆直接面对的是广大的低级中心市场和农村市场，其周围并不存在一个发达的“中间市场”为其承担分销重任。例如，汉口的下一个层次有长沙、常德和汉江流域的若干区域性市场为其建立市场网络，上海更不必说，长江下游的网络化城市群是其销售市场和土货来源市场的坚定基础，而重庆并不具备上述有利因素，因此，其贸易的波动性非常明显。另外，重庆的自然地理环境也造成了其运输的困难，重庆腹地固然物产丰富，具备外向型经济发展的必要条件，但是囿于较高的运输成本，从事这项经营盈利也就较为困难了。

二、宁波

宁波开埠之后，对腹地的影响立显，“转运到内地市场的贸易同样具有重要性。1882年，福建的建宁不再从宁波获得货源。浙江的处州、衢州和绍兴得到了大多数织物，浙江的衢州、金华、绍兴和江西的广信、安徽的徽州得到了大部分的金属、煤油和糖。货物绝大部分通过水路，在某些情况下需绕远道到达目的地。比如运货到处州——一个既偏僻又重要的地方——从宁波的江北岸运出的货物，经余姚运到百官，在那里再转到另外的船上，然后在钱塘江（位于杭州城）上从绍兴运到安昌，再转船到达目的地。有时也求助于陆路运输，但绝大多数是靠天然的水路——经人工挖深并增补——到达省内各个地方。值得注意的是，处州离温州是如此之近，却能不断地从宁波得到供应，那么就只有过分的保守主义才能解释这一点”②。

---

① 陆远权《重庆开埠与四川社会变迁（1891—1911年）》，华东师范大学2003年博士学位论文，第177页。

② ［英］墨贤理《海关十年报告（宁波，1882—1891年）》，见陈梅龙、景消波译编《近代浙江对外贸易及社会变迁：宁波、温州、杭州海关贸易报告译编》，宁波出版社2003年版，第22～23页。

之所以出现这样的情况，是因为在开埠之前，宁波在甬江流域已有了历史性的转运地位，这是传统商路的汇集之地，因此，在新的洋货因素纳入以后，原有的销售渠道和商人均受到影响。当然，这和宁波腹地的经济水平较高、人比较容易接受外来的货物有关。

正如前面章节所总结的，对于南方的开埠港口而言，周围新开的商埠对其进出口贸易的影响较大，对腹地的切割和“侵略”也是十分明显的。温州、芜湖的开埠对宁波的影响尤为剧烈。芜湖是长江沿岸的港口，其跟宁波竞争的是靠近长江的若干原来处于宁波辐射范围之内的地区如徽州等地。五口通商时期温州是宁波港毫无疑问的腹地之一，但是温州开埠后，温州及其临近地区进口洋货或者输入土货就自然由温州港承担。温州的开埠对宁波尚称不上是巨大的打击。

杭州开埠对宁波具有釜底抽薪的重要影响。杭州本就已经倾向于上海港，是宁波与上海的混合腹地。[①] 杭州开埠，更加深了其自主化的趋势，加强了对宁波的离心力。“1896 年浙江省省会杭州开埠，这对宁波产生了重要影响，正如所预言的那样，此后宁波在贸易中失去了一些优势。宁波作为最近的通商口岸，本省和邻省的商业中心进出口货物很大程度上依赖于宁波，但不久贸易状况发生了变化，主要是所有的徽州茶贸易都转到了杭州，还有几乎一半的鸦片贸易也转到那里。”[②] 诚如以前学者所言：“近代浙江由初期的宁波一口通商到后期的三地开埠的过程，也是宁波港的腹地因受温州港、上海港（杭州）的挤压不断缩小的过程。”[③] 可见这是在南方沿海开埠港口中常见的“加密化”所造成的影响。

但是，就某些商品而言，其在子口税的保护下，贸易还是有较大的增长的。“大量的糖由舢板从南方运来，有利于厘局和常关收取较多的税收。

---

① 王列辉《近代宁波港腹地的变迁》，《中国经济史研究》2008 年第 1 期。

② ［英］柯必达《海关十年报告（宁波，1892—1901 年）》，见陈梅龙、景消波译编《近代浙江对外贸易及社会变迁：宁波、温州、杭州海关贸易报告译编》，宁波出版社 2003 年版，第 52 页。

③ 王列辉《近代宁波港腹地的变迁》，《中国经济史研究》2008 年第 1 期。

但如果所有的糖都从香港运来，持海关发给的子口税单运往内地，这将使厘局受损。厘局竭尽所能反对商人的这种做法，但迄未成功。在糖贸易中，基本上是在执有子口税证的情况下运到内地，我们可以看到十年中转口贸易增加了一倍。”①

上海和宁波因为空间距离过近，在港口的初期发展阶段，不可避免地产生激烈的贸易竞争和腹地的竞争。王列辉对此有独特的见解，其认为，在全球贸易尺度上考量，二者的区位优势基本相同，但是具体到国家尺度甚至地区尺度，二者的区域毕竟还存在巨大的差异，上海尽管在发展的初期并非一帆风顺，也受到拦门沙和河道淤塞等条件的影响，但是到了后期，上海港本身所积聚的各种条件优势已经完全可以克服其自然条件上的劣势，这个自我强化过程是宁波所不具备的。② 因此，在宁波输掉港口发展初期的决定性战役之后，二者的差距越发增大，宁波已经对上海难以望其项背。如今的宁波政商两界，很少再讨论与上海竞争，而是希望积极“融入”上海。

总而言之，宁波并非一个贸易结构十分外向的港埠，其贸易结构虽然较为均衡，但无奈其腹地处于不断的巨大变动和重组之中，α 值也一直在围绕 1 进行着波动。

三、青岛

胶州海关设立于 1899 年 7 月 1 日，它控制着胶州湾和附近沿海一带中国领土上的商业活动。根据德国政府的愿望，1899 年 4 月 17 日清朝与德国双方代表在北京召开的特别会议上签订议定书，规定在德国领地的主要口岸及其代理机构所在地青岛设立胶州海关的总机构。

青岛由于其腹地的稳定和广大，在贸易增长上一直十分稳定，“在其

---

① ［英］柯必达《海关十年报告（宁波，1892—1901 年）》，见陈梅龙、景消波译编《近代浙江对外贸易及社会变迁：宁波、温州、杭州海关贸易报告译编》，宁波出版社 2003 年版，第 65 页。

② 王列辉《近代宁波港腹地的变迁》，《中国经济史研究》2008 年第 1 期。

后几年中（一九〇七至一九一一年），虽然其他各地的中国海关受到一九〇七至一九〇八年间世界经济大萧条的严重影响，以后它们又遇到当地金融风潮、橡胶投机风潮、水灾、瘟疫以及辛亥革命风波的冲击，但是青岛的贸易在经历这些灾难以后却仍能继续缓慢地稳步增长”①。

在开埠的初期，青岛作为上海的一个喂给港和分支港口而存在，其对内地的拉动并不明显，因为其时青岛跟腹地直接的联系需要凭借落后的传统运输方式以及小清河等运输承载能力不强的内陆次等河流。因此，“尽管青岛有这些国外直接航线，它还有一半货物需要运往上海，转船出口，因为那里有参加世界航运会议的远洋航轮，运费比较低廉，足够补偿货物从青岛到上海转船出口的一切运输费用”②。

在谈论青岛港的成功的时候，任何著作都会谈到胶济铁路对青岛的影响，“这条铁路的交通运输给予青岛贸易的影响是很大的，已有较大部分的土特产品过去一向是运往烟台出口的，现在改变了运输方向来到青岛，例如进口商品有匹头花布、棉纱、煤油；出口商品方面有草帽辫、蚕丝和丝绸等。至于铁路给予本省一般地区的影响，至今只限于铁路沿线一带，因为从沿线车站到内地各处还缺乏良好的公路。至于水路交通达输，可说没有条件”③。

同时，山东省内进行了大规模的公路建设。山东公路建设发轫于1920年，迄于1936年，全省共有通车公路61条，总长6700余公里。其中比较重要的干线有烟潍、青烟、台潍、青威、济濮、济冠、济临、济沾、济乐、历济等线。同时各县之间还修筑县道14557公里。从当时的实际情形看，公路运输的意义不仅仅在采用了先进的运输工具，更重要的是公路大

① ［英］阿里文《一九〇二至一九一一年报告》，见青岛市档案馆编《帝国主义与胶海关》，档案出版社1986年版，第106页。

② ［英］阿里文《一九〇二至一九一一年报告》，见青岛市档案馆编《帝国主义与胶海关》，档案出版社1986年版，第112页。

③ ［英］阿里文《一九〇二至一九一一年报告》，见青岛市档案馆编《帝国主义与胶海关》，档案出版社1986年版，第132～133页。

大改善了旧有路面的质量，大量的传统畜力车、胶轮大车加入运输中来，提高了商路货运能力。① 这样便利的交通运输条件，是宁波和重庆都不曾拥有的，这大大提高了县域经济体之间的互通交流，成为铁路的有益补充。

在日本占领青岛之后，青岛对日贸易大幅度增加。“自从日本占领青岛以来，一项明显的贸易特征是向日本出口大量食品，例如牛肉、鸡蛋、食盐一类食品。面对着国内高昂的生活费用，据说日本是当时物价最贵的国家之一，它不得不从中国进口食品。为了这个目的，日本建造几艘有冷藏舱位的船只，往返在日本与中国之间的港口运载冷冻货物。在这个十年期间，新增加的从青岛出口的商品是烟叶和泡桐木，供应日本的需要……”②由此可见，青岛港的繁荣真是多种因素所形成的。

德国人在青岛进行了大量的投资，甚至出让了部分税收的收入以建立自由港，建立胶济铁路，奠定了其初期的繁荣。之后，在一场控制在有限范围内的德日战争之后，青岛被日控制。客观上而言，这场战争使得青岛开辟了另一个广阔的市场——日本。

但是为何青岛的 α 值并不高？这里有两点需要说明：1. α 值是进出口的比值，因此，如果进口的数量较多，仍旧会限制 α 值的增加。2. 另外，凡是 α 值较大的港口，其跟腹地的联系多半通过廉价的水路。而青岛在这一点上并不优越，在 20 世纪初有了胶济铁路，但运力较之长江仍有较大差距。例如，1922 年，其货物为 2093815 吨，九年之后的 1931 年增加不大，为 2599308 吨。③

以上述三个港口为例，说明每一个港口均有其独特的发展轨迹和限制条件，其“港口性格”千差万别。腹地的产业机构和港口跟腹地之间的交

---

① 庄维民《近代山东市场经济的变迁》，中华书局 2000 年版，第 138 页。

② ［日］大泷八郎《一九一二至一九二一年报告》，见青岛市档案馆编《帝国主义与胶海关》，档案出版社 1986 年版，第 157 ~ 158 页。

③ 佚名《一九二二至一九三一年报告》，见青岛市档案馆编《帝国主义与胶海关》，档案出版社 1986 年版，第 227 页。

通联系便利与否决定了港口的职能类型。

第五节　小结

计算所有港口的α值，然后结合其贸易总量和贸易规模，可以得到所有港口的职能分配图。而且，将开埠初期与开埠后期进行比较，可以得到其发展的轨迹线条（图 1.21）。

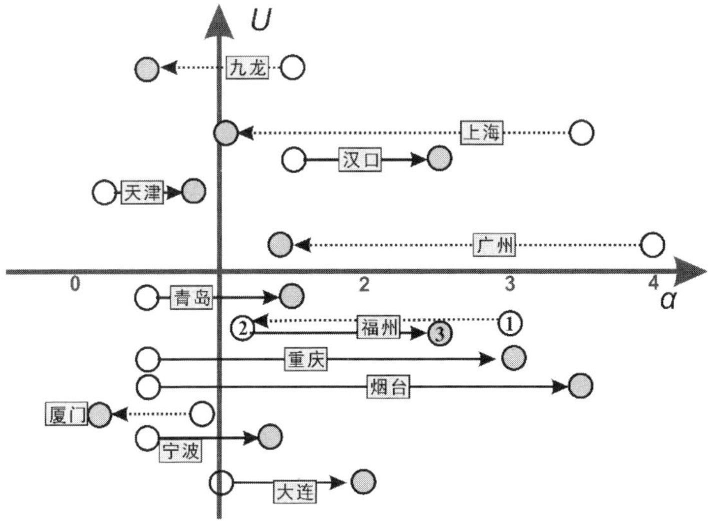

图 1.21　12 个主要港口的港口职能表

上图表现的是 12 个港口贸易职能 50 年尺度上的变化趋势。图中横坐标轴为α值的大小，纵坐标轴为总征收 TC 的参考指标（并非精确对应）。虚线为α值变小的趋势，实线为α值变大的趋势。横轴表示口岸腹地的经济外向性程度（α），以正向为强。纵轴表示口岸贸易物量，以正向为多。空心圈表示开埠初期口岸的职能点位，实心圈表示开埠后期职能点位，矢量虚线箭头表征其发展方向和强度。矢量虚线长度由α决定。

需要特别指出的是，历经几十年，所有港口均具贸易量的增长，但为

了凸显 α 的变化，所有的港口纵轴增量均未表示出来，其值取决于其贸易量的中位值。

由图 1.21 可知，上海、广州和天津这三个最为重要的港口，在长期趋势上，都趋近于纵轴，也就是说趋近于进出口平衡；其余大部分的港口都趋向于横轴的正向方向；烟台、上海和广州的 α 值变化最大；福州经历了两个阶段的变化，α 值先变小，后变大。

就本章节而言，有如下结论：

1. 长江南北的港口发展趋势具有巨大空间分异：长江以南的港口，除上海以外，在长期的趋势上，其船舶吨位总数都是缓慢减少的（尤以图 1.1 中的福州和宁波为甚），这是由于南方港口不断“加密”导致货流分散。北方港口在长期的趋势上，其船舶吨位数都是缓慢增加的，因北方港口本来就少，在后期增加的亦不如南方那么多，在腹地不断扩大的趋势下，其进出口的船舶数之和不断缓慢增加。南方港口的腹地虽然亦在不断扩大，但无奈腹地处在不断“被切割”“被分散”的过程中，具体到某一个港口而言，其吞吐数量自然会减少。

2. 长江流域的港口较为稳定：长江流域的重庆、汉口和上海这三个港口的进出港船舶吨位一直稳步增长。长江流域的港口不具有上述南方港口的问题，因为其腹地增长较为稳定，长江航道中开埠港口不多。

3. 就进出口贸易而言，中小型港口的进出口贸易均具有很大弹性，而大型港口皆十分稳定。在当今这几个港口也是具有全国意义的重要港口，由此可见历史的继承性。

4. 通过计算进出口正税和总征收的四城市指数 S，分析认为出口正税和总征收的四城市指数较为稳定，说明国内港口在出口贸易网络的排名上较为稳定。进口正税四城市指数变化剧烈，进口商品的输入非常不稳定，具有鲜明的时间性。1937 年之后，三个指数均有上升，说明各项贸易均有向首位城市集中的趋势。

5. 通过计算 α 指数，得到了 12 个港口的职能分配：

（1）图 1.21 横轴以下的中小型港口脱离开埠初期进出口均衡的趋势

非常明显，其 α 指数的绝对值几乎都在增大；而横轴（贸易物量中位值）以上的大贸易量港口 α 值绝对值趋于减小，而尤以上海、广州和天津为甚。

（2）据图 1.21，在 11 个开埠口岸中，仅有厦门、九龙、上海和广州向横轴的负方向发展，显示其港口相对而言，在发展过程中，洋货进口的比例越发的多，更多承担洋货分销的职能而非土产品的出口港（非土货出口的绝对数量少）。其中九龙比较特殊，其在广九铁路南端，多承担香港向内地输入之功能。

（3）北方港口开埠初期，囿于运输条件，商人趋向于贩卖重量小价值高的珍奇产品，如细毛皮、人参、鸦片，限制了其出口规模。后期火车汽车运输发达，粗笨的农牧土产具备了出口的经济利润，在北方港口特别是天津、大连和青岛一体两翼的拉动下，产业结构逐步具外向性。

6. 港口的国际贸易网络空间极化程度可以用赫芬达尔指数衡量，原出口的赫芬达尔指数 H_{TELO}一直在 2000 以下，说明国内港口在土货出口方面，并未出现垄断性港口。洋货总进口和总税收的赫芬达尔指数 H_{TFI}和 H_{TC}基本处于 2500 以上，这说明国外进口货物在国内的第一停靠地点和卸货港口非常集中，存在具有统治性的港口。

7. 近代中国，在对外贸易方面，港口体系的规模分布呈现“位序规模型”分布。这是由于国土面积大，人口众多，港口数量众多，能够影响国内经济形势的因素非常多，众多因素互相影响达到稳定的状态，与只有少数几个因素强力影响下的国家内部的城市规模分布是非常不同的。

第二章　中国近代埠际贸易网络的空间结构

商品生产出来并融入流通渠道是资本积累的起点。一个社会的经济发展、停滞或衰退归根到底是看有限资源的利用和配置是优化了还是劣化了。[①] 城市之间的联系强度是衡量城市间以及城市所在区域间相互作用的有效工具，也是构建某一区域城市体系空间结构的最主要数据，同样，在经济史研究中，远距离的物品贩运是生产力提高的显著指标。[②]

晚清民国时期，国内贸易在广度和深度上都进行着深刻变革，埠际贸易的网络体系也同步而动。一般认为，国内贸易的节点分为交通枢纽城市、中等商业城镇和农村集市三个等级。[③] 当时国内贸易结构基础是数以千计的基层集市，它们与较高级的市场——中等商业城镇（开埠或未开埠）发生关系，最高的层级才是与上海、广州的开埠交通枢纽城市连接起来。而所谓的远距离贩运，多发生在枢纽性城市——中等商业城镇之间所形成的网络体系中。各区域的特色经济分工业已形成，长途贩运强度增大。[④]

① 吴承明《传统经济·市场经济·现代化》，《中国经济史研究》1997 年第 2 期。

② ［美］王国斌《转变的中国——历史变迁与欧洲经验的局限》，江苏人民出版社 2010 年版，第 12 页。

③ 许檀《明清时期城乡市场网络体系的形成及意义》，《中国社会科学》2000 年第 3 期。

④ 许檀《明清时期区域经济的发展——江南、华北等若干区域的比较》，《中国经济史研究》1999 年第 2 期。

学界一般认为，晚清民国的国内贸易网络按传统标准衡量是高度发展的，但并非真正意义上的市场经济。虽然如此，仍不可忽略其意义，因为晚清民国国内经济通过分工和交换产生“亚当·斯密型”的发展动力，在生产力和产业结构变化不大的情况下仍然保持活力。因此，国内埠际网络的构建和长期发展趋势，在传统经济向市场经济转换中具有指标意义和重大研究价值。

国内商品流通在市场经济发展初期具备怎样的网络体系，以及其发展特点是本章的研究重点。本章主要考察交通枢纽城市与中等商业城镇这一层次的埠际贸易，并讨论其在长时间尺度上的波动。这样的研究方式已有先例，吴承明提出可以用海关的出口统计与“土产国内贸易统计”来反映中国近代的长距离贩运贸易①，这与本书思路一致。因时代所限，吴未能获得各埠间贸易的完整资料，仅根据海关的统计资料②对 20 世纪 30 年代的市场商品结构进行了分析。此外，吴又对 1869—1908 年的国内市场情况进行了进一步讨论③，但使用的仍然是不完整的埠间贸易统计与厘金数据。

近年来，在晚清民国埠际贸易方面，国内研究集中于单个港口、两港之间或者港口与腹地之间的联系，这方面的论著与论文成果颇丰。④ 类似上述的货物、货币以及人员的城际流动，这方面是城市史研究

---

① 吴承明《论我国半殖民地半封建国内市场》，见《中国资本主义与国内市场》，中国社会科学出版社 1985 年版，第 266 页。

② 郑友揆、韩启桐《中国埠际贸易统计 1936—1940》，中国科学院 1951 年版，第 23 页。

③ 吴承明《近代国内市场商品量的估计》，《中国经济史研究》1994 年第 4 期。

④ 主要研究成果包括戴鞍钢《港口·城市·腹地——上海与长江流域经济关系的历史考察（1843—1913）》，复旦大学出版社 1998 年版；吴松弟主编《中国百年经济拼图：港口城市及其腹地与中国现代化》，山东画报出版社 2006 年版；方书生《近代岭南商埠格局的变迁（1843—1939）》，《中国历史地理论丛》2004 年第 2 期；唐巧天《从鼎盛到中落——上海作为全国外贸转运中心地位的变迁（1864—1930）》，《史林》2007 年第 6 期。

的当务之急。[①] 但到目前为止，尚未看到有关整体恢复开埠后埠际贸易网络及其演变特点的论著。香港被英国占据以及台湾被日本占据之后，在海关统计及相关论著中，其多半未作为国内港口而进行统计。本书以全中国的空间为研究范围，将香港、台湾视为中国不可或缺的一部分纳入空间结构，必将需要重新进行细致的计算。

物流联系强度是衡量城市间或区域间关系的有效工具，也是构建某一区域城市体系空间结构的最主要数据。运用航空运量、铁路运量、旅客流量建立城市、港口、空港空间结构的工作是现代城市地理研究的热点之一。港口地理学方面，西方学者研究着重理论和模式归纳，20 世纪 50 年代，Weigend 对港口地理学的基本概念做了界定。[②] 60 年代，Taaffe 总结了发展中国家港口向内陆发展的若干阶段。[③] 70 年代以后，Kenyon 研究了美国国内港口间竞争性关系的建立，对腹地界定做了尝试[④]；Hayuth 分析了 1970 年到 1985 年间，在运输集装箱化、政策和多式联运因素影响下美国港口体系出人意料的分散化（Deconcentration）[⑤]；而 Kuby 等有与之相反的看法[⑥]。21 世纪以来，港口地理学研究更加多元，关于港口体系的研究更加深入。[⑦] 港航企业、港口内部布局的微观因素、全球化等宏观因素，都成

---

① 吴弘明译《中国城市史研究之展望——圆桌讨论会纪要》，《城市史研究（第 22 辑）》，天津社会科学院出版社 2004 年版。

② Weigend G G. , Some Elements in the Study of Port Geography. *Geographical Review*, 1958, 48 (2): 185 – 200.

③ Taaffe E J. , Transport Expansion in Underdeveloped Countries: A Comparative Analysis. *Geographical Review*, 1963, 53 (4): 503 – 529.

④ Kenyon J B. , Elements in Inter – port Competition in the United States. *Economic Geography*, 1970, 46 (1): 1 – 24.

⑤ Hayuth Y. , Rationalization and Deconcentration of the U. S. Container Port System. *The Professional Geographier*, 1988, 40: 279 – 288.

⑥ Kuby M. , Reid N. , Technological Change and the Concentration of the U. S. General Cargo Port System: 1970 – 1988. *Economic Geography*, 1992, 68 (3): 272 – 289.

⑦ Notteboom T E. , Port Regionalization: Towards a New Phase in Port Development. *Maritime Policy and Management*, 2005, 32 (3): 297 – 313.

为研究的主题①，有的学者也将比较制度纳入研究范围。② 国内对于区域间物流研究由来已久，尤其集中于中华人民共和国成立后特别是近20年。③ 对于港口体系整体研究较少，近期始有王成金描绘了自秦汉以来中国港口的分布格局④，吴松弟和王列辉探讨了长三角地区港口体系的变迁轨迹⑤，曹有挥等对近10年沿海集装箱港口体系进行了测度。⑥

国内历史地理学界在晚清民国埠际贸易方面，研究重点集中于单个港口⑦、两港之间⑧或者港口与腹地之间的联系。⑨ 但到目前为止，尚未看到论著能够整体还原开埠后中国埠际贸易的空间结构及其演变。类似上述的货物、货币以及人员的城际流动，是城市史研究的当务之急。香港被英国占据之后，在海关统计及相关论著中，香港也多半未作为国内港口进行统计。若以今天的视角，将香港、台湾视为中国不可或缺的一部分纳入空间结构，必将重新进行细致的统计。

---

① Wang J J., Slack B., Regional Governance of Port Development in China: A Case Study of Shanghai International Shipping Center. *Maritime Policy and Management*, 2004, 31(4): 357 - 373.

② 王成金《现代港口地理学的研究进展及展望》，《地球科学进展》2008年第3期。

③ 周一星、杨家文《九十年代我国区际货流联系的变动趋势》，《中国软科学》2001年第6期；周一星、张莉《改革开放条件下的中国城市经济区》，《地理学报》2003年第2期；王成金《1950年代以来中国铁路物流的交流格局及演变特征》，《地球科学进展》2008年第1期。

④ 王成金《中国港口分布格局的演化与发展机理》，《地理学报》2007年第8期。

⑤ 吴松弟、王列辉《唐朝至近代长江三角洲港口体系的变迁轨迹》，《复旦学报（社会科学版）》2007年第2期。

⑥ 曹有挥、李海建、陈雯《中国集装箱港口体系的空间结构与竞争格局》，《地理学报》2004年第6期。

⑦ 毛立坤《晚清时期中外贸易的个案分析——以香港转口贸易为例》，《中国历史地理论丛》2006年第1期；唐巧天《从鼎盛到中落——上海作为全国外贸转运中心地位的变迁（1864—1930）》，《史林》2007年第6期。

⑧ 王列辉《上海宁波两港空间关系研究》，《地理研究》2007年第6期。

⑨ 戴鞍钢《内河航运与上海城市发展》，《史林》2004年第4期；吴松弟《中国近代经济地理格局形成的机制与表现》，《史学月刊》2009年第8期。

本章利用现代地理学方法处理历史数据，力图梳理出晚清至民国时期港口贸易的发展脉络，归纳其特征和发展趋势，为现代港口地理学提供历史的视角和借鉴。

城乡市场网络体系的形成，是明清时期国内经济发展的一项重要内容。城镇间贸易联通和农村集市区域市场的形成，是国内市场网络中的两大部分。

第一节　46 个港口的选取以及分析研究

一、港口和指标的选取

第一章已经统计了 12 个主要港口的对外贸易状况：大连、天津、烟台（芝罘）、青岛（胶州）、重庆、汉口、上海、宁波、福州、厦门、广州和九龙。

本章在上述 12 个港口基础上增加了 34 个港口：安东、牛庄、秦皇岛、龙口、威海、万县、宜昌、沙市、长沙、岳州、九江、芜湖、南京、镇江、苏州、杭州、温州、三都澳、汕头、拱北、江门、三水、梧州、南宁、雷州、琼州、北海、龙州、蒙自、思茅、腾越、淡水、打狗和香港。

为何两章不选择同样的 46 个港口进行对外贸易和埠际贸易的研究？其原因有二：第一，对外贸易统计的数据项多达 17 条，对于某一个港口而言，其数据量过大，而本书所有数据均是笔者自己输入，限于工作量，只能选择最主要的 12 个港口进行研究。第二，埠际贸易的数据结构较为简单，可以适当扩大港口的覆盖面，因此增加到 46 个。

所谓的港口贸易空间结构，一是指开埠港口国际贸易部分在整个海关体系中的角色定位，及其在长时间尺度上的波动。二是指开埠城市的国内埠际贸易的网络结构，及其在长时间尺度上的波动。

1. 国际贸易部分。本书所依据的是《中国旧海关史料》170 册，这些史料的时间跨度是1859—1947年。作为晚清唯一的现代化国家机构，近代海关客观上凭借西方成熟管理理念和统计口径，得到在当时条件下基本精确的数据记录，成为近代史研究中最为系统完整的数据，《中国旧海关史料》是其精华之一。

2. 国内埠际贸易考察选择两个时间断面：1885—1904年和1936—1940年。使用的是上述史料中埠际贸易部分。1885—1904年逐关记录有来往的埠际贸易数据。1936—1940年埠际数据采用郑友揆、韩启桐的《中国埠际贸易统计1936—1940》① 中的相关数据，其与前者数据同源，但缺少香港和台湾的贸易数据。为保证对比的科学性，笔者经逐年分析，在国家间贸易中抽离香港与内地各埠数据加入郑、韩之统计。遗憾的是，因史料中将台湾淡水和打狗合并统计而无从区分，只能将其舍弃。

二、数据处理方法

对比第一章的对外贸易研究而言，本章的研究时间段要短很多。首先，本章的研究取两个时间段而非连续的时间区间：1885—1904年，1936—1940年。物价变化导致的同样币值的购买力变化并不明显。因此，对于本章的埠际数据，采用其原始数据而不进行物价指数的折算和校正。

海关管辖范围在历史时间段是不断变化的，税率也在进行着微调。那么，如何解决类似的制度因素？本章的解决办法是暂时不处理这些因素，以呈现历史的基本面貌为原则，在最后的历史文献解读和解释的时候再将其独立出来进行分析。

另外，最需要说明的问题是海关所记录的埠际贸易跟国内贸易总体的关系。一般学者是这么认为的："另一项为1872年起，海关统计中增列的《各口互相贸易总数》，统计各口岸城市相互间洋、土货进口值和洋、土货

① 郑友揆、韩启桐《中国埠际贸易统计1936—1940》，中国科学院1951年版。

出口值总数（依据轮船贩运量）。1928 年起，此项统计改称《国内贸易总数》。它包括的范围较广，既有全部对外贸易值，也有一部分国内贸易值，即土货在国内贩运经轮船运输、报关部分。这项统计，时间也比较长，从 1872 年到 1931 年（1931 年后，海关统计项目变更，始行取消），对于研究国内贸易的发展，有一定的参考意义。”① 由此，我们可以得知，海关记录的埠际贸易值，仅限于轮船运输的部分，这是所有海关统计的一个共性。在当时大量存在的传统运输方式如木船运输和陆上运输中的铁路和公路运输均无法体现，这一点已经无从改变。再者，统计的范围仅限于在海关完税的部分，大量存在的走私贸易和自行贩运的那一部分国内贸易，也不在本书的讨论范围之内。

郑、韩著作中商品统计及分类的原则是什么呢？具体而言是这样的：

第一，海关对于“土货”转运的管理，仅以按照普通行轮章程行驶之轮船所载为限，其由民船、铁路、公路、飞机以及内港小轮承运的均不包括在内。第二，自 1932 年起，在国内贸易和国外贸易两者界限划分上，关册记载改以各关最后运出口岸为分界点，此法至今照行，因此本书所称中国埠际贸易实际带有广义性质，除一般埠际贸易外，还包括了各埠借由他埠运往外洋的土产，因在转口途中而增添的记录，如由重庆运往上海的出口猪鬃，包括在上海的进口贸易以内。第三，沦陷期间东北各埠“土货”输出贸易统计无从稽考，不过从关内通商口岸运往东北各埠的货物，仍编列在“国内土货贸易”内。

换句话说，所谓的“埠际贸易”，不仅仅包括一般埠际贸易，还包括土货出口之前的转运过程和洋货进口之后的转运过程，覆盖面非常广泛。

上述的界定，并非郑、韩两位学者所独有，在目前国内的海关研究中应该算是一种共识。本书也是依照此界定来进行制图。

上述数据采集之初采用西方统计方法，但其跨度近百年，数据统计口

① 王水《中国近代国内贸易统计》，《中国经济史研究》1987 年第 1 期。

径和体例多有变化：

1904 年以前，进出口贸易数值 $U_{进口}$和 $U_{出口}$是采用国内市场价格来计算的。贸易统计方法上的改革从 1904 年始，进出口货值直接记录为进口 $U_{C.I.F}$和出口 $U_{F.O.B}$。由此出现了进口额比实际贸易额大和出口额比实际出口值小这一问题。为了统一起见，本书将 1904 年以前的反向折算为 $U_{C.I.F}$与 $U_{F.O.B}$值。具体可参考本书前文第一章第一节的内容。

第二节　埠际贸易分析

一、埠际贸易总值的长时段趋势分析

本节的主要内容是选择合适的指标进行长时间尺度分析，以首位城市指数和四城市指数为指标，进行贸易集中度分析（赫芬达尔指数测度）。

埠际贸易的数据基础是海关所记录的埠际往来数据。本章在原始资料中将其提取出来，进行数字化并输入整理，形成表格。但是表格过大，因此只能进行删减，呈现其某一部分（表 2.1）。

埠际贸易的数据，是如何从各种贸易统计项目中抽离、合并的整理过程在此不再赘述。同时，典型年份的埠际贸易矩阵放在本书最后的“附表”中。为了得到埠际贸易整体的基本状况，在此引入“埠际贸易发生数”的概念：在第 N 年度，如果在海关统计中，记录有 A 地和 B 地之间的埠际贸易发生（无论源汇），则计数为 N 年度的 1 个埠际贸易发生数。由此，统计所有埠际贸易的个数，得到全国在 N 年度的埠际贸易发生总数，可以代表其年份的埠际贸易活跃程度和空间上的扩展程度。

为了达到这个目的，本书借助前文所形成的埠际贸易矩阵，计算其不同年份的自然数个数，得到每年的埠际贸易发生总数。

表 2.1　1885 年国内 46 个主要港口埠际贸易流通表

（有删减）

	安东	大连	牛庄	秦皇岛	天津	龙口	烟台	威海	……	九龙	拱北	江门	琼州	北海	龙州	蒙自	香港	雷州
安东	0	0	0	0	0	0	0	0	……	0	0	0	0	0	0	0	0	0
大连	0	0	0	0	0	0	0	0	……	0	0	0	0	0	0	0	0	0
牛庄	0	0	0	0	1612	0	63009	0	……	0	0	0	0	0	0	0	262068	0
秦皇岛	0	0	0	0	0	0	0	0	……	0	0	0	0	0	0	0	0	0
天津	0	0	13709	0	0	0	16680	0	……	0	0	0	0	0	0	0	1356389	0
龙口	0	0	0	0	0	0	0	0	……	0	0	0	0	0	0	0	0	0
烟台	0	0	25737	0	8224	0	0	0	……	0	0	0	0	0	0	0	146103	0
威海	0	0	0	0	0	0	0	0	……	0	0	0	0	0	0	0	0	0
……	……	……	……	……	……	……	……	……	……	……	……	……	……	……	……	……	……	……
九龙	0	0	0	0	0	0	0	0	……	0	0	0	0	0	0	0	0	0
拱北	0	0	0	0	0	0	0	0	……	0	0	0	0	0	0	0	0	0
江门	0	0	0	0	0	0	0	0	……	0	0	0	0	0	0	0	0	0
琼州	0	0	0	0	0	0	0	0	……	0	0	0	0	665	0	0	1156037	0
北海	0	0	0	0	0	0	0	0	……	0	0	0	1700	0	0	0	826043	0
龙州	0	0	0	0	0	0	0	0	……	0	0	0	0	0	0	0	0	0
蒙自	0	0	0	0	0	0	0	0	……	0	0	0	0	0	0	0	0	0
香港	0	0	240102	0	1153868	0	502327	0	……	0	0	0	1452613	1699181	0	0	0	0
雷州	0	0	0	0	0	0	0	0	……	0	0	0	0	0	0	0	0	0

表 2.2　1885—1940 年部分年份埠际贸易发生数

年份	埠际发生数	年份	埠际发生数	年份	埠际发生数	年份	埠际发生数
1885	105	1891	104	1897	105	1938	237
1886	102	1892	126	1898	116	1939	158
1887	91	1893	126	1899	141	1940	81
1888	76	1894	104	1904	145		
1889	95	1895	125	1936	361		
1890	108	1896	121	1937	343		

埠际贸易发生数在长时间尺度上变化并不明显，但是，在 1936 年以后有巨大的变化。

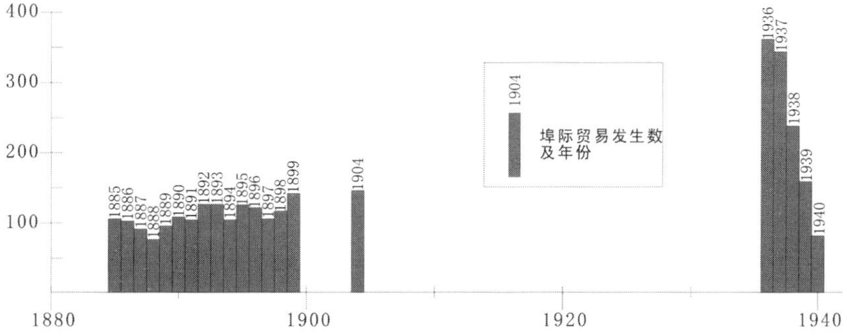

图 2.1　埠际贸易发生数

由上图可以看出，埠际贸易的空间扩展非常缓慢，在 1885—1904 年的 20 年间，海关统计中，产生埠际贸易的开埠城市对数比较有限，一直在 100 左右徘徊。而截止到 1904 年底，已经有接近 50 个城市开埠，相比庞大的开埠城市数量，埠际贸易发生数实在乏善可陈。埠际贸易发生数到 1936 年达到其巅峰状态，361 个埠际贸易发生数是 1885 年的 3 倍还多。平均到 46 个城市，每个城市接近有 8 个埠际贸易互惠对象。

例如，“1893 年 11 月 17 日是上海根据《南京条约》规定开放对外贸易的五十周年纪念日。这是上述发展道路上的一个里程碑。这一天，公共租界里的中外团体都举行了庆祝仪式。一些老上海回忆了开埠早期的商行生活和低级伙食，把 1893 年的美丽的外滩和早期沿江的泥泞小路作了对比，并预言说，作为本港开埠头五十年的鲜明特点的成长和发展，将在以后的五十年重现"①。与开埠城市翻天覆地的变化形成对比的是开埠城市对于内陆经济状况影响的有限。在 1893 年，埠际贸易的发生数仅有 126 个，考虑到上海与几乎所有的开埠城市均有埠际贸易发生，由此可见剩余城市间的埠际贸易实在不多。

1885—1904 年的埠际贸易之所以并没有大幅度的增长，主要受制于国内经济的宏观环境。中法战争导致在部分时间"中国完全封锁进入通商口岸的通道，以此作为自卫措施的权利问题"，"从 1882 年年初起，每一步似乎在走下坡路：税收减少，贸易值下降，没有盈利，市面普遍不佳"。②

而且，1898 年的《修改长江通商章程》对于埠际贸易具有深远的影响。"经过一年来的这些变化之后，接着制定了 1898 年的《修改长江通商章程》。这一章程从 1899 年 4 月 1 日起生效。这样，就统一了长江沿岸各口同沿海口岸的航运规矩。从这一天起，远洋轮船已可直溯镇江，并把该地作为沿海口岸对待。镇江以上，只要它将船照在上海或镇江换成内河专照，就能在其他口岸进行贸易时，获得长江班轮享有的待遇。在这一阶段，转口贸易的特征发生了决定性的变化。就是说，对内地的转运量减少的同时，在三联单上登记的产品价值却有显著的增加。"③

---

① ［英］好博逊《海关十年报告之二（1892—1901）》，见徐雪筠等译编《上海近代社会经济发展概况（1882—1931）——〈海关十年报告〉译编》，上海社会科学院出版社 1985 年版，第 37 页。

② ［英］裴式楷《海关十年报告之一（1882—1891）》，见徐雪筠等译编《上海近代社会经济发展概况（1882—1931）——〈海关十年报告〉译编》，上海社会科学院出版社 1985 年版，第 1 ~ 3 页。

③ ［英］好博逊《海关十年报告之二（1892—1901）》，见徐雪筠等译编《上海近代社会经济发展概况（1882—1931）——〈海关十年报告〉译编》，上海社会科学院出版社 1985 年版，第 48 ~ 49 页。

较小港口之间的直航对枢纽城市的贸易量是有削减作用的。“第二年贸易量的减少，就对内地转口来说，是由于同苏州、杭州两地建立了直接的贸易联系。”①

二、埠际贸易网络分析：空间结构

（一）空间结构分析

本书采用加州大学圣巴巴拉分校地理系的开源软件 FlowMapper 辅以 ArcGIS 进行 OD 数据的分析工作。一次埠际贸易的发生，将在两个海关被记录，埠际 OD 数据采集有两种方式：记录 46 个港口埠际出口值，或 46 个港口埠际进口值，其为同一矩阵转置，本书采取前者。

以 1885 年天津港口数据为例（表 2.3），在此年度统计中，与埠际贸易有关的部分有：转口洋货值（Foreign Goods：Re-exports）、进口土货值（Native Produce：Imported）。香港贸易数据单独成列。通过此汇总得到津海关与其他 45 个城市埠际贸易数据，形成 46×46 的 OD 矩阵。1936—1940 年埠际数据采用韩启桐的汇总工作成果，加入香港和台湾数据后可以直接应用。综上所述，经过整理，每个年份形成一个 46×46 的埠际 OD 数据矩阵。

分别计算两个时间断面：1885—1904 年和 1936—1940 年的平均值：双向流和总值流。双向流指的是区分贸易流的源汇（来源地、目的地），分别用相反的箭头表示，而总值流的线条没有箭头表示源汇之间的贸易总值。

以 1885—1904 年、1936—1940 年为分析的两个时间截面，对 46 个开埠港口间 OD 数据进行空间结构分析（图 2.2）。

① ［英］好博逊《海关十年报告之二（1892—1901）》，见徐雪筠等译编《上海近代社会经济发展概况（1882—1931）——〈海关十年报告〉译编》，上海社会科学院出版社 1985 年版，第 49 页。

表 2.3　1885 年天津埠际贸易原始数据

（单位：海关两）

港口	A：洋货转口去向	A 值	B：土货埠际进口来源	B 值	C：土货出口转口之和	C 值	天津埠际出口总值：D = A + C	天津与香港埠际贸易	
								天津从香港进口洋货	香港出口到天津的洋货土货总值
天津	芝罘	1917	牛庄	650	香港	293208	1356389	1063181	1153868
	汉口	244	芝罘	9770	牛庄	13709	13709		
	上海	46030	汉口	2641234	芝罘	14763	16680		
	汕头	380	九江	139696	汉口	16391	16635		
	广州	195	芜湖	2370	九江	385	385		
	香港	1063181	镇江	183635	芜湖	341	341		
			上海	7132782	镇江	1715	1715		
			宁波	55847	上海	2679297	2725327		
			……	……	……	……	……		

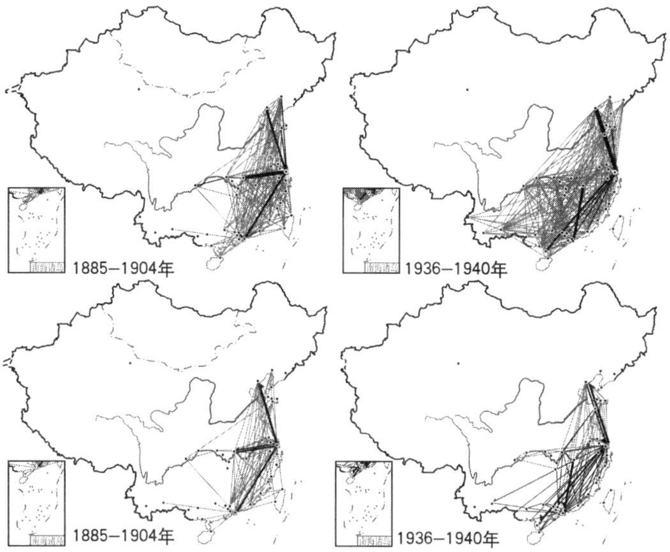

图2.2　1885—1904年和1936—1940年埠际贸易总量图平均值

上述时间段埠际贸易空间结构明显不同。1885—1904 年截面的主要特点是：

1. 埠际贸易联系 76 条。平均每个城市与其他 1.6 个城市发生联系。贸易指向性明显，埠际贸易主要对象非常集中。

2. 埠际贸易最重要的在津沪间、沪汉间、沪港间和穗港间，而尤以津沪和沪汉为最重要，空间结构重心在沪汉一线。

3. 贸易净值乃埠际贸易的矢量差，发生较大贸易净值的两个城市，则在贸易网络整体中担当不同的职能。在 1885—1904 年，最大贸易净值在沪津之间，对于天津而言，上海是净输入城市，港口职能迥异。沪汉和沪穗间贸易净值很小、几可忽略，二者较为均衡。

4. 南方口岸间有一定联系但并不紧密。北方口岸间几无联系（特指经海关贸易部分），主要受限于北方水运系统。

50 年后的 1936—1940 年截面，尽管简化了数据线，仍可见空间结构网络的极大复杂化，具体表现在：

1. 埠际贸易联系 318 条，平均每个城市与其他 6.9 个城市发生联系，较之前者增长了 5 个多城市。单一城市埠际贸易范围增长，与其他港口发生普遍性的埠际贸易成为常态。

2. 贸易网络重心向南迁移，香港与九江联系强度已经接近沪汉间。贸易网络向长江流域延伸，向西深达川江流域。南方埠际贸易流的数据线加密的状况非常显著，而且向西南方向也有明显的扩展。

3. 较大贸易净值的城市从北方转移到南方地区，上海与雷州、九江与香港均存在较大净值。北方城市几无较大净值出现。宁沪间的贸易不平衡不再明显，更多的单向贸易流动发生在上海向南方和西南方向的港口之间。

4. 长江以南城市埠际联系较之江北仍发达，北方埠际贸易中的长途贩运仍未多见于海关数据。

（二）网络结构的逐年分析

埠际贸易每一年的变化并不明显，因此，长时间尺度上的考察才能看出较大的变化，图 2.3 展示了 1885—1904 年、1936—1940 年代表性年份埠际贸易流的网络变化趋势：

1. 在 1885—1904 年，选取有代表性的四年：1885 年、1892 年、1899 年和 1904 年。1887—1890 年四年间，埠际贸易的网络结构变化不大，唯有 1889 年反常，其时仅有津沪间贸易正常，其余皆大幅度减少。笔者认为，这主要是海关统计口径问题：货物运输有强烈的季节性，经常会出现运输过程跨越两个自然年的情况。比如，某种货物从 A 海关第 N 年末出口，要在 B 海关的第 $N+1$ 年初才能到达，这就造成了海关统计上的困扰，为求简单，海关往往将一系列的同类商品运输都笼统列入某一年而不仔细区分。显然，1889 年的统计数字深受其害，较多的埠际贸易被记录到别的临近年份，导致了数字的异常。

在本阶段，可以看到，在饼状图中心的天津、上海、汉口和广州等枢纽性的港口间的贸易，占了全国贸易总量的绝大部分。这个趋势，在 1885—1904 年近 20 年间未曾变化。这是开埠初期最主要的特点。尽管如

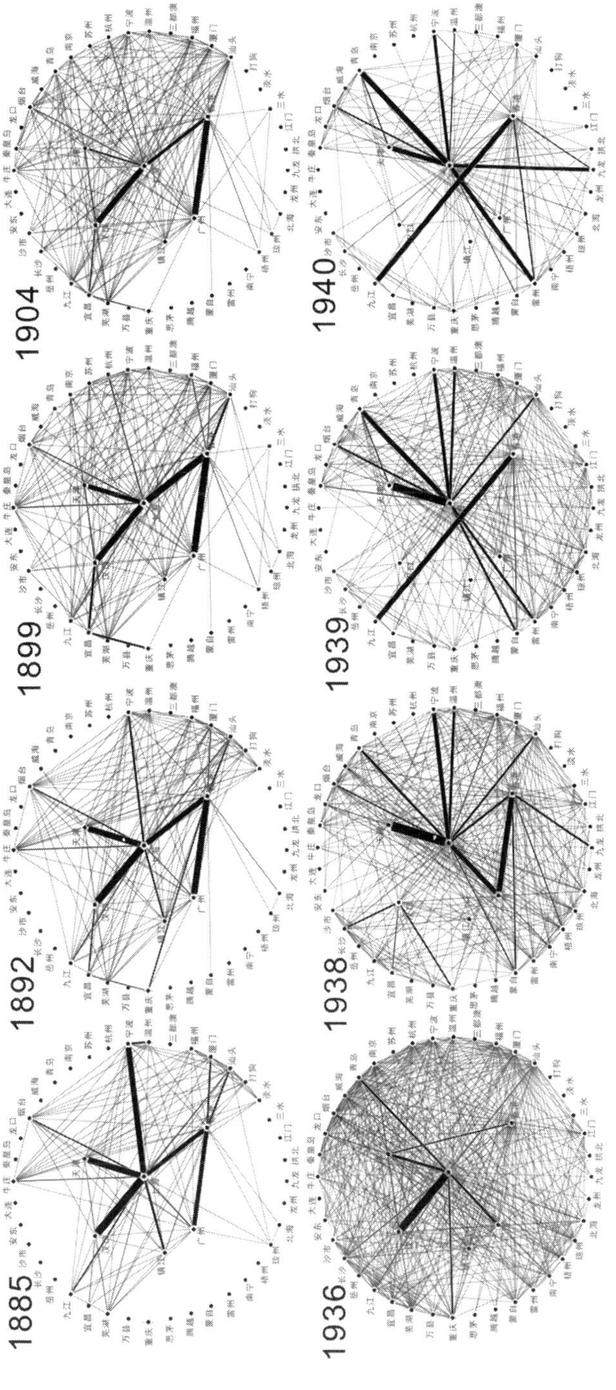

图 2.3　1885—1904 年和 1936—1940 年代表年份的埠际贸易

此，还是能看出一个不甚明显的趋势：上述枢纽城市间贸易份额是逐渐减少的。尤其比较1904年和1885年的贸易结构图就能得出这样的结论。

2. 1936—1937年是全面抗战前国内埠际贸易的顶峰时期，可见贸易结构的极其复杂化。但最重要的若干枢纽城市（津、沪、穗、港）间的贸易规模未与全国贸易总量成比例同步增长，其主要原因是较小城市间的直航代替了枢纽城市的转运功能。如重庆与上海间联系不再通过汉口转口而直接进行。换言之，随着全国埠际贸易的扩大化，枢纽性城市所占份额和中转作用均下降明显，这意味着枢纽性城市地位的形成并非其经济区位上的不可替代，而是运输条件所限制或传统商业习惯沿袭而致。

图2.4展示了经过软件精简的双向贸易流（只显示平均水平以上的流），双向意味着A～B间贸易流将被视为矢量区别对待。在1885—1904年，沪汉间和穗港间具有均衡双向贸易，不同于津沪和沪港间单向输送，可见前二者腹地具备相当的互补性。而枢纽性城市以外的小城市间的联系几乎不存在均衡的双向贸易，几乎都是单向进行。

在这个阶段，贸易的情况是非常不稳定的，份额较大的城市间贸易多为单向的贸易。

作为全国最大的贸易商埠，上海的埠际贸易流向的转变尤其令人感兴趣。从图2.5中可以看出：

1885—1904年，对于出口而言，上海的出口地主要是北方的天津和长江中游的汉口，出口辐射的货值在长江以南的地区十分有限。而进口货源地恰恰相反集中于南方和汉口。换句话说，在1885—1904年间，上海是从南方进口而向北方出口，与长江上游的汉口进行基本均衡的交换贸易。

1938—1940年则发生颠覆性的变化。对于出口而言，上海对于长江南北的出口份额已经基本一致，并没有不均衡的现象。相比较而言，南方范围更广泛一些。对于进口而言，最主要的货源地从南方转移到了以天津为代表的北方地区，南方所占份额式微，汉口的份额较之前一时间段减少也较剧烈。

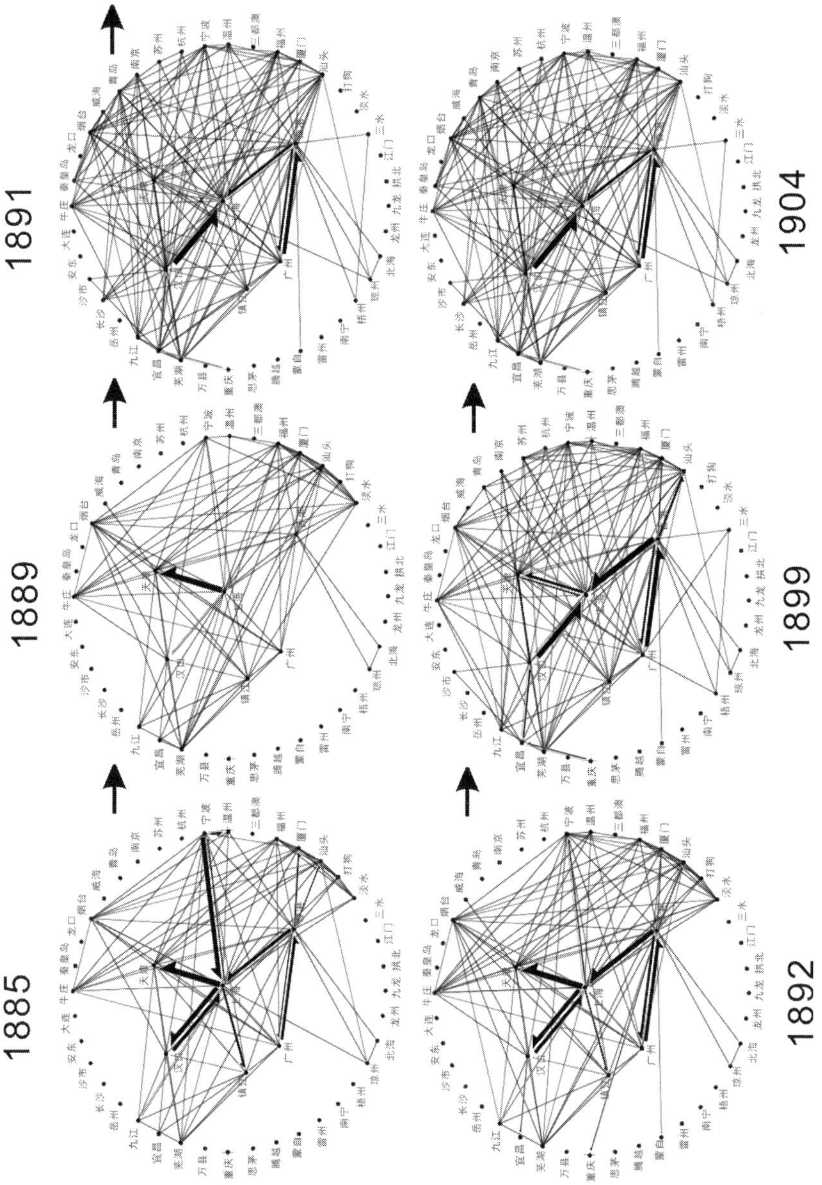

图 2.4　1885—1904 年埠际贸易部分年份的双向流

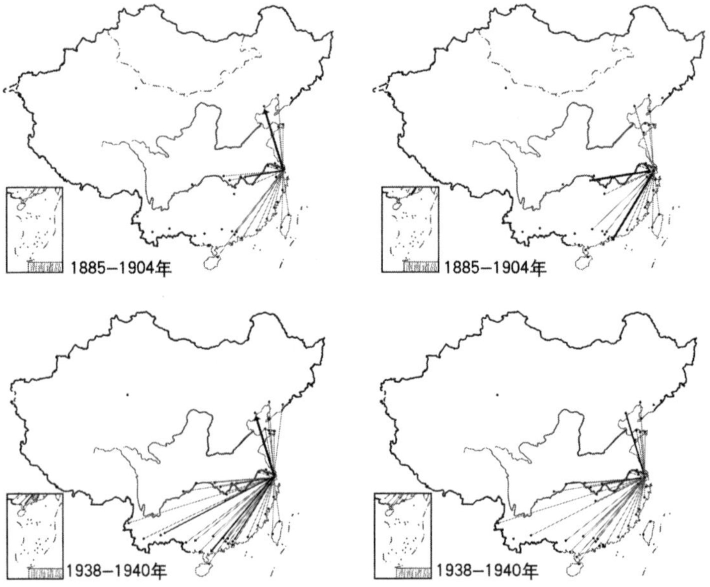

图 2.5　上海的埠际贸易流向变化（统计贸易总值但进出口分开表示）

按照前人研究，1864—1904 年是上海外贸转运的鼎盛时期。这段时期，上海转运国内的洋货占全国进口比重平均高达 46.1%，说明上海的洋货转运在全国进口中至关重要，体现了其强大的外贸转运影响力。鸦片和棉制品是中国这一时期的主要进口商品，而上海成为这两项商品最大的集散地。经上海转运的鸦片长期占全国鸦片进口总数 50% 左右。华中地区的汉口、九江、镇江、宁波和北方地区的天津、营口、烟台，进口鸦片都依赖上海转运。①

1874 年英国驻沪领事报告中说："在再出口鸦片的运销方面，同以前一样，运出总数的一半多一点分给了长江的三个口岸（指汉口、九江、镇江——笔者注），其中以镇江为主要消费地，居于首位，余数则由三个北

① 唐巧天《上海外贸埠际转运研究（1864—1930 年）》，复旦大学 2007 年博士学位论文，第 17 页。

方口岸（指天津、牛庄、烟台——笔者注）以及宁波港予以吸收。”① 由上海转运去的鸦片是这些口岸进口鸦片的主要来源。如 1894 年天津和汉口的进口鸦片中经上海转运部分分别高达 92% 和 98%。上海也是全国棉制品进口和转运的最大口岸，每年上海进口的大量棉制品被运销到诸如天津和汉口等口岸，而上海则成为这些口岸的供应港。

图 2.6 中 1936—1940 年的双向贸易流则完全不同，1936—1937 年代

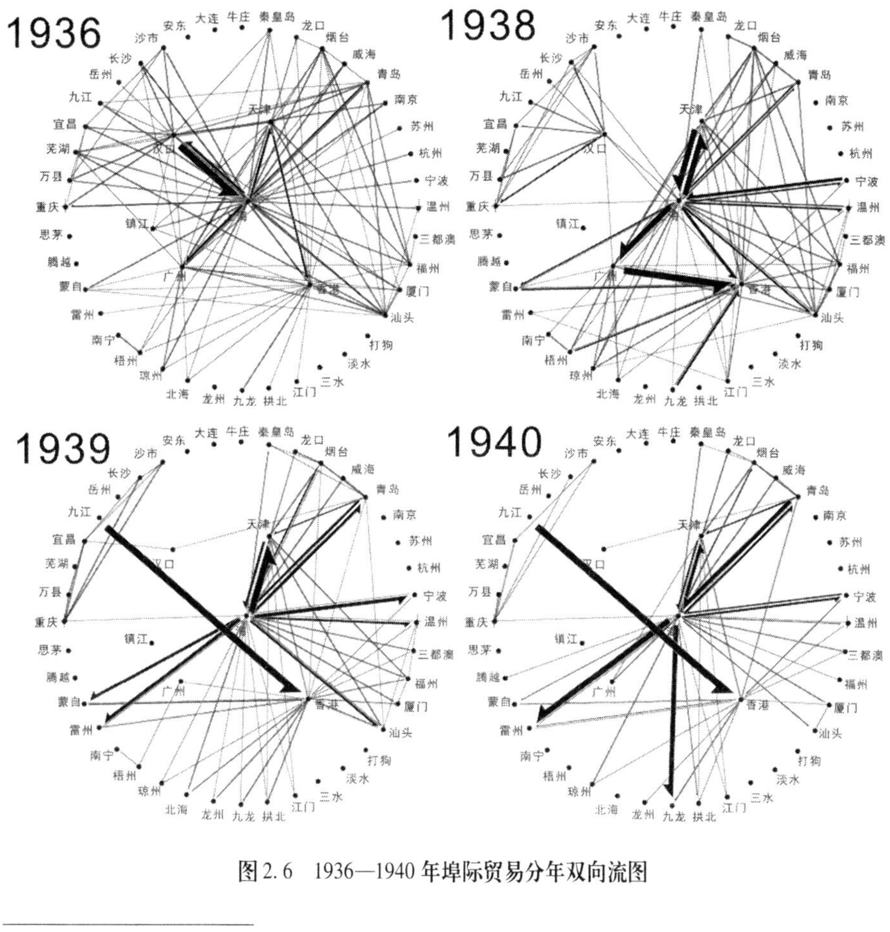

图 2.6　1936—1940 年埠际贸易分年双向流图

① ［英］麦华陀《领事麦华陀 1874 年度上海港贸易报告》，见李必樟译编《上海近代贸易经济发展概况：1854—1898 年英国驻上海领事贸易报告汇编》，上海社会科学院出版社 1993 年版，第 330 页。

表全面抗战前的国内贸易发展最高水平，二者双向贸易结构类似，此时双向贸易流产生的双子城市唯剩下沪汉间。1938 年以后受战争影响变化极大，下文会辟章节详述。

1936 年，上海和汉口间的双向均衡性贸易，长江上下游进行的贸易份额基本一致。到了 1938 年，类似的双向均衡贸易转到上海—天津之间。上海到广州、广州到香港为单向的贸易流。到了 1939 年，贸易结构发生了结构性的大变化，九江到香港之间发生不寻常的直接贸易。天津到上海依旧直接保持较为稳定的贸易联系。

三、战争影响

1936—1937 年之后，国内埠际贸易网络结构变化极大（1939—1940 年），具体表现在：

1. 自 1938 年始，国内贸易联系逐渐被切断，城市间贸易联系数量由 1936 年、1937 年的 332、308 减少到 249（1938 年）、132（1939 年）和 60（1940 年），这意味着在 1940 年，只有 30 对城市发生埠际贸易联系（特指经海关部分），如去除与枢纽城市发生关系的“一对多”贸易类型则更少。税收和中央财政受到极大影响。

2. 抗战全面开始后，上海在全国贸易网络中的枢纽城市地位得到意外加强，因为从 1937 年到 1941 年太平洋战争爆发之前，上海租界和江海关以“中立”姿态出现。1938—1940 年，枢纽城市间如津沪、穗沪、穗港和上海—青岛、上海—宁波间贸易流较全面抗战前均有较大增长（权重之增长，而非绝对值）。战争期间，较小城市间直航受影响极大，联系更多借助枢纽城市完成。1938—1940 年的贸易结构图呈现从中心向外放射的一维贸易结构。

3. 1938 年 10 月，最重要的双向贸易城市沪汉间的联系受战争影响而被切断，因国民政府颁布《查禁敌货条例》《禁运敌资条例》用以备战。1938 年始津沪间重现可观的双向贸易联系，由于天津于 1937 年 7 月已经沦陷，显然此贸易经过敌占方的默许并对其具有重要经济意义。上海输入西南方或南方城市如雷州、蒙自的商品规模也有较大增长。

4. 受战争影响最为严重的是长江沿线贸易，因为国民政府 1937 年开始西迁而采取战时物资禁运策略。

5. 上海与东南沿海如温州、宁波贸易意外增长。

第三节　埠际贸易的空间极化

利用第二节中的埠际贸易矩阵，计算每个港口埠际贸易总值及其在港口体系中的份额。在所考察的 11 个年份，赫芬达尔指数有 10 年处于 1000～1800 之间，显示埠际贸易几乎没有过度空间极化。且 1885—1904 年的平均集中度要高于 1936—1940 年的平均值。同时，必须看到 1937 年开始的日本全面侵华战争客观上推动了指数的走高。

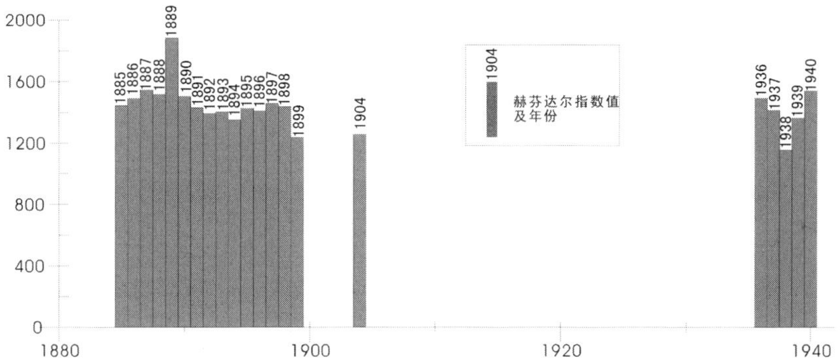

图 2.7　埠际贸易的赫芬达尔指数发展趋势

综上来看，埠际贸易的空间极化程度要远远小于对外贸易，亦即埠际贸易网络的空间结构呈现更加多极发展的趋势。开埠初期北方港口和长江上游的港口直接出口甚微，皆通过上海，占了国内出口总额的三分之一强的份额。后期因为直接出口渐增，且小型港口直航成为常态，枢纽性城市间贸易所占全国的比重下降，其埠际转运的职能越发淡化，再无统治性港口出现而呈现多极化发展。

1937 年的全面抗战对贸易网络的影响在空间上是不均衡的，其造成枢纽城市原有职能的意外强化，其余港口则反之。

1937 年的全面抗战并未使赫芬达尔指数走高，有的年份如 1938 年和 1939 年甚至比 1900 年前的还要低一些，这样的情况令人费解。按照一般的观点，战争必将摧毁既有的埠际贸易空间结构，切断港口间的贸易联系，造成港口贸易向若干尚未受到战争影响的港口集中，从而不可避免地导致整个埠际贸易体系的空间极化。但是，事实恰恰相反。

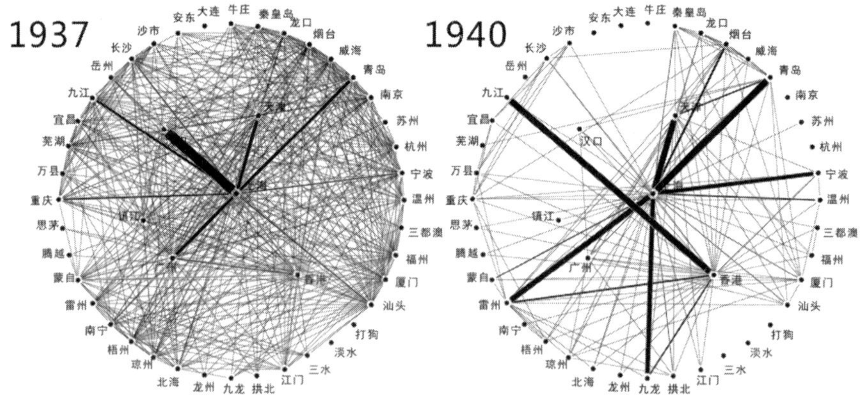

图 2.8　1937 年和 1940 年的埠际贸易总值空间结构变化

从图 2.8 可以看出，贸易的空间结构发生颠覆性的变化。原本普遍发生的中小型港口间的直航直运遭到切断，而较大港口的贸易也受到一定的影响。

早在 1931 年“九一八”事变之后，东北诸多海关如哈尔滨、沈阳、牛庄、安东和大连于 1932 年 9 月底在山海关重新建立海关，在秦皇岛海关的管辖之下，但是对于关外大连税收已经有心无力。这对于国内的税务收入的影响是巨大的，“东三省海关，共有瑷珲、滨江、珲春、延吉、安东、大连等 6 处，此外尚有分关数处。自 1907 年以后，对外贸易逐年发展，税收亦随之剧增。‘按光绪三十三年（1907 年），东三省输出入贸易总额仅六千万两……近年（1930 年左右）已达七亿余两，较之光绪三十三年，竟增加十倍以上。’‘综计自光绪三十三年至民国十九年（1930 年）之二十四年，输入仅 4100 余万两，输出大约超过 948000000 余两，出入相抵，净出超额计九亿两。' '按我国对外贸易，历来均为巨大之入超，苟无东三省之出超以资抵补，则资金之外溢，正不知伊于胡底。'"① 由此可见，失去东三省的出超对于国内的财政是巨大的打击。

另外，在20世纪30年代的华北，日本支持下的走私活动也十分猖獗。"华北的武装走私，直到1937年上半年，愈演愈烈。据《银行周报》1937年2月的记载：'近一周内，私货之入平津者极为汹涌，较去年夏初最为猖獗时，其势尤甚。私货种类，已不只日货之砂糖、人造丝等品，欧美各贵重货物，亦颇多以走私方法偷运入境。大连港向来辟有自由贸易区，凡欧美货物由船装运过大连港停泊而不卸货贩卖者，皆享受免税待遇。走私商利用这点，自欧美运到货物，然后改用走私商汽艇输往冀东区域内北戴河、秦皇岛等地卸岸，再经武装浪人保护，换装载重汽车运输来津，堆存私货之地，除某（日）租界外，其他各国租界，亦囤积甚多。接近某（日）国租界之某国租界，且贪图走私商输将利益之厚，从而庇护。海关查悉，欲行没收，则遭阻止。'"②

这样的情况在华东的上海与华南均是普遍的现象。由此可知，上文图示的1937年的记录，大大低估了华北跟东三省之间的贸易强度。当然，这部分无从稽考，也只能采取当下之策来处理。虽然进口走私严重，但是从国内转口到东三省的货物税收还是照常收取的，因此，在1937年的贸易结构图中可以看到，东三省的关口仍有数据线存在。当然，如果东三省不落入敌手，其份额将多得多，毕竟东三省对全国而言是一个重要的农作物和土产出口地，而东三省进口的货物又多依赖国外而非国内。华北和华东对于东三省的经济互补实在是单向而不利的。

走私的危害是显而易见的，其造成了民族工业的经济损失，也必然造成国内流通的一定程度上的萎缩。

1937年7月至1938年10月之全面抗战初期，沿海口岸如上海、天津等处已不能正常贸易，所有进出口贸易均改道粤汉路集中香港，同时，国

① 陈诗启《中国近代海关史（民国部分）》，人民出版社1999年版，第325页。
② 陈诗启《中国近代海关史（民国部分）》，人民出版社1999年版，第337页。

民政府由苏、浙、赣、粤等省大量抢运丝、茧、蓖麻等土产。贸易流通的结构发生很大变化。

“嗣后战事扩大，国民政府遂于1938年10月颁布《查禁敌货条例》与《禁运资敌物资条例》，一以杜绝日货运入内地，一使日敌不能获得中国物资。关于资敌物品种类，有煤、盐、矿产、桐油、豆类等。这两个《条例》实行至1942年5月，另行颁布《战时管理进出口物品条例》。6月间复公布《沦陷区物资内运奖励办法》，规定进口物品除奢侈品与非必需品外，其余物品不论来自何国何地，一律准许进口；出口物品，除由政府机关运输与特准结汇出口者外，其余物品均绝对禁止出口。”① 这样的战时非常规策略对于埠际贸易的影响是复杂的。

在战时，准许进口的货物有了三分之一的减税，在经济学意义上，这是促进货物流通的有效手段，部分消解了战争的影响。

抗战全面爆发后，原有的海关分关管理的制度已经难以为继，因此，政府采取了新的片区管理制度，分为川滇区、黔桂区、闽粤区、湘鄂区、浙赣区、苏皖豫鲁区、陕甘宁青区。1931年6月，国民政府施行新税则，对于出口运往国内各通商口岸的土货，倘由普通航海章程行驶的轮船装载，仍然继续征税，改称为转口税。这个转口税，代替了以前由洋商把持的子口税，对于国内经济的促进有一定的效果。在这个阶段，只有轮船运输的口岸间货物运输收取转口税，其他的运输方式如陆路、铁路和口岸向内地的运输都是免税的，无疑，这种政策较之战前是优惠的，也极大促进了国内流通的恢复。

到了1937年，海关实行《整理海关转口税征收办法大纲》，将上述优惠策略取消，无论何种运输方式，无论来源目的地都推行值百抽五的税率。

1942年《战时消费税暂行条例》实行：1. 普通日用品值百抽百分之五；2. 非必需品值百抽百分之十；3. 半奢侈品值百抽百分之十五；4. 奢侈品值百抽百分之二十五。因为战时消费税只需要交纳一次就可通行全国，因此，总体来看，较之战前的税制，这种税率并不算高。

总结而言，战前，虽然子口税单普遍推行，但是在大量的文献中可以

---

① 陈诗启《中国近代海关史（民国部分）》，人民出版社1999年版，第409页。

看到，地方政府很难舍弃这块丰富财源，因此下有对策地实行了种种变相的加税策略，子口半税其实是名存实亡，或者说，并没有字面上那么优惠。战争期间的非常管制，反而给了国内流通较为优惠的税率。

江海关在中、日、英、美、法等多种势力的斡旋之下奇迹般地保留在上海，依旧履行部分原有的职能。这是国内埠际贸易赫芬达尔指数尚且维持在战前水平的重要因素之一。

1941 年底，太平洋战争爆发，江海关彻底落入日本人之手，海关的统计也就戛然而止了。因此，本章的研究年限也到 1940 年。

第四节　埠际贸易的港口规模分布

本小节亦采取类似上一章节的方法，针对 1885—1890 年区段和 1936—1940 年两个时间段的埠际贸易以港口吞吐量为序进行排列，同时计算其排序序列并赋值。以 1885 年为例说明（表 2.4）：埠际贸易值源自埠际贸易矩阵中出口值和进口值之和。

表 2.4　以 1885 年埠际贸易为例说明

港口	埠际贸易值	排序	港口	埠际贸易值	排序
上海	131367769	1	芝罘	9707429	11
香港	60514699	2	温州	9128260	12
汉口	38414995	3	牛庄	9052087	13
宁波	30646522	4	福州	6605714	14
天津	27808927	5	芜湖	5153850	15
广州	26480525	6	淡水	4281066	16
汕头	17201820	7	宜昌	3327223	17
厦门	13808285	8	琼州	2716326	18
镇江	12752233	9	北海	2527589	19
九江	9834584	10	打狗（高雄）	2133457	20

因为1885年有的港口年份埠际贸易量为零（海关统计的部分），所以排名只有20个。

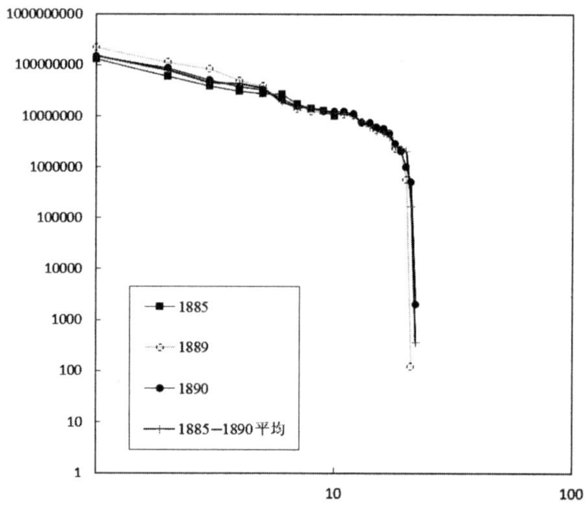

图2.9　1885、1889年和1885—1890年平均的埠际贸易“位序规模”曲线

在图2.9中，1885、1886、1887和1888年的曲线系数分别为$R^2=0.9745$，$R^2=0.8473$，$R^2=0.9066$，$R^2=0.8684$。到了1889年，情况发生了很大的变化，$R^2=0.4376$。由此可见，对于1885年而言，R^2接近于1，其分布非常接近于“位序规模”的标准分布。而1889年则R^2距离1较远，其曲线距离标准的“位序规模”分布差距较大。

在图2.10中，1939年回归曲线$R^2=0.5331$，1936年$R^2=0.5331$，由此可见，1936年和1939年的“位序规模”分布亦非标准的分布状态。

在对上述五个年份的数据进行双对数坐标变换以后，可以明显看到，在双对数坐标中，仅有1885年呈现较为明显的直线型态，其后的若干年份1886—1888年均差别不大，但是到了1889年，曲线右侧末端向下有明显的下滑，进入明显的“过渡”形态，且这一状态一直延续到1940年。（图2.11）这也说明，埠际贸易的较小港口，其埠际贸易呈现与其排名不成比例的低。换句话说，排名在最后的若干港口的埠际贸易，较之排名靠前的

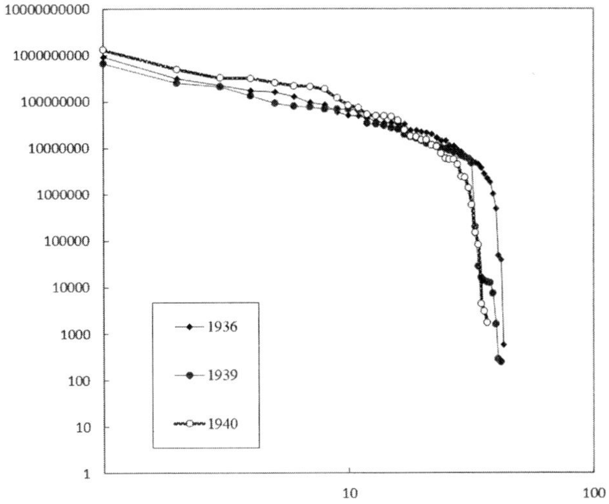

图2.10　1936年等年份埠际贸易“位序规模”曲线（横轴为位序，纵轴为其贸易规模值）

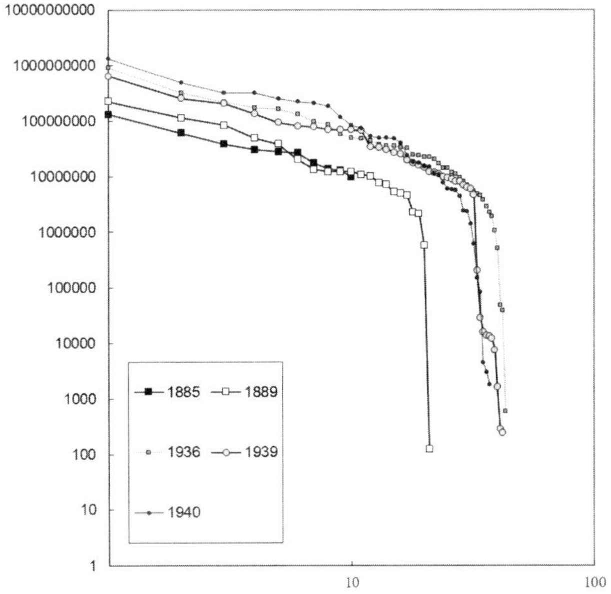

图2.11　1885年等年份埠际贸易“位序规模”曲线（对纵横轴进行对数变换，横轴为位序，纵轴为其贸易规模值）

若干港口，其贸易值要小得非常多，存在6～7个数量级的差别。

综合来看，国内埠际贸易港口体系由开埠初期“位序规模”分布转换成了开埠后期的“过渡型”分布。“位序规模”分布的曲线形态可以告诉我们什么？

一般认为，“位序规模”分布的形成是多种复杂因素在长期历史过程中进行发酵，综合形成的，某一项经济因素即使非常强大也难于独立影响港口体系的形成。在开埠初期，埠际贸易港口体系呈现标准“位序规模”分布，这显然是在开埠前长期的传统经济条件下形成的，这是历史遗留产物。在开埠后，外来的经济因素影响了原有的港口体系，在开埠初期其效果并不明显，但是在1889年以后，港口体系发生了显著的整体变迁，标准的“位序规模”分布在双对数坐标轴上的直线形态不复存在，进入了“过渡”形态。也就是说，埠际贸易中，规模较小的港口，越来越占据港口规模分布的主流位置。

为何对外贸易衡量港口体系在研究时段内一直呈现标准“位序规模”分布，而埠际贸易衡量的港口体系却在初期的“位序规模”分布之后，于1889年前后转换成了“过渡型”分布？原因主要是：二者的研究对象并不相同。虽然笼统来说，研究的都是中国近代港口体系，但是第一章的对外贸易仅仅针对贸易量最大的12个港口，而第二章的埠际贸易则包括46个港口。众所周知，港口数量越少，港口规模越大，其符合“位序规模”分布的可能性就越大。如果仅仅统计埠际贸易46个港口中贸易量最大的12个港口，其规模分布亦必将大大逼近“位序规模”分布的标准形态。图2.11双对数曲线图中所有的曲线均是在曲线右端（规模较小）的港口才出现曲线的下滑趋势，也可以从侧面说明这个问题。

第五节　分析与讨论

显然，对外贸易和航运才是海关报告的主要部分，埠际贸易在海关记录中的记载在其中仅占据了有限的篇幅。

中国的传统社会是自然经济占据统治地位的社会结构。在这种社会结构中，其经济细胞内部的农民小生产者的主要生活用品和生产资料都是在经济细胞内部可以自给自足的。尽管如此，还是有一些生活用品和劳动工具并非自己可以生产，因此也促成了交换。进入近代以来，交换的范围和强度都大大增加，有些学者认为："中国近代市场体系的形成并非始于开埠之后，至少从明代中叶已经起步，到清代中叶已具有相当的规模。19 世纪中叶外国资本主义的入侵，并非创建了一个新的市场体系，不过是利用和部分地改造了中国原有的市场体系来为之服务。鸦片战争后，帝国主义列强选择的通商口岸都是原来重要的流通枢纽，侵略者的洋货倾销和原料掠夺也都是利用了中国原有的市场网络——从城市直至农村集市。"① 由此可以认为，在本章的两个研究时段，其国内市场流通状况是一种具有现代化雏形的流通形式。

在开埠之前，以朝贡贸易为主导的对外贸易经济联系局限在东亚和东南亚。自 14 世纪以来，亚洲区域内的贸易在逐渐扩大，存在着一个以中国为中心的东亚贸易圈、以印度为中心的南亚贸易圈及以这两个贸易圈为两轴、中间夹以几个贸易中转港的亚洲区域内的亚洲贸易圈。②

同时，中国国内流通的运输线和方式却发生了巨大的变化。历史上，黄河下游洪水灾害十分严重，被认为三年两决口，百年一改道。在清代频繁决口的黄河，于 1855 年在铜瓦厢决口，夺大清河入海，而入淮之故道遂湮。黄河北走之后，淮河水系遭到沉重打击，河道因为河泥的淤塞，出海无路，入江不畅，洪涝旱碱，交相侵袭。最为重要的是，京杭大运河长江以北的河道，大部分被黄河的河泥淤塞或者冲毁。大运河的经济功能几乎丧失。无奈之下，漕粮的运输转靠海运，从而大大促进了上海沙船业的发达。国内最为大宗货物的运输路线的改变，是国内流通空间结构方面一次

---

① 许檀《明清时期城乡市场网络体系的形成及意义》，《中国社会科学》2000 年第 3 期。

② ［日］滨下武志著，高淑娟、孙彬译《中国近代经济史研究：清末海关财政与通商口岸市场圈》，江苏人民出版社 2006 年版，第 278～291 页。

空前的根本性的改变。在此之后，开埠通商对于国内贸易空间结构的改变又不亚于此。

（一）开埠初期的国内流通稳定增长

广州一口通商改为五口通商，黄金水道长江终于得到了其应有的利用。国内流通的主动脉变成了长江沿线。第二次鸦片战争之后，长江沿线的汉口等港埠相继开放，在接下来的几十年，长江沿线的主要贸易节点都开埠了，长江的运输能力得到利用，其经济价值不亚于几条铁路。

对于上海而言，这种增长表现得尤其明显。“上海在过去十年内的增长和发展情况是令人满意的。如将这个时期作为一个整体来看，本港贸易的增长表明，进展情况是良好的。这并非由于周期性的繁荣，而是由于中国人所消费的各种外国货物的数量日益扩大，而且，中国人愿意出口更多的土产，以支撑用于消费的进口商品。”① 在这个阶段，就上海及其腹地而言，进入典型的良性循环当中，洋货带来的便利，促使消费者寻求更多的货币来支撑其购买，而其唯一的出路就是寻找周围可以贩卖的土产物品用来出口。在接下去的10年，这种贸易的增长依旧延续着，本港贸易的总趋势是稳定增长。1911年进口和出口总值为484202222海关两，比1902年的346122864海关两增长约40%。同样，这样的结果也是由广阔的内地消费所拉动的：“内地消费地区的稳定需求终于证明无须为合法的进口贸易担心。这个国家拥有的吸收能力似乎总是在增长。每当需要调整价格时，中国商人似乎并未感到多少困难。”②

子口税掩盖下的内陆转运贸易一直稳步增加，“子口税是一种能确切地显示中国市场实际吸收能力的指示数据。十年来，这项税收的收入一直

---

① ［英］好博逊《海关十年报告之二（1892—1901）》，见徐雪筠等译编《上海近代社会经济发展概况（1882—1931）——〈海关十年报告〉译编》，上海社会科学院出版社1985年版，第37页。

② ［美］墨贤里《海关十年报告之三（1902—1911）》，见徐雪筠等译编《上海近代社会经济发展概况（1882—1931）——〈海关十年报告〉译编》，上海社会科学院出版社1985年版，第139页。

在稳步增加。中国内地不像通商口岸那样能同外部世界直接交往，它们那种对外国货日甚一日的爱好和需要，是中国对外贸易前途乐观的可靠保证。尽管十年来国内政治动乱频仍，世界局势变化不定，但中国内地对进口货的需求，一直在逐年增长"①。由此可见，对于"洋货"，国内有稳定的需求，这就决定了"洋货"的内陆转运稳定增长的消费基础。

本章所考察的两个时间段，前后两相比较，最显著的不同就是枢纽性城市贸易份额的下降。这种情况在多个港埠的贸易报告均有记载。

在20世纪初，这样的情况就已经开始显现。"上海享有的货物分发中心的地位，由于汉口、天津、胶州等对外通商口岸的进口商越来越倾向于直接同欧洲、美国打交道而不是从上海进货，（上海）已受到相当大的影响。中途的厘金所施加的限制正在被逐步取消，厘金的最终废除将使铁路有货物可以运载，并使铁路沿线地区获得货物。一旦这个问题得到满意的安排，就有充分的理由预料进口税的收入会增加，中国为大力取缔鸦片贸易而不惜承受的贸易赤字，足可抵销而有余。"②

上海在1912年到1921年间，"把天津、大连和汉口的贸易作为一个整体来看，在1912、1916和1920三年中，直接进口的数量分别占进口总额的64%、71%和76%。同一时期，上海进口外国商品的再出口的比例则显著下降：1912年上海再出口的商品占外国货进口总额的64%，1916年降至58%，1920年又降至47%。1912年上海进口净值（即进口总值减去再出口值）为73067301海关两，1920年和1921年分别上升到224632688海关两和217285647海关两。造成进口总值如此大大超过再出口值的部分原因可能是商品价格上涨、本地消费量增加、进口品滞销以及当前萧条时期

---

① ［英］戈登·洛德《海关十年报告之四（1912—1921）》，见徐雪筠等译编《上海近代社会经济发展概况（1882—1931）——〈海关十年报告〉译编》，上海社会科学院出版社1985年版，第182～183页。

② ［美］墨贤里《海关十年报告之三（1902—1911）》，见徐雪筠等译编《上海近代社会经济发展概况（1882—1931）——〈海关十年报告〉译编》，上海社会科学院出版社1985年版，第139页。

的大量商品积压，但主要的原因可能是上海发展工业之后，机械、设备和原料的进口大大增加，上海加工制成的产品，不是以再出口的形式输出，而是作为当地的成品出口。1912 年上海产品的总输出额仅 81716738 海关两，到 1921 年已增至 275954482 海关两”①。

战争期间和腹地政治混乱的时候，会促使商人将更多的转运出口的业务移到上海等较为稳妥和安全的地点进行。“到了 1928 年，贸易混乱、货运阻断的情况方告结束，上海航业才开始出现转机。目前航运的成本仍高，竞争也很激烈。但是这些因素对上海的航运事业来说倒是好事，因为现在的轮船都在减少途中靠岸的次数，而且都集中于少数大商埠以承接航运业务。理所当然，上海应是这些大商埠之一，因为它不仅位于长江流域的咽喉要道，而且也是沿海各埠贸易集散的枢纽之地。”② 这也可以解释，为何在本章的 2 ~ 3 节，日本侵华战争之后，枢纽城市贸易份额又产生了与历史潮流不一致的发展。

（二）轮船运输的增长率：与帆船的比较

海关数据在 20 世纪 30 年代将 50 里内的常关收编之前，都是仅仅统计轮船运输的。尽管机械化的轮船运输毫无疑问拥有更高的速度和安全性，但是类似新的技术革新手段的应用从来并非一帆风顺。在全面抗战前，有大量的资料表明传统的运输方式如帆船、手推车和畜力车仍旧在货物流通中扮演重要角色。

据刘大中和叶孔嘉估计，1933 年旧式交通行业产出占交通通讯业全部产出的 73.6%，到 1953 年这个比例仍高达 49.0%。③

---

① ［英］戈登 · 洛德《海关十年报告之四（1912—1921）》，见徐雪筠等译编《上海近代社会经济发展概况（1882—1931）——〈海关十年报告〉译编》，上海社会科学院出版社 1985 年版，第 176 页。

② ［美］劳福德《海关十年报告之五（1922—1931）》，见徐雪筠等译编《上海近代社会经济发展概况（1882—1931）——〈海关十年报告〉译编》，上海社会科学院出版社 1985 年版，第 256 页。

③ Ta-Chung Liu, Kung-Chia Yah, *The Economy of the Chinese Mainland: National Income and Economic Development*, 1933 - 1959, Princeton University Press, 1965, p. 66.

如果近似地认为本章所统计的所有埠际贸易均以机械化的轮船为运输工具，那么相对应的非机械化的传统运输方式如帆船贸易的发展如何？诸多资料证实，帆船运输是与轮船运输同步增长的。[①] 因此，在本书第一章所统计的南方若干港口进出口轮船数量和吨位数的不断降低，并不一定说明贸易的停滞甚至负增长，这很有可能是当地的帆船运输将轮船的业务分流所致。

（三）埠际贸易网络的空间极化

利用埠际贸易矩阵，计算每个港口埠际贸易总值及其在港口体系中的份额。在所考察的11个年份，赫芬达尔指数有10年处于1000～1800之间，显示埠际贸易几乎从没有过度空间极化。且1885—1890年份的平均集中度要高于1936—1940年的平均值。同时，必须看到，1937年开始的全面抗日战争客观上推动了指数的走高。

综上来看，埠际贸易的空间极化程度要远远小于对外贸易，亦即埠际贸易网络的空间结构呈现多极发展趋势。开埠初期北方港口和长江上游的港口直接出口甚微，皆通过上海，占国内出口总额的三分之一强的份额。后期因为直接出口渐增，且小型港口直航成为常态，枢纽性城市间贸易所占全国的比重下降，其埠际转运的职能越发淡化，再无统治性港口出现而呈现多极化发展。1937年开始的全面抗日战争对贸易网络的影响在空间上是不均衡的，其造成枢纽城市原有职能的意外强化，其余港口则反之。

第六节　中国近代港口埠际贸易的发展阶段

为了更好地表达埠际贸易各阶段的发展趋势，本章总结了1885—1940年埠际贸易发展的不同阶段趋势，以结构图的方式进行了表达。

---

① ［美］托马斯·罗斯基著，唐巧天、毛立坤、姜修宪译《战前中国经济的增长》，浙江大学出版社2009年版，第201页。

在本章的研究时段内，国内埠际贸易的空间结构经历了三个发展阶段。（图 2. 12）

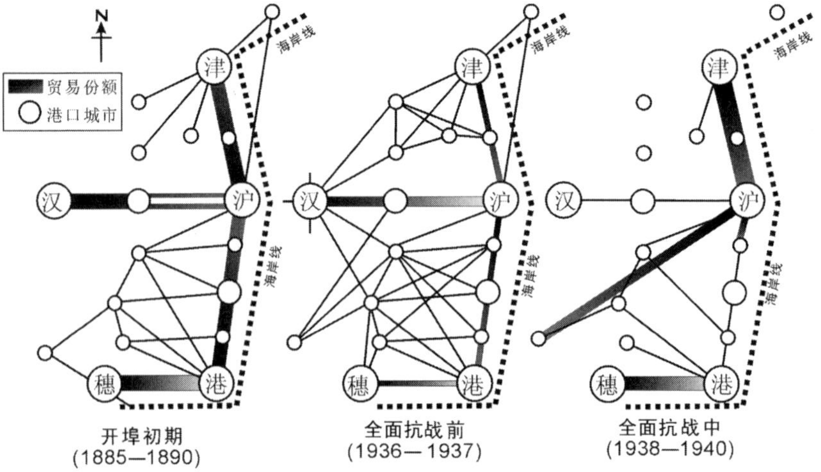

图 2. 12　埠际贸易的发展阶段图示（1885—1940）

第一阶段：19 世纪是埠际贸易快速发展的阶段，其枢纽港口城市间贸易份额占到全国较大比重。北方港口网络较为简单，联系强度很低，南方港口网络渐成体系。

第二阶段：1936—1937 年是全面抗战前国内埠际贸易发展的顶峰阶段。此时，枢纽性港口城市份额减轻。这意味着在国内埠际贸易发展过程中，同样存在一个分散化（Deconcentration）的过程。中小城市间贸易复杂化加深。

第三阶段：1937 年后，沿江贸易被切断，沪津和穗港间贸易意外得到增强。比照现代中国的航空网络，1936 年国内埠际航运网络，已经经历城市对式、城市串式网络的发展阶段，并最终显现出一部分轴辐（Hub - Spokc）网络的特征。① 尽管国内生产力水平低下，但国内市场的容量和国

① 金凤君、王成金《轴—辐侍服理念下的中国航空网络模式构筑》，《地理研究》2005 年第 5 期。

土面积决定了长途贩运的必要性，造成了埠际贸易网络的复杂性。国内市场网络历经明、清、民国的发展，已经具备一定现代性特点。

第七节　小结

与着力于最重要12个港口对外贸易的第一章不同，本章的主要研究对象是海关统计中的埠际贸易部分。埠际贸易，是国内流通的有机组成部分，其涵盖洋货和土货两种贸易。

就本书研究时段的国内埠际贸易而言，具有如下特点：

第一，就本书掌握的数据来看，中国近代海关埠际贸易从未出现垄断性的港口。从赫芬达尔指数反映的贸易空间极化程度来看，埠际贸易网络分布一直处于适度集中的水平，且在近50年时间内变化不大，空间结构较分散。随着全国埠际贸易的扩大化，较小城市间的直航代替了枢纽城市的转运功能，其所占份额和中转作用均下降明显，存在一个分散化或者去中心化的过程。但在战争的非常时期，又有一定程度的反转；但是即使是在国内战争的非正常时期，经济要素均服从于政府计划性的安排，这种计划性仍未使得埠际贸易整体（特指非沦陷区）发生向某一个港口集中的现象。埠际网络体系一直处于适度的空间集中程度上，也就是说，埠际贸易并未过度地向某一特大型港口集中，这受限于国内商品流通的发展水平、国土之广阔和南北水文、自然地理导致的交通方式差异。

第二，尽管埠际贸易没有集中垄断的出现，但并不意味着其不存在内部差异。埠际贸易空间结构内部存在巨大的东西梯度差异。在埠际贸易普遍发生的中东部，南北差异也很明显，北方埠际网络复杂化的增量远不及长江以南地区。以当代区划衡量，长三角地区埠际贸易网络发达，珠三角稍逊但渐具雏形，而环渤海地区埠际交换份额不大（仅指通过海关部分）。埠际贸易的空间极化程度要远远小于对外贸易，亦即埠际贸易网络的空间结构呈现多极化发展趋势。

第三，中国东部沿海19世纪开埠以来，埠际贸易的空间结构经历了三个阶段的发展，在全面抗战前达到其发展顶峰，内部具备巨大规模和职能差异，具备了一定的轴辐（Hub－Spoke）网络的特征。如果考察埠际贸易港口的整体规模，会发现对于埠际贸易而言，国内埠际贸易港口体系由开埠初期“位序规模”分布转换成了开埠后期的“过渡型”分布，规模较小的港口占据主流。

第四，埠际贸易网络体系是庞大而具备内部层级的复杂系统，本章所统计的开埠城市间贸易仅仅是其最高的一个级别。在这一级别中，开埠前，旧有的因为区位优势和商业习惯而造成的国内埠际贸易中心，如果恰逢被殖民者选定作为对外贸易的交换地，则仍可保持在埠际贸易的第一层次，否则，无一例外只能滑入低级别层次。而原有起点较低的港口，开埠后因为对外贸易的关系，天然地承担了洋货的埠际转运功能，从某种意义上，成为埠际贸易的中心，这样的例子也不胜枚举。

需要指出，本书重在论述趋势的演变而难以做到绝对精确的还原。海关记录的埠际贸易绝非某两城市间埠际贸易的全部。航运虽在南方大宗货物运输中占据主流，但20世纪始，北方铁路运输分流了一部分货物运输。埠际的铁路运输资料与公路运输资料分散且统计口径不一，不具有本书数据的统一性。如果将来能将其时铁路和公路运输量数据结合进来，将更具有科学性，这也是我们以后研究的努力方向。

第三章　中国近代子口税贸易的空间结构

进行完了全国性的埠际贸易网络分析之后，有必要针对某些特殊港口进行具体分析。货物进入了区域性的港口（如汉口等），货物如何进行下一层次的分销是本章的研究重点（图 3.1）。这个问题的另一个角度是汉口腹地的土货如何汇集到汉口进行出口或者转运到国内其他港口。

在海关统计的某些港口的某些年份，有通过子口税单运往内地的洋货和土货出口的详细记录，其中，又以汉口最为详细，可为代表。

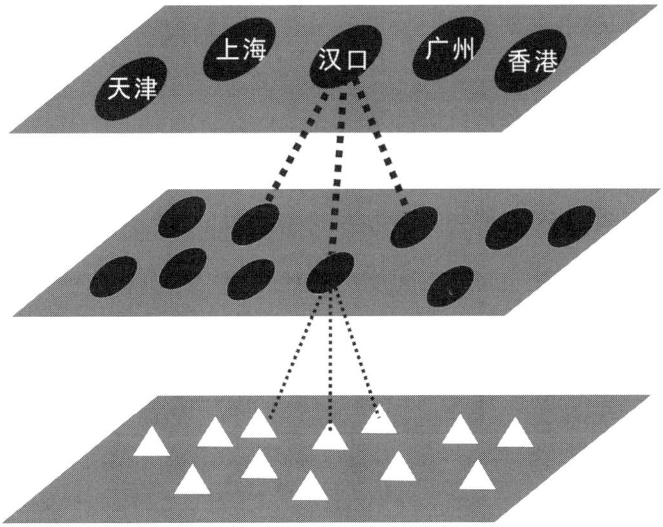

图 3.1　国内三级流通体系示意图

在汉口关某些年份的海关报告所含“Transit Trade”分类中，有一栏记录“Table Showing the Destination of the Various Goods Forwarded under Transit Passes to Interior during the Year of ＊＊＊”的表格，记录的就是子口税源汇 OD 数据。

以 1885 年为例，汉口、九江、温州、宁波、广州、上海、九龙等均记录有此项内容，但具体的内容详细简略不一。有的如汉口、上海的目的地十分详细，以府州甚至县作为目的地记录，温州甚至可以将镇作为统计的单位，而有的如广州则较为简略，直接将货物目的地的省份作为单位记录而不记录具体的府州城市，那么后者的学术价值就比较低了，不属于本章的研究内容。

在 1895 年之后，由于统计体例的变化，所有港口所统计的贸易发生对象均将一个省作为单位，不再将府州作为统计单位。这就失去了很大一部分的利用价值。

比较清楚的是，子口税统计并未列入海关的重点统计范围，有的年份存档，有的年份则遗失掉了，无从查找。因此，寻找一个合适的港口，以及合适的时间范围十分重要。

经过多方面的考虑，本书将长江流域的汉口作为主要研究对象，其考虑有三：第一，汉口地理位置较为特殊，地处长江中游，九省通衢，交通方便，在整体的埠际体系中重要程度不亚于上海，具有研究的学术价值。第二，汉口辐射范围横跨长江南北，北达河南，南抵广西，具备全国辐射影响力，但规模又不至于太大而导致统计绘图方面的困难。第三，汉口的研究较之上海尚显得薄弱一些。研究上海埠际贸易的文章汗牛充栋、不胜枚举。本章力求从子口税角度进行一些探索。

第一节　子口税贸易数据的界定、析出和处理

子口税（Transit Duty，Transit Dues）是进口洋货输入中国内地以及土货运至通商口岸寻求出口的过程中所缴纳的抵代通过税的一种。这种抵代

税相当于进出口税的一半，故又称“子口半税”。

清朝平定太平天国战争花费极巨，导致清政府地方财政凋敝，这种情况促使地方政府新开厘金这一税源，客观上加重了进出口贸易流转过程中的税负。由经济学原理可知，任何税收都会加附于最终消费者，因此厘金必然降低国内外商品的终端消费能力。外国商人为了提高商品销量，提出子口税代替厘金的方法，此与中央政府增加财政收入的想法不谋而合，由此推广开来。

一、子口税若干问题解释：子口税征收范围及适用区域

“（子口）税单：洋货除鸦片外，不论华洋商人，均可请领税单，运往内地，概免税厘。惟原约禁止沿途私卖，迨光绪十六年，总署允德使之请咨，准沿途售货缴单，于是子口单之制限为之一宽。三联单：即洋商入内地采办土货运赴通商各口之凭单：此项凭单，海关准领事官咨请发给，禁止沿途私卖，违者收没其货。由第一子口验明单货相符，倒换运照，限一年内。至最后子口持照赴海关报完子口半税，领有收据，方准过卡。惟原约请领凭单，限于洋商。至光绪二十二年五月，总署有奏准土货报单应准洋商照办一案，于是华商亦得请领矣。”①

可见，子口税在起征初期，是为了方便洋商到内地进行采办或销售洋货，而后来的光绪二十二年（1896）中国商人也享有这部分权利。实际上，在子口税施行期间，华商通过洋商购买子口税单来逃税的现象是大量存在的。

比如在土货外销方面，自内地运棉花到宁波，内地税高出子口税一倍，因此华商向外商购买三联单收购棉花。三联单本身具备了买卖的利润空间，而这部分利益是外商根据条约所获得的，造成了价格的双轨制，提供了大量徇私舞弊的机会，损害了市场公平交易原则。不仅如此，外销土货的子口税是向出口口岸的海关交纳的，如果外商或买办在到达出口口岸

① 盛俊《海关税务纪要》，商务印书馆1919年版，第114～115页。

之前即行卖出，就不仅逃避了内地税，也逃避了子口税。如1872年镇江出口的土货价值只占到三联单护运土货的四分之一，其余都销于镇江及其附近地区，并未出口。上述的监管漏洞，客观上反倒加大了子口税对国内长途贸易的覆盖面，减少了以厘金为代表的地方政府收入，但就财富从政府转到商人手中而言，评判其影响比较复杂。

尽管子口税是对国内贸易的一个管窥式的抽样调查，但子口税并未在全国范围广泛推行，其主要施行范围是在长江沿线，而在北方诸港或广州等地则较少被当地商人所接受。如在1875年，第二次鸦片战争中相继开放的14个港口中，仅有上海、镇江、汉口、宁波、九江、福州和厦门有子口税单的签发。[①] 又如，英国驻上海领事麦华陀在1874年的报告中说，《天津条约》签订以来，几乎每年都有商人对内地过境税的收取表示不满，条约所规定的转口单制度"从来没有正常执行过"，"在通商口岸周围经过反复交涉的地区，关卡官员被迫采取一种不高兴的默认态度，但在所有首次试行转口单的地区，就不时有人提出有关耽搁、勒索和没收等与过去相同的埋怨"。[②] 再如，1875年，"中国当局仍然在使用转口证运输商品的途中设置障碍，这使外国商人除了通过中国商人之外，不想进行任何要向内地输入商品的认真尝试。即使在中国人手中，对在途商品所征税项也大大阻碍了商品向一定范围以外地区的输出"[③]。

更有甚者，国内很多地方甚至没有理会这个税种，究其原因有二：

其一，厘局自行降低厘金税率，使得当地厘金并不明显高过子口税率，领取子口单的商人反倒容易在通关过程中受到以厘金为财源的地方官员刁难。

其二，厘金源于太平天国战争对地方财政的打击，因此受战争影

① 戴一峰《论晚清的子口税与厘金》，《中国社会经济史研究》1993年第4期。

② 李必樟译编《上海近代贸易经济发展概况：1854—1898年英国驻上海领事贸易报告汇编》，上海社会科学院出版社1993年版，第322页。

③ 李必樟译编《上海近代贸易经济发展概况：1854—1898年英国驻上海领事贸易报告汇编》，上海社会科学院出版社1993年版，第362页。

响较小的地方，厘金征收并不严苛，子口税单也不存在生存的土壤。除此之外，以子口税所监管的贸易代替贸易流通之整体，有如下的局限性：

局限性一：子口税是海关税种之一，其具备海关税种的通病，那就是主要监察范围是轮船运输（以及所谓的挂旗船），大量存在的木船贸易（所谓的厘金船）和陆上运输并不在统计范围内。同时，子口税不能覆盖免税商品，如中央政府特批军火运输和外国使领馆人员的生活用品等。再者，子口税亦不包括价值可观的鸦片贸易（单独征税）。

局限性二：子口税贸易统计并未列入海关的重点统计范围，有的年份存档完好并出版，有的年份地方海关有所统计但并未在海关总署公开出版。在所有的子口税的贸易统计数据中，记载有物流的源—汇属性（即“来源地”—“目的地”）的那部分最有价值，但海关在1895年之后对统计体例进行调整，子口税贸易的“目的地”统计将一个省作为单位，而不似以往将府、州和县作为统计单位，这就失去了很大一部分的学术利用价值。① 由此，本书采用的数据将1895年作为时间下限。

局限性三：子口税在各口权重不一，差别较大。长江流域各个港口，子口税贸易权重在各个港口相差很大，不仅如此，同一个港口，不同年份的子口税贸易权重也有变化。某项税种如子口税、鸦片税在各港口的贸易整体中权重不一的问题是普遍存在的。

如果我们将某地商人视为具有经济理性，有追逐最大利益的原始冲动，凡是在其微观环境中，使用子口税单有利可图的商人均毫不迟疑地坚定使用子口税单运输货物，而不依赖常关厘卡的传统方式；那些使用子口税单无利可图，甚至持单运输会受沿途关卡刁难的其他商品类型，也坚决

① 本书主要使用的统计数据来源于中国第二历史档案馆、中国海关总署办公厅编《中国旧海关史料》，京华出版社2001年版。1895年之后，其中的海关年度报告以及十年报告统计口径皆是如此，但不排除各地原始海关档案中仍保有子口税源汇属性的详细记录。

不选择它；同时，我们假设各地关卡的执法口径差别不大（笔者深知这是一个很冒险的假设），那么，一定是某种类型的商品集合才偏好子口税单运输。如此这般，子口税单贸易虽然“权重各口不一”，商品类型多样，但其内涵是统一的。这就好比虽然鸦片税权重各口不一，但仍旧有对比研究的价值。子口税贸易毕竟是对应港口贸易整体的一个抽样调查，在各口权重不一似乎也是常态，可以理解。

如果换一种思路考虑，“子口税贸易在贸易整体中的权重各口不一”这一种现象，反倒可以成为一个令人感兴趣的研究问题。各口权重值之不同，应该和当地关卡的执法尺度、官员个人好恶、商业传统、当地政府财政状况以及腹地的商品类型极其相关。

为什么子口税单这样有利可图的“超国民待遇”在江海关没有被外商普遍利用反而在镇江极为常见？是制度因素还是腹地特点所决定？从这个意义上讲，港口对腹地“性格特点”的表征作用反倒又有了一个好的研究切入点。当然，这是后续的研究要探讨的问题，不在本书的主旨之内。在长江流域五个港口进行横向对比研究时，子口税各口权重不一这一问题尤为凸显。目前笔者的研究尚处在客观展示和表达这种不统一、初步分析这种不统一的阶段，解释其背后的深层次原因是笔者以后努力的方向。

虽然有上述之局限，但是子口税的研究仍旧有其不可替代性。换言之，在推行子口税的长江流域诸多港口，持子口税单的贸易和大宗商品长途流通的贸易整体的关系如何？根据综合分析，笔者将二者关系表示为下图所示的韦恩图（Venn Diagram），见图 3.2。可见，在严格意义上讲，在长江流域的特定年份，子口税单（Transit Pass）保护下的子口税贸易（Transit Trade），基本囊括了洋货深入内地的贸易部分，同时包含一部分以出口为目的的土货流通，也包含了一部分不以出口为目的之土货的国内流通。综合而言，其监管了长江流域长途贩运流通的相当部分，具备了一定的管中窥豹式抽样调查的性质（尽管各类贸易的权重不尽相同且具有年际变化）。

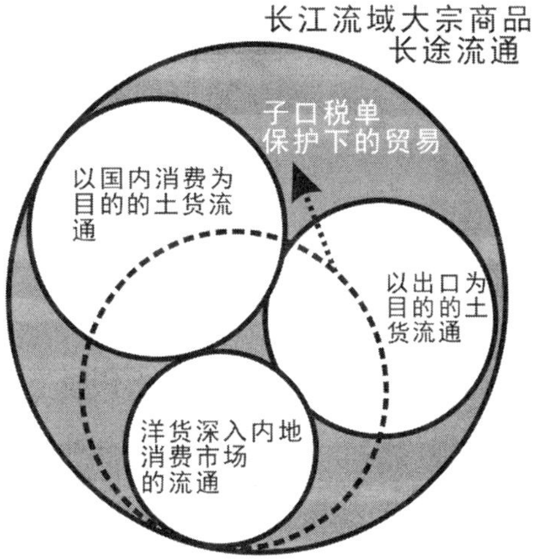

图 3.2　长江流域特定年份的子口税贸易与国内其他流通贸易的关系①

滨下武志先生无疑是最早进行子口税贸易研究的学者之一，并早在 1989 年就绘制出了“1890 年代，以镇江、九江、汉口和广州为中心的由转口证所带来的内地贸易分布”图。② 滨下先生认为子口税贸易研究的意义在于：一方面可以了解外国商品在中国的渗透过程，另一方面也能够探讨通商口岸市场圈的方向和范围。可见，其主要是从财政的角度考察镇江等地在“开放口岸市场圈”中的枢纽作用，子口税贸易研究更多的是作为支撑论据出现。而本章则以子口税贸易本身为研究对象，偏重于贸易节点和贸易流的空间分布、这种分布的长期趋势以及这种分布的背后成因。

滨下先生限于所处的年代，并未意识到子口税贸易数据的空间属性及 OD 数据属性。滨下先生虽然也绘制了 2 幅镇江、九江的贸易范围图，但是仅含若干种商品而非子口税贸易整体，势必在空间上有所局限。同时，

① 本图系作者根据多源数据汇总提炼绘制而成。

② ［日］滨下武志著，高淑娟、孙彬译《中国近代经济史研究：清末海关财政与通商口岸市场圈》，江苏人民出版社 2006 年版，第 388 页。

其上述贸易范围图并非基于定量数据，不能体现不同地点的差异性和权重。最为关键的是，滨下在关于镇江的相关研究中，仅考察子口税贸易中的持照洋货进口和持照土货出口，而忽视了在汉口等地大量存在的假借子口单的不以出口为目的的国内流通部分，这是由镇江特殊的贸易结构所决定的，可以理解。但这一部分的数量和价值是相当可观的，且在长江流域诸港开埠后期更加普遍。这丰富了子口税贸易的内涵，扩展了其应用范围。

分析子口税贸易空间分布亦是界定港口城市腹地的探索内容之一。当下学界在讨论近代开埠城市的腹地范围时，囿于统计资料的匮乏，很难系统收集国内物流数据以建立港口城市与腹地城镇间的联系强度矩阵。

笔者近来在研究中发现，中国旧海关统计序列中的子口税数据含有独特的源流属性（地理学中称之为 OD 数据，即 Origin Destination 数据），非常适合于界定腹地范围以及其他需要空间定量分析的经济史研究。① 子口税在近代经济史料中的贸易数据，如果不含源流属性，其学术价值将局限于描述贸易节点的静态属性或者仅能作为长时间序列曲线中的一个时间点。若发掘其源流属性，恢复其空间特征，则其经济学和经济地理学的研究潜力将得以极大扩展。

近代海关所征诸多税种中，沿岸税（Coast Trade Duty）和子口税是跟国内流通过程相关之税种。上述二者分属不同的贸易层次，沿岸税主要覆盖沿海开埠口岸之间，而子口税所监管的贸易层次更加靠近终端市场和原料产地。② 本章选择的研究对象是近代海关统计中的子口税贸易。

---

① 具体可参见：王哲《晚清民国埠际贸易的网络体系（1885—1940）——基于海关数据的分析》，《史学月刊》2010 年第 9 期；王哲、吴松弟《中国近代港口贸易网络的空间结构——基于旧海关对外—埠际贸易数据的分析（1877—1947）》，《地理学报》2010 年第 10 期。

② 翟后柱《试述海关防杜子口税流弊的改进措施》，《中国社会经济史研究》1992 年第 1 期；戴一峰《论晚清的子口税与厘金》，《中国社会经济史研究》1993 年第 4 期。

二、数据选取以及处理

占据海关贸易统计绝大部分篇幅的是一般性进出口贸易指标，如洋货总进口、洋货净进口、进口正税、出口正税等约20项统计指标。

子口税在整个统计体系中不占据重要地位，一般处在统计表格的最后。如在《中国旧海关史料》1885年汉口关统计的子口税贸易系列表格中，有表名曰“子口税单记载的土洋杂货去往内地之目的地的统计表”（Table Showing the Destination of the Various Goods Forwarded under Transit Passes to Interior during the Year of 1885），其记录有土货以及洋货在子口税单的庇护下进入内地市场的详细情形。同年，九江、温州、宁波、广州和上海等多个港口均有此项内容，但具体详略不一。汉口和上海的目的地记载较为详细，以府、州、县作为目的地单位，温州港甚至有时将镇作为统计的单位，相反，有的如广州则较为简略，仅记录货物目的地的省份而已。

以九江为例，1895年的子口税往来地有：江西省广信、饶州、南康、抚州、建昌、瑞州、袁州、赣州、南安、吉安、南昌、临江和宁都州；安徽省的安庆和徽州；湖北的武昌和黄州；湖南长沙和福建汀州。类似，江海关记录有：江苏省的苏州、海州、江宁、淮安、泰州、松江、太仓、常州、扬州、徐州、镇江、通州；浙江省的绍兴、杭州、湖州、衢州、嘉兴、金华、处州、海宁、台州和严州；安徽省的安庆、徽州、泗州、宁国、池州、六安、太平、滁州、庐州、颍州、凤阳和广德；而江西、河南、湖南、福建和山东则因为数量较少，是以省为单位进行的统计，不如苏、浙、皖三省具体。

宁波是区域性的城市，其海关记录则较为简略，只有杭州、嘉兴、绍兴、台州、金华、衢州、严州、处州、徽州和广信这几个临近府州。甚至台湾淡水港也有跟淡水县之内的大嵙崁（Tokoham）、三角涌，新竹县的竹堑和彰化县鹿港的贸易记录。

《中国旧海关史料》载有汉口子口税贸易数据的年数为23年（1873—

1895 年），本书在其中选择了 1875—1895 年进行研究。下面以 1885 年的汉口为例说明数据处理方法。（表 3.1）

表 3.1　1885 年汉口子口税贸易明细

（有删减，单位：海关两）

	本色洋布	漂白洋布	洋标	斜纹布	洋红布	……	求和
武昌	180	0	0	0	0	……	63223
襄阳	160037	14794	26464	39711	653	……	419308
长沙	128068	93611	1520	610	95	……	1065631
岳州	2215	150	0	30	0	……	90747
靖州	9640	1200	350	135	200	……	64625
澧州	19715	1050	4875	45	60	……	55001
常德	16770	2950	1950	540	150	……	301334
辰州	6835	650	1015	255	0	……	34521
永州	33604	29275	1300	2085	0	……	99345
宝庆	4190	900	175	215	0	……	32583
郴州	3760	1680	100	40	0	……	9203
衡州	49085	36456	3360	1440	0	……	275466
河南	19080	14030	420	3905	0	……	50267
南阳	36685	1310	11229	6584	0	……	161764
开封	1370	0	100	330	0	……	3978
重庆	292159	32802	33800	7370	2775	……	2740757
夔州	3195	300	0	0	0	……	15585
铜仁	21330	3960	1900	635	300	……	51749
贵阳	6856	144	0	0	0	……	26774
新安	27526	232	1235	5374	725	……	63975

（续表）

	本色洋布	漂白洋布	洋标	斜纹布	洋红布	……	求和
汉中	10980	50	150	2055	0		
……	……	……	……	……	……	……	……

资料来源：根据《中国旧海关史料》第11册所载汉口关子口税的若干表格汇总而成。

首先将商品总额求和，然后归属到某一个“来源地”或者“目的地”名下（上表），然后对于所研究的21个年份，均采取上述措施，汇总形成下表，并最终形成21个年份的源汇贸易OD矩阵（略）。① 其中，上表是经过原始表格删节而成的，1885年的商品种类不仅限于表头所示几种，而源汇地名亦经过删节。下表亦是如此，每个省份选取有代表性的3个地点，并在21个年份中选取5个代表性年份。本书在处理数据时未考虑通货膨胀因素，原因首先是时间跨度较小，再者年际的对比研究仅局限于最终成图之比较而非绝对值对比。

表3.2　1875—1895年汉口子口税值统计

（5个代表性年份，单位：海关两）

	贸易发生地	1875	1880	1885	1890	1895
湖北	襄阳	109814	164476	1071319	894951	881563
	郧阳	4092	830	2526	3503	6951
	荆州	1023	6985	30145	9967	81224
湖南	长沙	654706	638249	1088106	855390	824457
	衡州	556332	254026	447980	521467	516108
	常德	298408	70122	195334	103471	49161

① 如果最终的汉口子口税贸易包括 a 个土货源地、b 个洋货销售地，且二者有 c 个地点重复，则最终形成 $(a+b-c+1)\times(a+b-c+1)$ 的OD数据矩阵（其中1为汉口本身）。

（续表）

	贸易发生地	1875	1880	1885	1890	1895
河南	许州			332	291	
	南阳		85345	346370	394109	566310
	开封		6073	16751	17504	21730
四川	重庆	156369	2079105	1935459	1583771	224268
	夔州		26832	25318	3153	61619
	成都		114	1427	4747	171
贵州	铜仁		204625	115933	58133	49665
	遵义			12204	14553	12138
	贵阳		17711	28418	88115	114691
陕西	兴安		34937	189888	208733	215418
	西安	1581	288451	4509	16801	173092
	汉中		161806	92014	54845	85060
广西	桂林		113895	49168	4582	51262
山西	蒲州		3325	148		

资料来源：根据《中国旧海关史料》第6～23册所载汉口关子口税的若干表格汇总而成。

以1875年汉口为例，进口和出口子口税单存在数量级的差距，但其税收总额相差不大。可见持单出口往往是大宗货物，而洋货进入内地则比较分散，单笔交易数额要小得多。类似汉口这样拥有可观出口税额的港口在长江流域较为罕见，长江流域大部分港口的子口税贸易内部结构是单一的洋货进口过程。比如，1882年的芜湖就没有本地土产持子口税单出口的现象①，1886年开始，汉口海关记录中亦没有了持单出口的子口税贸易。

① 中国第二历史档案馆、中国海关总署办公厅编《中国旧海关史料》第9册，京华出版社2001年版，第613页。

表 3.3 1875 年汉口子口税税单及税值

（单位：海关两）

	英国		美国		俄国		法国		中国		总计	
	税单	税	税单	税	税单	税	税单	税	税单	税	税单	税
进口	4036	22283	5169	22137	8	25	2	39	4	50	9219	44537
出口	12	3754	2	92	179	34139					193	37986

资料来源：《表格 6 子口税之五：1875 年进入内地子口税单的国别统计（Table No. 6 – Transit Trade, e. Table Showing the Number of Passes Issued for, and the Amount of Duties Collected on, Foreign Goods Forwarded to Interior, under Transit Passes, as Divided between the Various Nationalities, during the Year 1875）》，《中国旧海关史料》第 6 册，第 222 页。

汉口在 1875—1895 年，洋货进入内地的子口税单平均约每年 38000 条，每单缴税平均为 2.5 海关两，年均货值约 4500000 海关两，年均子口税 96642 海关两，约合 101500 规元（海关两与规元的比价各地不同，100 海关两折合 105 ~ 110 规元）。其中后 11 年（1885—1895），各项数值均不同程度增加，进入内地子口税单每年约 50000 条，每单缴税约为 2 海关两，年均货值约为 4700000 海关两，约合 5100000 规元，年均子口税 102253 海关两，约合 107000 规元。据吴承明估计，1890 年国内市场商品量为 11.74 亿两（规元），由此折算 1875—1895 年，单就洋货进口而言，汉口一口的子口税贸易约占当时国内贸易流通量的 3.8‰左右。①

表 3.4 1875—1895 年汉口子口税明细

（单位：海关两）

年份	洋货进口税单数	进口税	土货出口税单数	出口税	子口税货值（洋货进口）
1875	9219	44537	193	37986	1954822
1876	11151	58206	136	21789	1957950

① 吴承明《近代国内市场商品量的估计》，《中国经济史研究》1994 年第 4 期。

（续表）

年份	洋货进口税单数	进口税	土货出口税单数	出口税	子口税货值（洋货进口）
1877	11198	64895	169	19553	2718857
1878	14512	76741	177	21219	3211377
1879	24163	114934	217	27817	4751861
1880	25088	101253	143	22727	5032999
1881	32552	125557	140	21521	6649088
1882	37862	101723	16	3771	4676929
1883	41873	116529	26	3664	5552301
1884	41003	100318	31	1925	5214251
1885	44064	110600	5	101	6222953
1886	43744	99150	0	0	4305442
1887	48700	101699	0	0	3577348
1888	48393	99542	0	0	4659384
1889	47663	101773	0	0	4532983
1890	47663	101773	0	0	5732508
1891	65626	125601	0	0	5113297
1892	63530	117300	0	0	4947210
1893	45407	81115	0	0	3680409
1894	45005	80806	0	0	3910655
1895	56813	105420	0	0	5351038
平均值（1875—1895）	38344	96642	60	8670	4464460
平均值（1885—1895）	50601	102253	/	/	4730293

数据来源：根据《中国旧海关史料》第 6 ~ 23 册所载汉口关子口税的若干表格汇总而成。

汉口关 1885—1895 年子口税贸易年均 470 万海关两（510 万规元），若与同时期的官盐销售相比，低于嘉庆年间四川省 803 万两的官盐销售，高于道光二十年（1840）的长芦盐406万两销售额，亦远高于东三省光绪二十四年（1898）357万两的官盐销售额。[①] 若与当时全国茶叶销售量比较，1840年全国内销茶叶价值约合2060万两，出口茶约合1126万两，汉口子口税贸易额约占二者的四分之一强和二分之一强。[②]

若将子口税额与同时期的厘金比较，罗玉东所计算的川省同时期（光绪二十年左右）盐货厘金总额约为200万两（库平两）。[③] 湖北省的厘金总额，光绪二十年左右为150万两上下。[④] 可见，汉口子口税与同期四川省或者湖北省厘金相比数字是略大的。[⑤] 但是四川榷关收入则远低于汉口子口税收入，如四川榷关中夔关对米谷、竹木等杂项征收，占据川省榷关大部分收入，嘉庆年间的岁榷银数正额加盈余亦不过198514两，渝关5121两，四川省全省各榷关之和亦不过254525两。[⑥]

总体而言，经由汉口关的子口税贸易具有相当的规模，若长江流域各口加总则更为可观。同时，由前述可知，子口税仅覆盖持单之贸易部分，其余各类土货贸易皆经由常关或厘卡，并无精确统计，全部加总，则必更为惊人。[⑦] 施坚雅在对19世纪中国的地区城市化研究中，理论前提之一就是此时中国的城市化研究必须分区讨论。但从上述分析可知，汉口子口税贸易多半跨流域进行，如汉口—重庆，汉口—长沙，汉口—新安，且子口税贸易所占全国流通总量之份额亦绝非微不足道，因此近代城市体系研究

---

① 官盐销售额来自许涤新、吴承明编《中国资本主义发展史（第一卷）》，人民出版社1985年版，第336页。

② 茶叶销售额来自许涤新、吴承明编《中国资本主义发展史（第一卷）》，人民出版社1985年版，第335页。

③ 罗玉东《中国厘金史》，商务印书馆2010年版，第693页。

④ 罗玉东《中国厘金史》，商务印书馆2010年版，第575页。

⑤ 厘金数额尚有争论，但不影响本文结论。如周育民《晚清厘金历年全国总收入的再估计》，《清史研究》2011年第3期。

⑥ 鲁子健《清代四川财政史料（下）》，四川省社会科学院出版社1988年版，第55页。

⑦ 殊为可惜的是，厘金统计均只统计收取的厘金数，并未对货物值进行测算，且百货厘金抽取比例大相径庭、极为复杂，反向推导也非常困难。

分区进行的假设应该重新考量。进行近代城市体系、城市地理的全国范围的分析研究的前提是跨流域的宏观研究分析，这是具有理论可行性的。

三、汉口腹地简述

汉口在清代就成为长江中游的商业重镇和华中地区的交通枢纽，所谓九省通衢，是两湖地区以及陕西、河南、四川以及江西部分地区的商业中心。据《天津条约》，汉口在1862年正式开埠通商。由于特别优越的水运条件，汉口很快进入最大的几个通商港埠之列，也成为中国内陆最大的通商口岸。

湖北的地形，三面高山，江汉贯穿其间，湖泊众多，故自古以来水运发达，而陆运较为艰难。湖北省内陆对外交通，主要有两条：一自河南南阳经樊城、襄阳、荆门、荆州至湖南常德。另一条由宜昌至四川巫山，此路全长约五百里，系张之洞于光绪十六年（1890）所扩建。[①] 湖北省内陆路交通工具，始终以独轮小车、轿子、驴马车、牛车与人夫为主，基本都是传统的交通工具。到了民国初年，才有汽车在北部出现。水路则在汉口开埠之前已有洋轮进入，开埠后，所见更多。铁路方面，以大冶矿山铁路为最早。甲午战后，省政府和中央政府陆续筹建京汉、粤汉、川汉三条铁路，惟仅京汉一路于光绪三十一年（1905）完成通车，余因受其他因素影响，一再延误。迄民国七年，粤汉铁路才从武汉通到长沙，川汉铁路停工未建。[②]

其中，尤以水路运输最为重要和关键。开埠之后，以汉口为中心的长途水路运输主要有以下几条：

汉口—上海线。此线早于同治十三年（1874），由英商太古洋行所开辟，迄光绪三十三年（1907）时，有航运公司7家，航船24艘3万余吨。民国二年（1913），又增至31艘8万2千余吨。始终以英商势力为最大。日本后来居上，较之国内公司更为强势。全线有许多站点，设在湖北境内

① 中国省别全志刊行会《中国省别全志》第九卷《湖北省》，东亚同文会，1918年，第173页。

② 苏云峰《中国现代化的区域研究：湖北省（1860—1916）》，“中研院”近代史研究所专刊（41），1981年，第427页。

有汉口、黄州、黄石、武穴四个港口。从上海上行到汉口需时4天，下行则仅3天，票价相当便宜。

汉口—宜昌线。此航路长370里，上行5日，下行3日，汽船可停泊沙市、新堤、城陵矶等处。水道虽然无暗礁险滩，但干枯季期间沙洲出现，航道狭小，仅能通行吃水很浅的汽船。此线在重庆开埠（1891）以前是招商局所属船只的运营范围，开埠以后，太古、怡和、美最时与大阪等英美日商社相继进入这个领域。20世纪初有6家公司的8条船共8000余吨船只。民国二年（1913）减为4家6条，亦以英船吨位最多，日本次之，中国居于第三。

汉口—湘潭线。本线由汉口经洞庭湖到长沙与湘潭。汉口与岳州间四季均可通航，岳州长沙间则较为困难。三家共有船6艘7000余吨。主要运输货物，上行以棉纱、棉布、砂糖、海产、铅丁为主。下行以豆类、木材、米、煤、鸡蛋、陶瓷器、桐油、茶叶为主。

汉口—常德线。本航路自汉口经宝塔州、新堤、城陵矶、岳州至常德，全程252里。上航货物亦完全一样，惟下航以木材、桐油为主。①

第二节　埠际贸易的定量分析

一、埠际贸易的区位分析

汉口在清代成为长江中游的商业重镇和华中地区的交通枢纽，九省通衢，是两湖地区以及陕西、河南、四川以及江西部分地区的商业集散地。汉口在1862年正式开埠通商，由于特别优越的水运条件，汉口成为中国内陆最大的通商口岸。湖北的地形多丘陵，江汉贯穿其间，河湖众多，故自古以来水运发达而陆运较艰难。开埠之后，以汉口为中心的长途轮船运输主要有上述几条：汉口—上海线、汉口—宜昌线、汉口—湘潭线、汉口—

---

① 苏云峰《中国现代化的区域研究：湖北省（1860—1916）》，“中研院”近代史研究所专刊（41），1981年，第443页。

常德线。子口税贸易正是借助以上的轮船航线以及支流上的木船扩展到终端市场，但由于子口税的报关制度，汉口子口税贸易空间分布非常特殊。

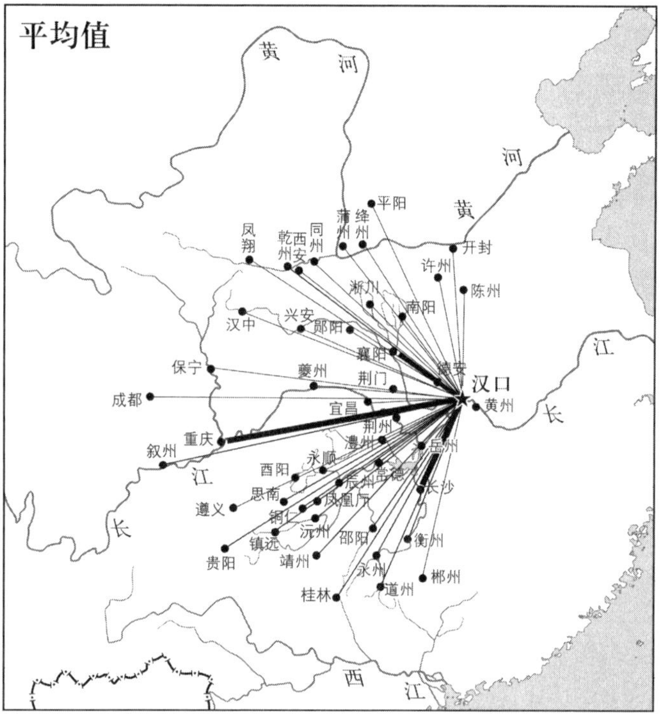

图 3.3　12 年的汉口子口税单下的贸易示意图（12 年平均值，线条粗细代表贸易货值大小）

图 3.3 是汉口子口税的 12 年平均值示意图，可以作为 12 年的概括性描述。从本图可以看出，汉口的转口贸易全部是跟汉口以西、西北、西南的城镇进行的，没有出现一条与其所在的长江流域以下的城镇的子口税联系。这是很不寻常的，因为，至少在上海与汉口间，肯定存在大量的子口税单控制下的商品流通。为何会出现这样的情况？究其原因，是因为当时海关实行的特殊报关缴税政策。前文已经提到，外商使用三联单来内地采购，需要到装船出口的开埠港完税，所以，从汉口采办的货物，若在上海装船出口，是在江海关缴纳税款的，而不在汉口关缴税，自然也不会有记录。那这一部分货物，以及其源地，到底属于上海的腹地还是汉口的腹地？严格来讲是前者，

虽然货物源地距离汉口在地理位置上更近，甚至在货物运输过程中，汉口必然也是重要的一站，但是货物仅仅是通过汉口的水道而已，不与当地发生经济联系，不给当地的港口和政府缴纳税收、创造财富。

就其复杂性而言，这种情况在直接腹地和间接腹地的界定中，具有十分典型的意义。前述这一部分贸易和货物流通，可以看作是上海的直接腹地，同时，也是上海与汉口的交叉腹地。

那么，本图贸易联系线条所显示的到底是哪一部分贸易？毫无疑问，皆是在汉口关装船出口完税或者从国外直达汉口到岸的洋货之和。

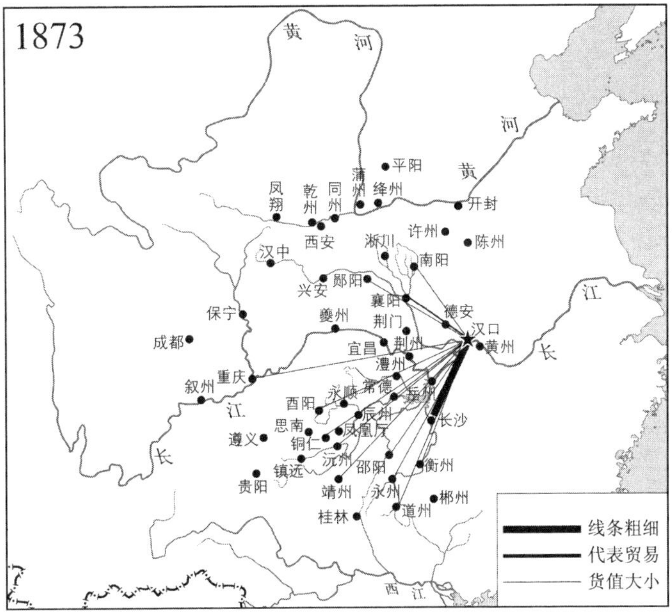

图 3.4　1873 年汉口子口税单下的贸易示意图

1873 年的贸易流通相当之少，因为子口税单制度刚刚实行，也仅仅有洋商具有此种交易的资格。市场上占绝大多数的熟悉当地市场情况的本土商人受到了不平等的待遇，无法开展这样的贸易。光绪二十二年（1896），子口税单制度才向中国商人开放，因此，大量的贸易税收都被常关和厘卡所收走，纳入地方政府的收入。因而本年度的示意图并不具有代表意义。

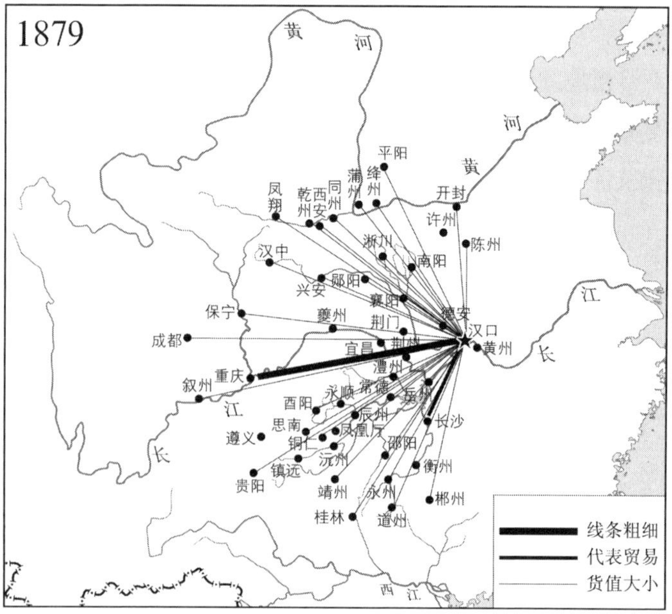

图3.5　1879年汉口子口税单下的贸易示意图

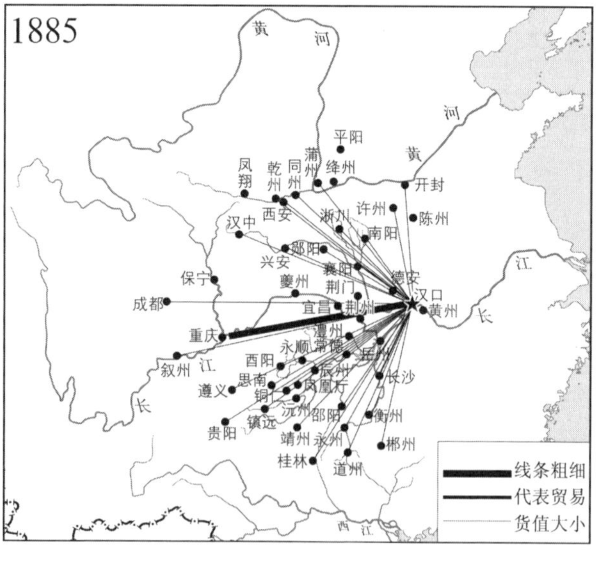

图3.6　1885年汉口子口税单下的贸易示意图

尽管子口税单依旧是由洋商把持，6 年之后的 1879 年的转口贸易较之 1873 年也获得了很大的提升，辐射范围向北大大扩展，尤其是向汉江流域的扩展非常明显。

1885 年的转口贸易较之 1879 年变化并不剧烈。可见子口税贸易的时空稳定性。

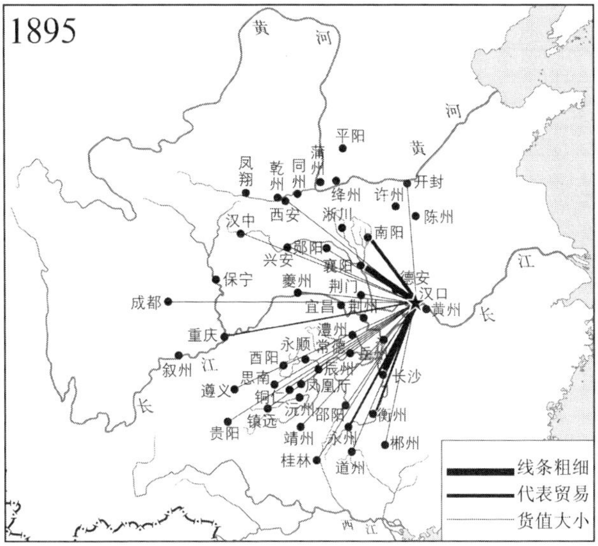

图 3.7　1895 年汉口子口税单下的贸易示意图

1895 年的转口贸易较之 1885 年存在一定的变化，汉口与南阳、襄樊、衢州和永州的贸易份额得到大幅度的增加，跟衡州、永州的贸易权重也大大增加。

总结来看，同汉口发生子口税贸易联系最为密切的是汉江流域的襄樊、湘江流域的长沙以及长江上游的重庆。由图可知，重庆是长江上游跟汉口子口税联系最频繁城市，汉口—重庆子口税覆盖的贸易部分以进口洋货为主。1896 年之后，重庆子口税制度才真正得到本地政府的支持。① 也就是说，在

① 周勇、刘景修译编《近代重庆经济与社会发展（1876—1949）》，四川大学出版社 1987 年版，第 122 页。

本书的研究时段，重庆至汉口间子口税贸易很有可能并未受到当地政府欢迎，但是基于重庆的重要经济地位，其跟汉口的子口税份额仍然可观。

重庆、宜昌和汉口，此长江中上游三口间贸易关系在重庆开埠前后发生了巨大的变化。宜昌于汉口之后 15 年、重庆之前 15 年开埠。较之重庆开埠后形成的“特产型”或曰“土产型”港口不同，宜昌是扮演了一个小型汉口港的转口角色：货物由大船转去小船上溯川江。重庆开埠（1891 年）之前，仅是汉口洋货的一个下级经销商。“1875 年，进口四川的洋货价值为 15.6 万两。这些洋货几乎全都是持子口单从汉口运到重庆的。”① 从 1891 年起，重庆开埠，其具备了挂旗船直接靠岸贸易的便利，同时，销往重庆商品在无形当中减少了三分之一的税（即无需再缴纳从汉口到重庆的子口税），由此，子口税的税收额度减少了九成。但是重庆并非仅仅依靠轮船进行运输，大量的民船仍旧在进行传统方式的经营。因此，对于重庆海关税收统计而言，其洋货进口的数字可以基本代表洋货在本地的销售情况，而出口数字也仅仅只能作为一些参考。1891 年重庆开埠当年，子口税贸易乏善可陈，仅同川省的保宁、顺庆、绥定、潼川四地有 16500 海关两的贸易，1892—1895 年则没有记录子口税贸易。②

这三者的贸易关系，反映了长江流域港口一个普遍的消长规律：拥有广阔腹地的某港口开埠，子口税贸易往来仅发生在其上游扇形区域，而不涉及下游与旧有港口间河段。

二、汉口腹地的界定

腹地的界定是利用子口税最大值进行的测定，这个最大值是将 12 年中贸易货值最大的那一年作为代表，以求得汉口转口贸易的最大辐射范围。

为了定量得到其腹地范围，下面分为核心和边缘进行考察。如何界定

① 周勇、刘景修译编《近代重庆经济与社会发展（1876—1949）》，四川大学出版社 1987 年版，第 81 页。

② 中国第二历史档案馆、中国海关总署办公厅编《中国旧海关史料》，京华出版社 2001 年版，第 17 ~ 23 页。

核心与边缘？这需要寻找一个界定指标和分类依据。

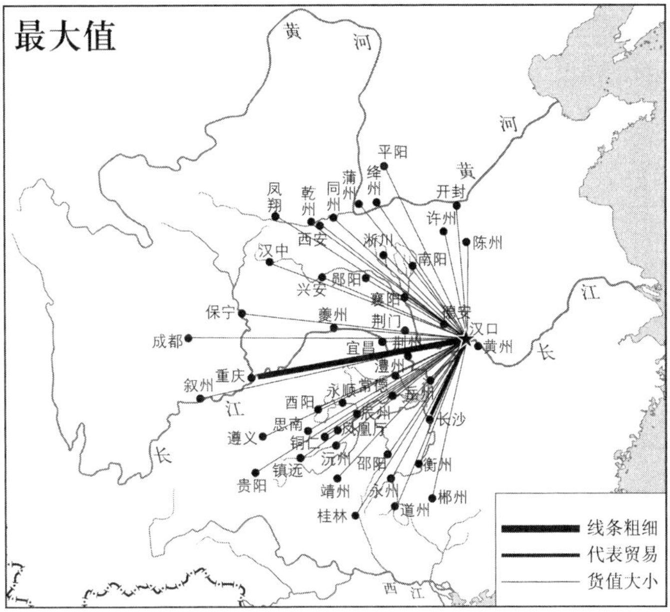

图 3.8　12 年的汉口子口税单下的贸易示意图（12 年最大值）

为了更好地得到腹地范围，我们建立关于汉口 12 年平均值（P_{AV}）和 12 年最大值（P_{Max}）的数据库。腹地的划分历来是充满争议的话题，任何一个小小的港口腹地都会有很多大相径庭的划分方法，因此本书尝试采取多种方式和标准来进行汉口的腹地划分。

方案一：以 12 年最大值 P_{Max} 为指标，按照 P_{Max} 序列斜率进行分类。

表 3.5　以 12 年最大值 Max 为指标，按照 Max 序列斜率进行分类数据基础

（单位：元）

ID	城市	12 年中的最大值 P_{Max}	与序列中最大值的比（重庆）	关系强度排名
27	重庆	6416956	1	1

（续表）

ID	城市	12 年中的 最大值 P_{Max}	与序列中 最大值的比（重庆）	关系 强度排名
8	长沙	4401033	0. 685844347	2
1	襄阳	2010318	0. 313282186	3
40	汉中	1165876	0. 181686769	4
9	衡州	992597	0. 154683467	5
23	南阳	902178	0. 140592829	6
29	夔州	871143	0. 135756424	7
14	常德	773029	0. 12046662	8
39	西安	708844	0. 110464214	9
10	永州	677829	0. 105630925	10
15	澧州	555876	0. 08662612	11
19	岳州	465143	0. 07248655	12
38	兴安	352229	0. 054890356	13
33	铜仁	252603	0. 039364926	14
3	荆州	245088. 74	0. 038193926	15
16	宝庆	189540	0. 029537369	16
11	靖州	163587	0. 025492928	17
44	桂林	157141	0. 024488402	18
35	贵阳	114691	0. 017873116	19
12	辰州	106142	0. 016540865	20
28	酉阳	69930	0. 01089769	21
5	安陆	67884	0. 010578848	22
36	思南	47738	0. 007439353	23
18	郴州	37705	0. 005875839	24

（续表）

ID	城市	12 年中的最大值 P_{Max}	与序列中最大值的比（重庆）	关系强度排名
24	开封	28225	0. 004398503	25
17	道州	26715. 08333	0. 004163202	26
46	蒲州	25172	0. 003922732	27
6	宜昌	24883	0. 003877695	28
37	镇远	24788	0. 003862891	29
13	永顺	23198	0. 00361511	30
42	凤翔	21387	0. 003332889	31
34	遵义	12138	0. 001891551	32
41	同州	12136	0. 001891239	33
2	郧阳	8129	0. 0012668	34
32	成都	6661	0. 001038031	35
20	沅州	4485	0. 00069893	36
4	荆门州	4450	0. 000693475	37
45	平阳	2327	0. 000362633	38
7	黄州	1932	0. 000301077	39
26	淅川厅	1167. 21	0. 000181895	40
47	绛州	902	0. 000140565	41
25	陈州	568	0. 000088515	42
43	乾州	557	0. 000086801	43
22	许州	540	0. 000084152	44
30	保宁	240	0. 000037401	45
31	叙州	140	0. 000021817	46
21	凤凰厅	120	0. 0000187	47

在本表中，以 P_{Max} 值为指标，求得其所有 47 个城镇的最大值重庆，并做“最大值标准化”，求得其“标准化指数”。

标准化指数 = 某港口值/最大值

（标准化指数介于 0 ~ 1 之间）

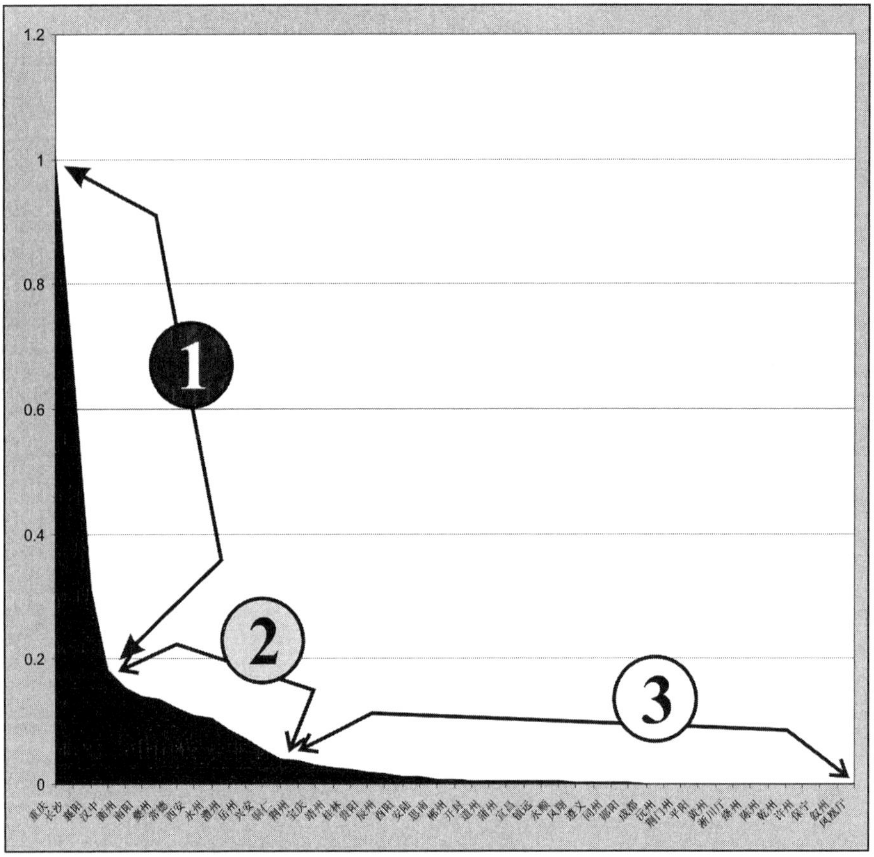

图 3.9　根据最大值 Max 序列的斜率的腹地分类

按照“标准化指数”从大到小进行排列，观察这条曲线的斜率，划分出 1—2—3 三个不同的聚类。其中，第 1 类为核心腹地，第 2 类为过渡腹地，第 3 类为边缘腹地。

一般的腹地理论，很少划分两个以上层次的腹地，本书建立 3 个等级的腹地分类体系也是根据具体情况具体分析。

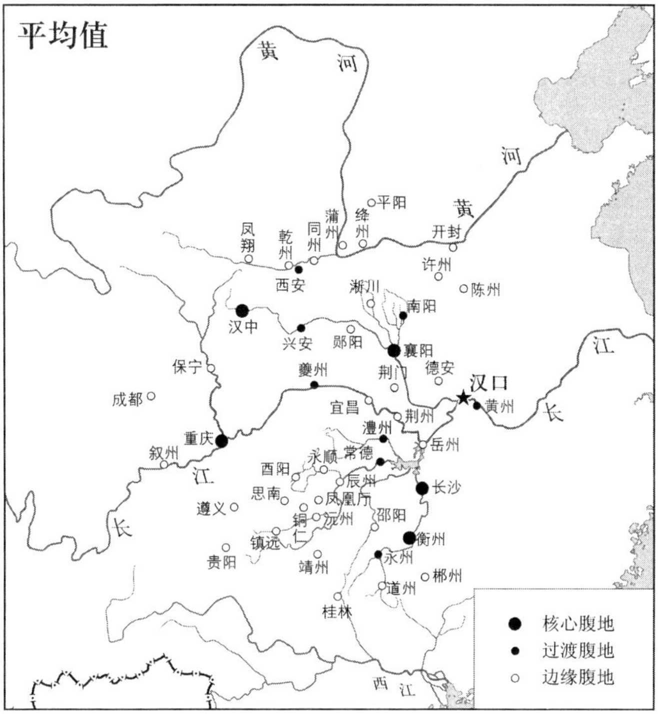

图 3.10　汉口三级腹地示意图（方案一）

根据上文的分类结果，在腹地示意图上将不同的城镇标注以不同的符号，以求得直观的反映。实心大圆圈代表核心腹地城市，如汉中、长沙等；实心小圆圈代表过渡腹地城市，如西安、永州等；空心小圆圈代表边缘腹地城市，如宜昌、同州等。

方案二：以 P_{AV} 值、P_{Max} 值的二维聚类分布图划分腹地等级。

方案一只考虑了一个 P_{Max} 值，未免说服力不足。为了更具有科学性，再加入另一个变量——12 年的平均值 P_{AV}。

表 3.6　腹地划分方案二的数据基础

（单位：元）

ID	城市名	12 年中的最大值 P_{Max}	P_{Max}与重庆的比（标准化）	P_{Max}关系强度排名	P_{AV}	P_{AV}与重庆的比（标准化）	平均值中最大
1	襄阳	2010318	0. 313282186	3	891118. 6858	0. 5764014	1546003. 68
2	郧阳	8129	0. 0012668	34	3632. 091667	0. 002349342	1546003. 68
3	荆州	245088. 74	0. 038193926	15	55730. 80083	0. 036048298	1546003. 68
4	荆门州	4450	0. 000693475	37	1035. 916667	0. 000670061	1546003. 68
5	安陆	67884	0. 010578848	22	13812. 51417	0. 008934335	1546003. 68
6	宜昌	24883	0. 003877695	28	2770. 191667	0. 00179184	1546003. 68
7	黄州	1932	0. 000301077	39	161	0. 000104139	1546003. 68
8	长沙	4401033	0. 685844347	2	1495479. 555	0. 967319531	1546003. 68
9	衡州	992597	0. 154683467	5	377286. 95	0. 244040137	1546003. 68
10	永州	677829	0. 105630925	10	248342. 8083	0. 160635328	1546003. 68
11	靖州	163587	0. 025492928	17	62710. 465	0. 040562947	1546003. 68
12	辰州	106142	0. 016540865	20	29278. 57333	0. 01893823	1546003. 68
13	永顺	23198	0. 00361511	30	2113. 083333	0. 001366804	1546003. 68
14	常德	773029	0. 12046662	8	207578. 6667	0. 134267899	1546003. 68

（续表）

ID	城市名	12 年中的最大值 P_{Max}	P_{Max} 与重庆的比（标准化）	P_{Max} 关系强度排名	P_{AV}	P_{AV} 与重庆的比（标准化）	平均值中最大
15	澧州	555876	0. 08662612	11	99897. 3875	0. 064616526	1546003. 68
16	宝庆	189540	0. 029537369	16	54725. 65583	0. 035398141	1546003. 68
17	道州	26715. 08333	0. 004163202	26	5137. 256944	0. 003322927	1546003. 68
18	郴州	37705	0. 005875839	24	12405. 09833	0. 008023977	1546003. 68
19	岳州	465143	0. 07248655	12	136343. 4908	0. 088190923	1546003. 68
20	沅州	4485	0. 00069893	36	425. 5833333	0. 00027528	1546003. 68
21	凤凰厅	120	0. 0000187	47	10	0. 000006468	1546003. 68
22	许州	540	0. 00008415	44	95. 91666667	0. 000062042	1546003. 68
23	南阳	902178	0. 140592829	6	283232. 9042	0. 183203254	1546003. 68
24	开封	28225	0. 004398503	25	11262. 09167	0. 007284647	1546003. 68
25	陈州	568	0. 00008852	42	86. 5	0. 000055951	1546003. 68
26	淅川厅	1167. 21	0. 000181895	40	252. 42	0. 000163273	1546003. 68
27	重庆	6416956	1	1	1546003. 68	1	1546003. 68
28	酉阳	69930	0. 01089769	21	9979. 271667	0. 006454882	1546003. 68
29	夔州	871143	0. 135756424	7	89876. 15583	0. 058134503	1546003. 68
30	保宁	240	0. 0000374	45	36. 66666667	0. 000023717	1546003. 68

（续表）

ID	城市名	12 年中的最大值 P_{Max}	P_{Max}与重庆的比（标准化）	P_{Max}关系强度排名	P_{AV}	P_{AV}与重庆的比（标准化）	平均值中最大
31	叙州	140	0.000021817	46	11.66666667	0.000007546	1546003.68
32	成都	6661	0.001038031	35	1926.425833	0.001246068	1546003.68
33	铜仁	252603	0.039364926	14	75478.72083	0.048821825	1546003.68
34	遵义	12138	0.001891551	32	3594.833333	0.002325242	1546003.68
35	贵阳	114691	0.017873116	19	35186.71417	0.022759787	1546003.68
36	思南	47738	0.007439353	23	10120.16667	0.006546017	1546003.68
37	镇远	24788	0.003862891	29	5653.489167	0.003656841	1546003.68
38	兴安	352229	0.054890356	13	119146.8667	0.077067648	1546003.68
39	西安	708844	0.110464214	9	114055.7125	0.073774541	1546003.68
40	汉中	1165876	0.181686769	4	147520.5292	0.095420555	1546003.68
41	同州	12136	0.001891239	33	1962.833333	0.001269618	1546003.68
42	凤翔	21387	0.003332889	31	2309.583333	0.001493905	1546003.68
43	乾州	557	0.000086801	43	188.465	0.000121905	1546003.68
44	桂林	157141	0.024488402	18	43171.38833	0.027924506	1546003.68
45	平阳	2327	0.000362633	38	372.5833333	0.000240998	1546003.68
46	蒲州	25172	0.003922732	27	3000	0.001940487	1546003.68
47	绛州	902	0.000140565	41	75.16666667	0.00004862	1546003.68

本表的主要指标为 $P_{AV}-P_{Max}$，二者均经过了“最大值标准化”并得到其标准化指数。其中，“城市名”一栏核心腹地、过渡腹地、边缘腹地按照下图分类。

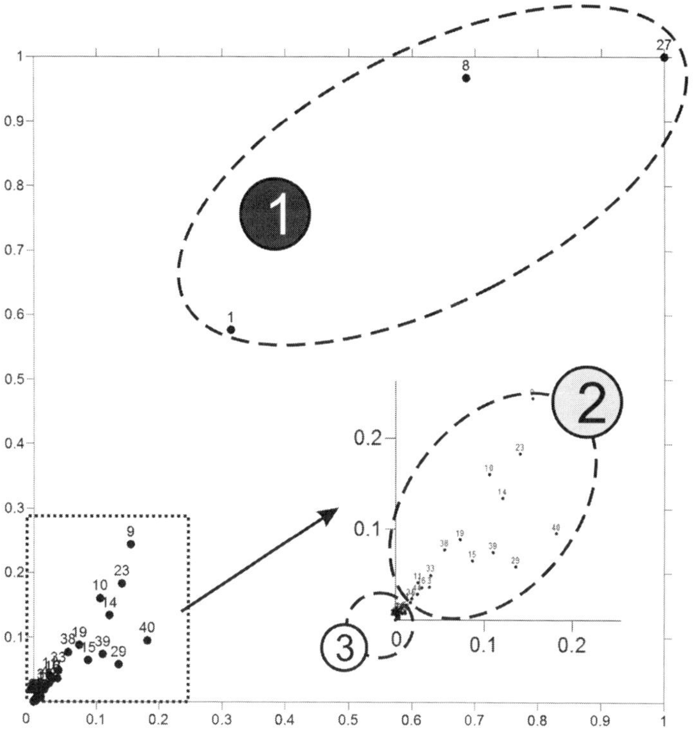

图 3.11　P_{AV}-P_{Max} 标准化后的二维聚类（数据点上的数字为港口的 ID）

在二者的二维聚类图中，可以清晰看到，47 个城镇很明显地聚类为三个不同的部分。同样，划分出 1—2—3 三个不同的聚类。其中，第 1 类为核心腹地，第 2 类为过渡腹地，第 3 类为边缘腹地。

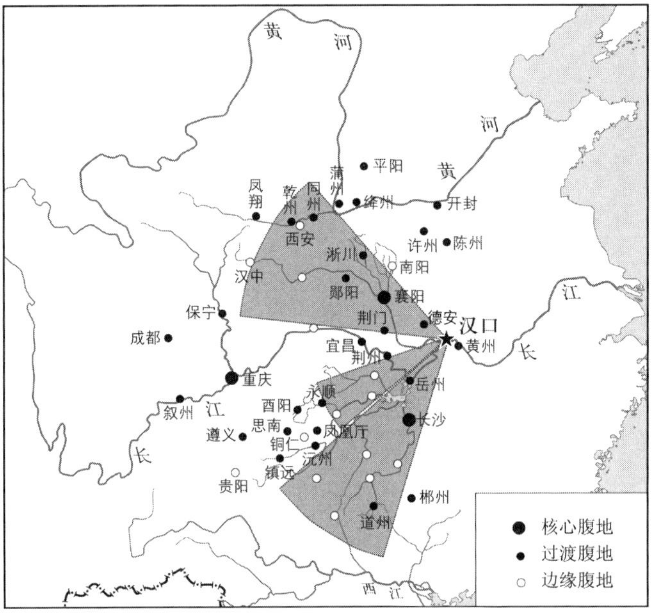

图3.12　汉口腹地范围示意图（方案二）

根据上文的分类结果，在腹地示意图上将不同的城镇标注以不同的符号，以求得直观的反映。实心大圆圈代表其核心腹地城市如襄阳、重庆、长沙，第2类过渡腹地大致范围以扇形虚线图表示，其城市如西安、南阳、汉中等以空心小圆圈表示，第3类边缘腹地如成都、宜昌、平阳等以实心小圆圈表示。

由此可见，第二类过渡腹地具有明显的扇形结构，且每一个水系具有一个扇面。

三、文献解读及对腹地界定的修正

《全国商埠考察记》这样描述20世纪30年代的汉口腹地："汉口的商业范围：东——直接由长江及江西、安徽，间接通江浙；南——直接由洞庭及湖南、贵州，间接通两广；西——直接由长江及四川、云南，间接通藏缅；北——直接由京汉路及河南、山西，间接通燕、齐；西北——直接由汉水及山西、甘肃，间接通蒙回。至于商路，有以下五大干：东干——从长江通下游各埠。南干——有以下三线：一、从岳州洞庭经湘江，通长沙、衡州、桂林。二、从沅江通镇远、贵阳。三、从粤汉铁路通广州。西干——有以下二线：一、从长江经沙市、宜昌、万县，通重庆、成都、打箭炉、察木多、拉萨。二、从重庆经叙州，通云南、大理、腾越。北干——从京汉铁路通周家口、开封、洛阳、郑州、道口、清化、北京、天津，更通潞安、太原、临清。西北干——有以下四线：一、从汉水通樊城、老河口、汉中。二、从唐河通赊旗、唐市。三、从丹江通荆紫关、龙驹寨、西安。四、从西安通兰州、迪化、宁夏、蒙古。”①

本节主要借助汉口主要出口土货的货源地分布进行腹地的考察。

1. 茶叶。

据《全国商埠考察记》记载：“贸易最旺的，要算是茶，汉口的茶市，冠于全国，请看下列一表，便可知道：

汉口茶市：集合：湖南、湖北、安徽、江西四省的茶。

散布：近至陕西、河南，远到英、俄两国；

种类：红茶——湖北、湖南、安徽、江西

绿茶——安徽、江西

粉茶——湖北、湖南、安徽、江西

砖茶——本埠。”②

上述论述过于简单。张珊珊曾做过专门的汉口茶叶腹地的细致研究，现转述成果如下：“我们对于汉口红茶腹地进行划分，可以分为祁红区：安徽祁门、至德和江西浮梁；宁红区：江西修水、武宁、铜鼓；湖北红茶区：湖北蒲圻、崇阳、通山、通城、咸宁以及湖南临湘、平江；湖南红茶区：浏阳、安化、新化、邵阳、宁乡、湘乡、桃源等县；宜红区：宜昌、宜都、五峰、恩施、兴山等县。而其中，祁红、宁红和宜红都是通过通商

① 王钟麟《全国商埠考察记》，世界书局1936年版，第44页。

② 王钟麟《全国商埠考察记》，世界书局1936年版，第42页。

口岸转口到汉口的，可以算作汉口茶市的间接腹地，而两湖红茶区则是直接腹地。两湖红茶产量最大，但是最好品质的红茶则是来自间接腹地的三个产区。而砖茶的腹地，则以湖北羊楼洞和湖南安化为两个中心，主要集中在两湖地区。”①

由此可见，以茶叶为标志的出口土货腹地范围，与本章节以洋货为主的腹地界定是具有相当大的不同的：相当一部分的江西茶叶经过汉口出口，但是这些地方的洋货不通过汉口转口，分属于不同的运销系统。安徽祁门、至德的茶叶也经过汉口分装出口，但是由前面分析我们知道，汉口洋货转运是不包括汉口以下的长江河段的。

2. 桐油。

桐油也是汉口非常重要的出口货物。其时，我国的桐油产量长期位居世界前列，作为一种重要的工业原料，在国际市场上的需求一直旺盛而稳定。而汉口是最为靠近桐油主要产地的开埠重镇，因此自然成为桐油的最主要出口货源集散地。

桐油的分布范围极其广泛，四川省桐油产量最大，产区极广，计有云阳、开江、开县、奉节、万县、石砫、宣汉、梁山、长寿、渠县、万源、涪陵、重庆（巴县）、合江、泸县、江安、兴文、安县、长宁、珙县、庆符、高县、屏山、荣县、大竹、忠县、井研、资中、巫山、丰都、垫江、叙永、筠连、乐山、合川、南充、广安、阆中、遂宁、盐亭、蓬溪、江油、巫溪、江津、綦江、南川、彭水、酉阳、秀山、黔江、广元、雷波、古宋、古兰、西充、马边、射洪、巴中、武胜、仪陇、苍溪等数十县。如果我们进行划分的话，这些县基本集中在长江、嘉陵江、乌江三大流域，尤其是以长江流域为主。湖南省桐油产地，可分为澧水流域、沅江流域、湘江流域三大区，计有澧县、大庸、永顺、常德、芷江、靖县、辰溪、保靖、溆浦、湘潭、长沙、浏阳、醴陵、耒阳、桂阳、郴县、衡阳、洪江、

① 张珊珊《近代汉口港与其腹地经济关系变迁（1862—1936）》，复旦大学2007年博士学位论文，第98页。

沅江、凤凰、麻阳、桃源、乾城、石门、汝城、津市、湘乡、攸县、安化、新宁、城步、慈利、常宁、安仁、道县、新田、宜章、永兴、资兴、蓝山、泸溪、永绥等处。湖北省桐油产地，计有宜昌、沙市、荆州、建始、利川、宣恩、汉口、武穴、安陆、应山、襄阳、郧阳、来凤、均州、老河口等地。分为汉水流域汉口以上的荆沙桐，汉口下游武穴一带集中的边江桐。陕西省桐油产地，计有紫阳、白河、兴安、洵阳、汉中、汉阴、石泉诸县。贵州省桐油产区，计有铜仁、松桃、镇远、省溪、青溪、江口、印江。安徽省产桐区域，计有徽州、歙县、婺源、宣城、广德诸地。河南省桐油产地，计有邓州、淅川等地。此外，山西、江西等地的一些桐油也运到汉口。

由此可见，如果以桐油作为腹地范围的鉴定标志物，这样的腹地更为广阔和复杂。并且，由于四川省是生产桐油的重点省，使得汉口的腹地范围向长江上游大大扩展，而在江西和湖北省内则几乎看不到这种现象。

如果以此来判断汉口的实际腹地范围肯定是孤证难清的，想必也与一般的常规感性认识有所不同。

由此，可以看出来，通过某种重要出口土货货源地的分布进行汉口腹地划分的办法，会因为选择的不同标志物（土货种类）而大相径庭，最好的方式必然是将多种货物进行组合，才能得到理想的结果。

而另一个重要的结论就是：出口土货的货源地要远远地比洋货的销售目的地范围更广泛。毕竟，洋货的数量少，且价格昂贵，尚属于奢侈品的范畴，而且，分销渠道也由洋人把握，其对于内地市场的了解和熟悉程度要远远落后于本地商人，因而也造成了其销售范围的狭窄。看来，“渠道为王”这句现代营销学的指导思想在近代也是十分合适而恰当的。

第三节　1895 年汉口、九江、镇江、上海和宁波的腹地版图

仅仅研究汉口一地是没有代表意义的，在同一年份的不同港口，均能

界定出其腹地范围，那将是有价值的研究工作。

按上述研究汉口的方法，本书对长江流域其余多个港口进行子口税贸易空间分布的对比研究。1895 年的汉口、九江、镇江、上海、宁波、福州、九龙等港埠均有子口税贸易数据。有的港口是土货洋货羼杂记录，有的港口仅记录洋货入内地数据，上海则将土货出口与洋货入内地分开记载，统计口径不一。有鉴于此，酌情选择如下 5 个港口，其子口税贸易均是土货洋货之和。

以 1895 年汉口、九江、镇江、上海和宁波五港子口税贸易数据建立 OD 矩阵，通过地理信息系统（GIS）手段在同一地图呈现，可清晰显示港口独立性很强的腹地，特别是汉口、九江和宁波，此三腹地与上海、镇江几无重叠，而镇江和上海则因为其枢纽性，空间延展比较复杂。

一、数据基础

将汉口、九江、镇江、上海和宁波 5 个港口的子口税贸易数据统计如下，所有的数据均是 1895 年的数据。

表 3.7　汉口、九江、镇江、上海和宁波的腹地数据基础

（单位：元）

		汉口	九江	镇江	上海	宁波
湖北	襄阳	881563	0	0	0	0
	郧阳	6951	0	0	0	0
	荆州	81224	0	0	0	0
	荆门州	482	0	0	0	0
	安陆	67884	0	0	0	0
	宜昌	1217	0	0	0	0
	黄州	0	589	0	0	0

（续表）

		汉口	九江	镇江	上海	宁波
湖南	长沙	824457	0	0	0	0
	衡州	516108	0	0	0	0
	永州	539232	0	0	0	0
	靖州	104432	0	0	0	0
	辰州	65442	0	0	0	0
	永顺	0	0	0	0	0
	常德	49161	0	0	0	0
	澧州	110602	0	0	0	0
	宝庆	98819	0	0	0	0
	道州	9282	0	0	0	0
	郴州	33063	0	0	0	0
	岳州	124024	0	0	0	0
	沅州	0	0	0	0	0
	凤凰厅	0	0	0	0	0
河南	许州	0	0	0	0	0
	南阳	566310	0	0	0	0
	归德	0	0	6197	0	0
	光州	0	0	6791	0	0
	汝宁	0	0	5969	0	0
	开封	21730	0	199749	0	0
	陈州	0	0	215378	0	0
	淅川	0	0	0	0	0
四川	重庆	224268	0	0	0	0
	酉阳	69930	0	0	0	0
	夔州	61619	0	0	0	0
	保宁	0	0	0	0	0
	叙州	0	0	0	0	0
	成都	171	0	0	0	0

（续表）

		汉口	九江	镇江	上海	宁波
贵州	铜仁	49665	0	0	0	0
	遵义	12138	0	0	0	0
	贵阳	114691	0	0	0	0
	思南	47738	0	0	0	0
	镇远	24788	0	0	0	0
陕西	兴安	215418	0	0	0	0
	西安	173092	0	0	0	0
	汉中	85060	0	0	0	0
	同州	0	0	0	0	0
	凤翔	0	0	0	0	0
	乾州	0	0	0	0	0
广西	桂林	51262	0	0	0	0
山西	平阳	0	0	0	0	0
	蒲州	0	0	0	0	0
	绛州	0	0	0	0	0
浙江	绍兴	0	0	0	637404	230256
	杭州	0	0	0	272897	990
	湖州	0	0	0	427214	0
	衢州	0	0	0	76750	309751
	嘉兴	0	0	0	74802	0
	金华	0	0	0	4567	121261
	处州	0	0	0	1005	176992
	海宁	0	0	0	28923	0
	台州	0	0	0	0	3
	严州	0	0	0	1375	49475

（续表）

		汉口	九江	镇江	上海	宁波
安徽	安庆	0	48286	107329	2012	0
	宁国	0	0	120570	1576	0
	池州	0	21	12933	859	0
	太平	0	0	8028	0	0
	徽州	0	22815	0	254549	35020
	庐州	0	0	88258	0	0
	凤阳	0	0	28010	0	0
	颍州	0	0	19543	41	0
	滁州	0	0	41985	0	0
	六安	0	0	116721	16052	0
	泗州	0	0	7320	0	0
	和州	0	0	799	0	0
江西	广信	0	93646	0	0	104008
	饶州	0	59685	35926	0	0
	南康	0	126	0	0	0
	抚州	0	30047	0	0	0
	建昌	0	110286	0	0	0
	瑞州	0	28286	0	0	0
	袁州	0	52392	0	0	0
	赣州	0	95944	0	0	0
	南安	0	441298	0	0	0
	吉安	0	65798	0	0	0
	南昌	0	764863	0	0	0
	临江	0	17044	0	0	0
	宁都	0	1095	0	0	0

（续表）

		汉口	九江	镇江	上海	宁波
江苏	江宁	0	0	686100	11835	0
	扬州	0	0	1179412	73393	0
	通州	0	0	588461	64587	0
	淮安	0	0	511027	54236	0
	海州	0	0	144294	8	0
	徐州	0	0	284457	35692	0
	常州	0	0	3464	1708913	0
	苏州	0	0	0	240677	0
	泰州	0	0	0	1245	0
	松江	0	0	0	26450	0
	太仓	0	0	0	5767	0
	泰兴	0	0	0	468	0
山东	济宁	0	0	43133327	0	0
	沂州	0	0	16997	0	0
	兖州	0	0	3020	0	0
福建	汀州	0	3729	0	0	0

二、腹地范围划分

将5个港埠的子口税贸易数据集成在一张图上，可以清晰地看到每个港口具有自己独立性很强的腹地范围。特别是汉口、九江和宁波，这三地的腹地与上海和镇江的几乎没有重叠的范围。

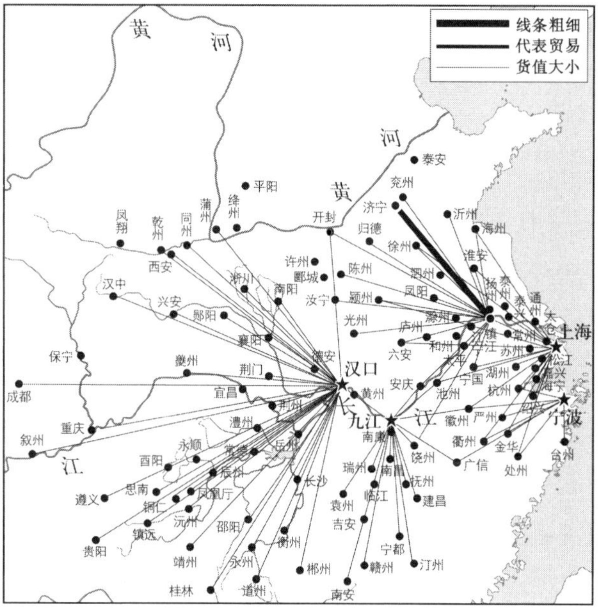

图 3.13　1895 年汉口等五个港口的贸易结构示意图

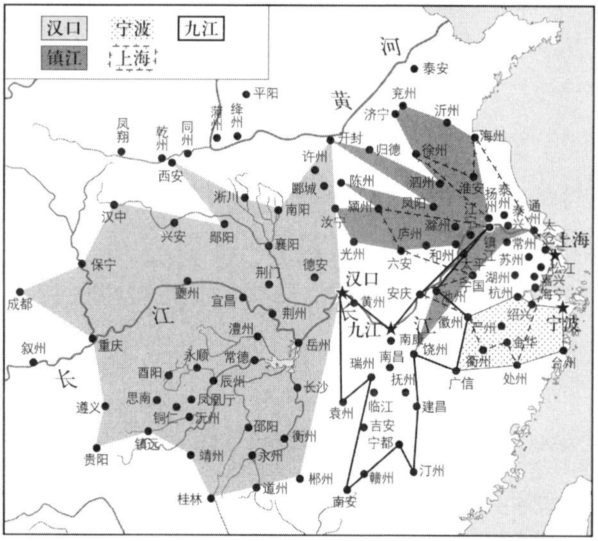

图 3.14　1895 年汉口等五个港口的贸易范围示意图

1895 年的汉口、镇江、九江、宁波和上海的子口税贸易腹地基本覆盖了长江流域的中下游部分，甚至波及黄河流域（图 3.14）。

子口税贸易界定的腹地范围的代表性如何，需要与他人的研究进行对比分析。

九江的子口税贸易辐射范围集中在鄱阳湖流域，长江流域的汉口、南京略有涉及，东达信江上游的广信，南至赣江上游南岭北麓的赣州，东南至武夷山南段的汀州，基本覆盖鄱阳湖流域以及赣江、修水、饶河、信江和抚河上游地区，是一个较为完整的自然地貌单元，其与汉口、宁波的区域市场分界线就是山脉的分水岭，市场结构简单。

近代九江以及鄱阳湖平原的贸易研究，自黄长椿始，汪兴华、周飞和许海泉，黄桂兰和白水等学者一直处于“冲击—反应”的语境下进行九江城市或周边贸易研究。① 20 世纪末，许檀依据常关资料，对清前期九江及腹地商品流通状况进行总结性分析。② 而在更宏观贸易网络空间分布层面，在清后期，特别是到五口通商直至九江开埠，原有的江西省过境贸易如长江—鄱阳湖—赣江—梅岭—广州的“京广大水道”逐渐式微，南北向的贸易转化为沿江的东西向贸易空间分布，以九江为契合点的鄱阳湖流域区域贸易成为沿江贸易的附庸，有学者称之为“边缘化”。③

镇江的子口税腹地顺着大运河尚在营运的河段北溯，自长江北达黄河以南地区，苏北、鲁中南、豫省全境均是其辐射范围，长江以南饶州、宁国也在其辐射范围。使用子口税界定近代镇江贸易腹地范围始自滨下武志的研究，其分析了 1868—1881 年的海关贸易报告，而尤以 1871 年最为深入。在 1871 年，镇江与安徽（包括 72 个“地点”，下同）、河南（16）、

---

① 例如黄长椿《近代九江经济发展述略》，《江西师范大学学报（哲学社会科学版）》1986 年第 3 期；汪兴华《近代武汉、九江发展之比较——试谈近代九江发展缓慢之因》，《江西师范大学学报（哲学社会科学版）》1997 年第 4 期。

② 许檀《清代前期的九江关及其商品流通》，《历史档案》1999 年第 1 期。

③ 陈晓鸣《九江开埠与近代江西社会经济的变迁》，《史林》2004 年第 4 期；陈晓鸣《中心与边缘：九江近代转型的双重变奏（1858—1938）》，经济日报出版社 2008 年版。

山东（44）、江苏（91）、江西（14）有子口税贸易联系，共237个“地点”（以府、县为主），其覆盖范围大致与本书重合但更为详细，这主要是因为滨下武志掌握更多尚未出版的海关子口税数据。① 本书研究时段内，南京、青岛、济南、潍县和周村尚未开埠，镇江的腹地未受袭夺尚保持完整。李宁认为，镇江与腹地间贸易联系内部结构过于单一，与周边港埠相比也未有核心竞争力②，核心腹地不甚明显，再加之后来腹地各城市的开埠以及铁路的发展，镇江腹地快速缩小，枢纽地位不再。③

宁波子口税贸易范围在所研究的5个港口城市中面积最小，其西部边界即安徽徽州府—江西广信府一线与九江的子口税腹地完美对接，这既是自然地理上的分水岭，亦是经济意义上的分界线。其南部边界在丽水一带与闽北福州所辐射范围亦较少干涉。

斯波义信关于宁波的腹地研究，是基于其对甬江—余姚江交汇平原上集镇数量的精细考察，其所认定的“腹地”要远远小于本书子口税所覆盖的范围。尽管其已经警觉地发现行政区划与经济互动范围之不同，但囿于没有标志性的定量经济指标进行贸易范围的界定，其研究范围只能缩窄到平原地区。④ 比较而言，本人考察的宁波子口税范围与王列辉对宁波早期腹地（上海未开埠之前）的界定比较吻合。⑤ 王列辉对宁波腹地的界定，基于宁波主要贸易商品的源—汇地以及地方志的侧面印证，是细致而精确的。可见，子口税贸易虽然是海关贸易的一小部分，但仍旧可以良好地界定港口的腹地范围。杭州于1896年开埠，在本书研究时段下限之外。杭州

---

① ［日］滨下武志著，高淑娟、孙彬译《中国近代经济史研究：清末海关财政与通商口岸市场圈》，江苏人民出版社2006年版，第385～398页。

② 李宁《近代镇江贸易地位变迁原因再分析》，《中国经济史研究》2008年第1期。

③ 郑忠《民国镇江城乡经济衰退的腹地因素分析》，《中国农史》2008年第3期。

④ ［日］斯波义信《宁波及其腹地》，见施坚雅主编，叶光庭等译《中华帝国晚期的城市》，中华书局2000年版。

⑤ 王列辉《近代宁波港腹地的变迁》，《中国经济史研究》2008年第1期。

开埠之后，宁波腹地受到侵蚀。

上海的子口税贸易在长江南北岸均有涉及，在长江南岸与宁波的子口税腹地有所交叉，在长江北岸略为镇江腹地半径的二分之一。太湖碟形洼地和杭嘉湖平原为其最为核心的子口税腹地范围。但若从广义上讨论近代上海贸易的腹地范围，必将较之子口税辐射范围要宽阔得多。这方面的著作极为丰富，在此不再赘述，但可以肯定的是，以子口税贸易界定上海港腹地范围要较之实际偏小。（表3.8）

表3.8　1895年上海转口贸易：杂货（Various Goods）和土货（Native Goods）

（单位：海关两）

		杂货	土货			杂货	土货
江苏	苏州	36116	204561	安徽	安庆	2012	20907
	海州	8	0		徽州	254549	
	江宁	11835	0		泗州	0	
	淮安	11905	42331		宁国	1576	
	泰州	1245	0		池州	859	
	松江	26450	0		六安	16052	
	太仓	5767	0		太平	0	
	常州	206850	1502063		休宁	0	
	泰兴	468	0		庐州	0	
	扬州	41566	31827		颍州	41	
	徐州	4625	31067		凤阳	0	
	镇江	17135	4230	江西		16224	0
	通州	52289	12298	河南		11886	159655
浙江	绍兴	20194	617210	湖南		0	0
	杭州	199025	73872	福建		17637	0
	湖州	38107	389107	山东		25557	66165
	衢州	76750	0				
	嘉兴	50870	23932				
	金华	4567	0				
	处州	1005	0				
	海宁	607	28316				
	台州	0	0				
	严州	1375	0				

针对某一个港口而言，1895 年的上海是一个特殊情况，此年的海关统计，将其子口税控制下的土货转口和洋货转口分开来统计，恰好提供了一种尝试即在一般情况下常常无法清楚地辨析两种贸易腹地。(图 3. 15)

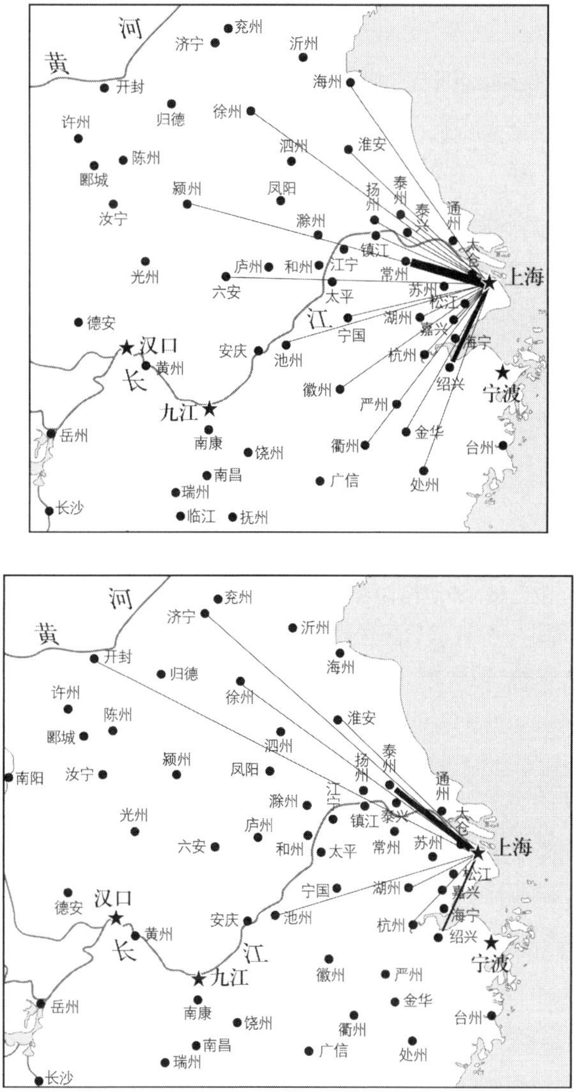

图 3. 15　1895 年上海洋货（上半图）和土货（下半图）子口税贸易范围示意图（线条粗细代表贸易货值大小）

很明显，相比较而言，上海的土货转口贸易的范围和强度远远小于其洋货转口贸易，充分表现了上海港的对外贸易属性。王列辉曾就上海与宁波的陆向腹地做过细致而精确的研究。

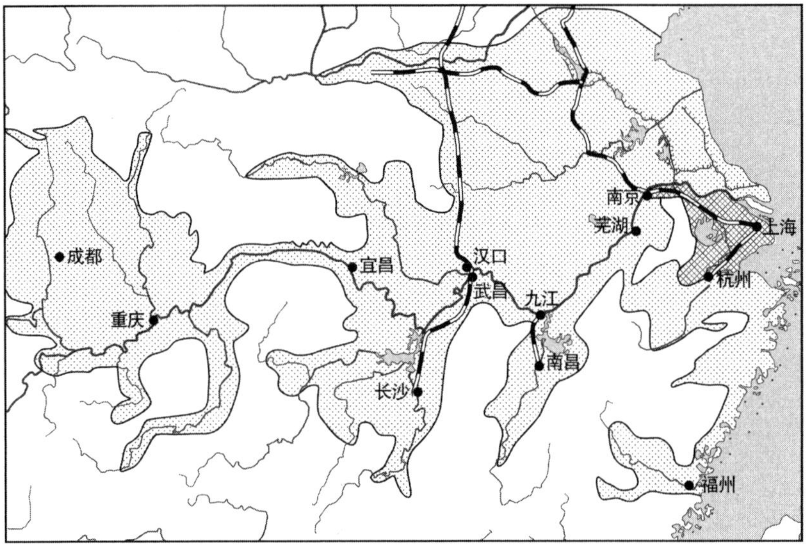

图 3.16　20 世纪 20 年代上海港直接腹地和间接腹地范围

资料来源：王列辉《区位优势与自我增强——上海、宁波两港空间关系演变的多维分析（1843—1941）》，复旦大学 2007 年博士学位论文，第 155 页。

在图 3.16 中，*The Port of Shanghai* 的作者描绘出了上海港在 20 世纪 20 年代的直接腹地和间接腹地。显然，在间接腹地的范围上，较之本书前述的结论是差别很大的。首先，在本书上述章节的结论中认为：四川成都周围平原地区尚未纳入上海港的腹地范围，而这幅图是明显包括这个范围的。再者，上图所示的苏北地区几乎全部纳入上海港的腹地也与前述结论并不相符，当然，这不排除在 20 年的发展过程中有变化的可能性。

笔者无从知晓上图作者 Plate 是采取何种标准筛选一个城镇和地区是否属于上海的腹地，笔者猜测多半源自其感性的知识或者经验性的归纳。

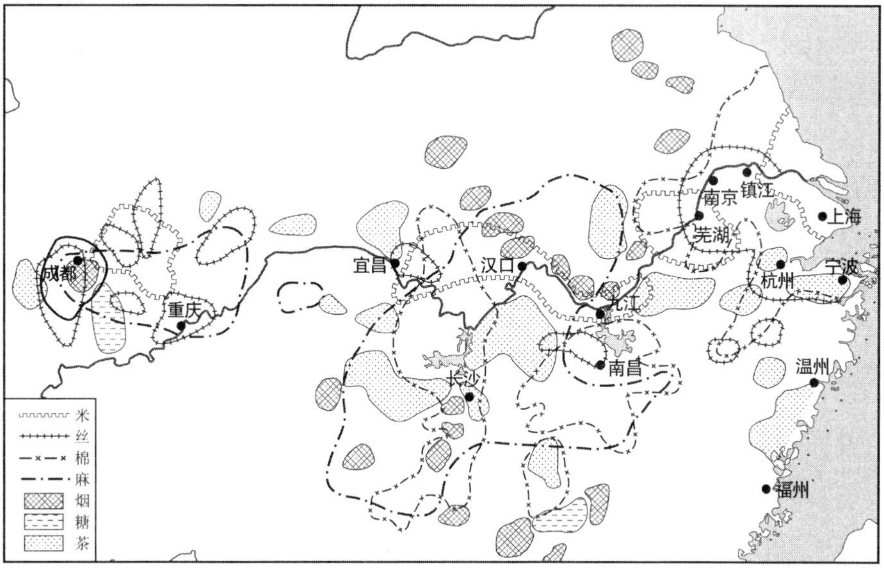

图 3.17　长江流域经济地图

资料来源：王列辉《区位优势与自我增强——上海、宁波两港空间关系演变的多维分析（1843—1941）》，复旦大学 2007 年博士学位论文，第 156 页。

图 3.17 较之图 3.16 更为精确和可信，因为我们可以清楚地看到，其划分“经济地图”（经济作物生产地区）的标准十分明确。但是，类似地图的缺憾也是明显的，那就是其背后的信息是静态而非动态的，我们可以从图中得知棉麻丝的产地，却很难看得出其从哪里集散或者打包出口。

第四节　城市规模分布：以子口税为指标

下文以子口税值作为城市的衡量指标，对汉口、九江、上海和宁波在 1895 年的位序规模进行分析。

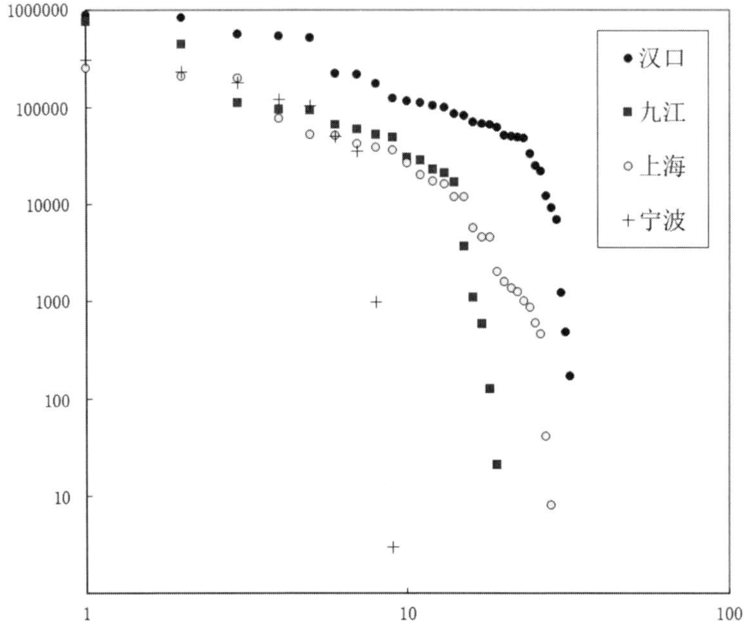

图3.18　1895年九江等四口埠际贸易城市的“位序规模”分布

上述四个城市均有自己腹地的“城市群”（一些城镇的集合，未必能符合城市群的定义）。在图3.18中，很明显地看得出来，“位序规模”的曲线在右端下滑得厉害，说明在规模较小的序列轴末端，其埠际贸易值下跌得非常厉害。

由此可见，以汉口、上海、宁波和九江为顶点的埠际贸易腹地城市群均是“过渡型”的城市分布类型，显示其腹地城市群的规模分布尚在发展过程中，不存在垄断性的首位城市，各个城镇差别不大。

第五节　地理学对武汉(汉口)经济腹地和武汉都市圈的空间结构研究

区域联系可以追溯到地理学早期对于不均衡地分布于地球表面的各种

现象间功能联系的兴趣和社会经济发展的需要。伴随着社会经济的发展，尤其是城市地区的快速发展以及在区域经济中的显赫地位和作用，区域内部和区域之间的各种社会经济现象的地域分布呈现出更加复杂的态势，区域联系更加密切、快捷。其中城市区域的联系则更为活跃，呈现出网络化联系的特征，其联系正以前所未有的方式、结构、速度和规模向前发展。①

近代的汉口，在中华人民共和国成立后成为武汉三镇的一部分。2005年“中部崛起”战略正式提出后，有关武汉城市圈、中原城市群、南昌—九江经济增长轴、长株潭一体化的研究成为热点。②

武汉市作为华中地区的特大城市，在湖北省乃至整个华中地区区域经济发展中起到重要的带动和推进作用。目前，武汉都市圈正处于由初级向中级演进的关键阶段。③

刘承良④等基于武汉都市圈近年来的统计资料，构建经济联系强度模型，定量分析武汉都市圈空间竞争与范围的动态性特征：中心城市对外经济联系存在主要方向，具有时间惯性，空间极化明显，地域空间上经济联系作用强度距离衰减，形成圈层结构分异。从点、线、面组合关系角度，构建节点中心性、通道网络性、范围系统性指标，定量揭示出武汉都市圈经济联系的空间结构等级层次性特征：中心城市中心性等级差异明显，空间分布不均。其总结出了武汉都市圈的空间范围，划分如下（表3.9）：

---

① 朱英明、姚士谋《国外区域联系研究综述》，《世界地理研究》2001年第2期。

② 李娟文、姚华松《全球化背景下武汉城市圈经济发展的思考》，《世界地理研究》2004年第4期。

③ 刘承良《武汉都市圈经济联系时空演变特征分析》，《人文地理》2006年第6期。

④ 刘承良、余瑞林、熊剑平等《武汉都市圈经济联系的空间结构》，《地理研究》2007年第1期。

表 3.9 武汉城市圈空间范围划分层次

划分平均指标	单中心都市圈（大都市区）	核心圈层（狭域）	多中心都市圈中间圈层（中域）	外围圈层（广域）	都市连绵区（发展圈层）	大都市带（联合都市圈）
经济联系强度（R_i）	>50	>30	>10	>5	>1	>0.2
经济联系隶属度（L_R）	>50%	>10%	>5%	>1%	>0.3%	>0.1%
公路里程（D）	<50km	50～100km	100～150km	150～300km	300～450km	450～600km
日常可达性（Ar）	0.5～1h	1.5h	2.5h	3～4h	4～5h	<8h
区域范围划分	武汉	鄂州、黄石、孝感	黄冈、仙桃、天门、潜江、咸宁	荆州、荆门、岳阳、九江、随州、信阳	十堰、恩施、襄樊、宜昌、六安、安庆、南阳、驻马店、常德	长株潭、中原城市群、昌九工业走廊

资料来源：刘承良、余瑞林、熊剑平等《武汉都市圈经济联系的空间结构》，《地理研究》2007 年第 1 期。

显然，武汉都市圈具有武汉的经济腹地的意味，可以作为当代地理学对武汉与周边城市经济联系的一个测度标准。两相对比来看，武汉都市圈分为 6 个层次，其最大的 2 个层次（都市连绵区和大都市带）都非常接近本书划分的近代武汉的经济腹地。由此可见这种经济空间结构在时间上的持久性以及在空间上的稳定性。

刘承良的另外一篇文章，利用年鉴资料，构建经济联系强度模型，界

定经济联系隶属度 L_R。通过 L_R 划分武汉对外经济联系腹地的层次，结果如下（表 3.10）：

表 3.10 武汉对外经济联系腹地空间划分

腹地类型	主要范围
紧密腹地	孝感、黄冈、黄石、鄂州
次紧密腹地	咸宁、仙桃、天门、荆州、随州、潜江
竞争腹地	荆门、襄樊、宜昌、岳阳、长沙、信阳
边缘腹地	十堰、恩施、神农架、南阳、驻马店、六安、安庆、常德、南昌、九江、合肥、郑州

资料来源：刘承良《武汉都市圈经济联系时空演变特征分析》，《人文地理》2006年第 6 期。

其认为的核心腹地与本章所讨论的近代汉口核心腹地有较大的差异：

本章节的汉口核心腹地是长江上游的重庆、汉江流域和湘江流域。现代地理学认为武汉的核心腹地是周围孝感、黄石、黄冈和鄂州。为何有这样的区别？现代高速公路交通非常发达，中短途贩运多半采取高速公路的物流运输方式。在建立模型的时候，“空间距离”作为一个重要的参数出现在公式中，由此必然得到距离武汉空间距离越近，其愈发进入核心腹地的结论。而近代的情况则完全不同，在本书的研究年代，江河水运仍然是大宗货物的主流运输方式，其载运量大，价格便宜且具有长期的传统，符合商业习惯。陆路运输不适合大宗货物，载运量小，路上安全性差，因此距离汉口的陆地距离较近却没有水路相通的若干城市，在经济联系上比不上汉江和湘江流域的城镇。另外，值得注意的是，在本书所得到的汉口经济辐射范围中，竟然不包括汉口下游的一个城镇。

比如，与黄州的子口税联系，在研究时段这 12 年中，有 11 年是零。这不禁让人怀疑与汉口距离如此之近的黄州成为另外一个开埠城市（九江）的经济腹地。

同时，武汉都市圈空间影响范围具有层级性与动态性，有的学者以经济联系强度与隶属度为主导因子，参考空间流量、距离及通达性变化，实证划分武汉都市圈范围为“3 圈 15 城”：核心圈（武汉、鄂州、黄石、孝感四市，形成武—鄂—黄—孝城市密集区）、中间圈（黄冈、仙桃、天门、潜江、咸宁五市）、外围圈（随州、信阳、九江、岳阳、荆州、荆门六市）。①

不同的衡量标准、对相同参数赋予的不同权重都将大大影响对腹地的界定，这也是为何对于同一城市的腹地有较多不同的说法的原因。

近代，有学者研究了中国城市体系的整体空间结构，以重力模型为基本模型，援引中介机会模型和目的地竞争模型理论，建立了中国城市体系空间结构模型。在其研究的 1995 年时间断面，武汉的经济联系辐射范围与本章节所研究的范围极为相似，说明了历史的继承性以及空间结构的稳定性。

在上述文章中，作者认为武汉是作为上海这个城市体系的子系统出现的，这也与近代武汉的经济地位一致，与本书所分析的汉口腹地贸易范围基本一致。

与本章节的近代汉口子口税腹地一样，图 3. 19 的武汉城市体系的辐射范围亦以武汉长江段以上为主，西北向、西南向和正西向为其主要的辐射方向。但是因为重庆的经济影响力较之近代时期已经有了极大的提升，武汉的经济辐射范围被挤压了相当大的一部分。

① 刘承良《武汉都市圈经济联系时空演变特征分析》，《人文地理》2006 年第 6 期。

B) 1995

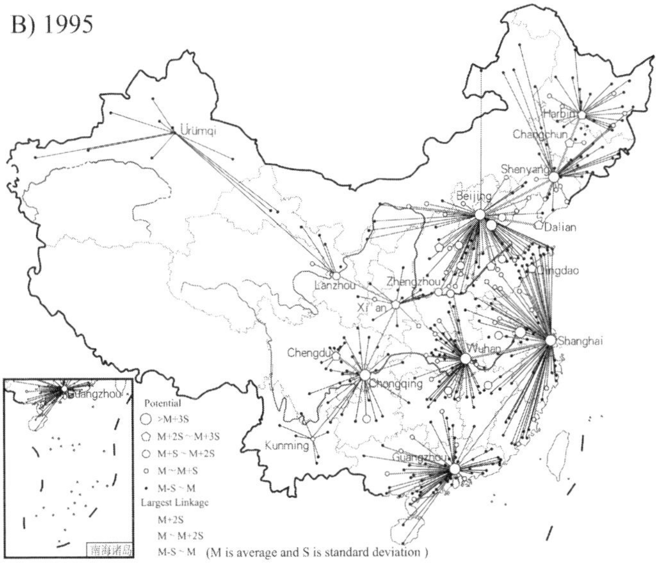

图 3.19　中国城市体系的空间结构

资料来源：G. Q. Du，Spatial Structure of Urban Systems in Developing Countries：A Case Study of China. *Journal of Nanjing University*（Natural Sciences），2006，42（3）：225－241.

第六节　小结

本章节依靠海关史料中子口税贸易的往来数据来恢复港口的贸易影响范围或曰腹地。

本章利用前述的贸易联系，尝试着绘制了图 3.20 的子口税贸易范围。

据此可以得知，汉口和九江等地具有自己独特的子口税贸易范围。汉口在湘江、汉江流域以及长江汉口以上河段。九江以洞庭湖流域为主。镇江辐射两淮北达黄河下游。上海在长江下游的两岸，北边界线不及镇江。宁波子口税贸易范围较之前三者小得多，蜗居东南一隅，与九江的贸易范围以山脉为界，同时，自己的子口税腹地受到上海的侵蚀，处于被蚕食的地位。

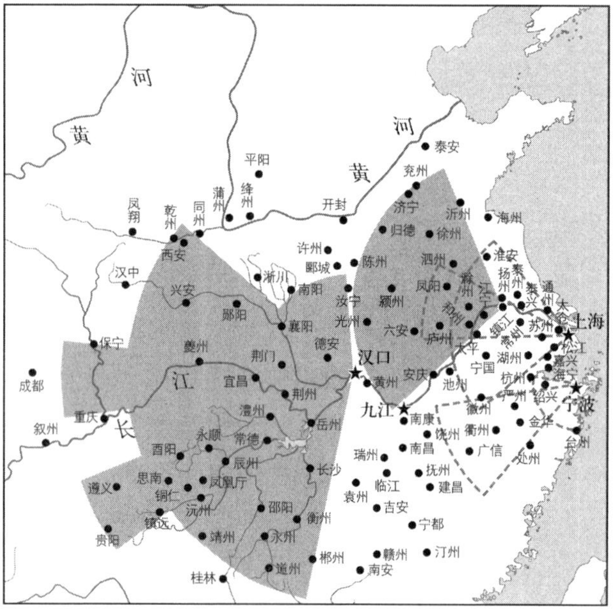

图 3.20　1895 年汉口、九江等港口的子口税贸易范围示意图

而且，子口税腹地的空间分布南北具有差异：北方地区的子口税腹地经常出现交叉的现象，而南方的子口税腹地在空间上具有较为明显的界限。这是因为腹地的构建，多半与交通运输通道有关，北方腹地的构建较多依靠陆路运输，其界限并不明显。南方腹地构建依靠某一流域内水系，依靠不同水系的天然独立性，南方不同港口子口税腹地也呈现更多的独立性。

一般认为核心边缘腹地是具有同心圆性质的简单结构，但这种理论毫无疑问是建立在均质平原上的，与实际情况大相径庭。（图 3.21）在本章节，河流带来便利廉价的水运，打破了空间的远近制约，使一些地理位置较远但经济区位很近的城镇成为汉口的核心腹地。相反，另外一些距离汉口相当近但交通不便的城镇很难进入汉口的核心辐射区。

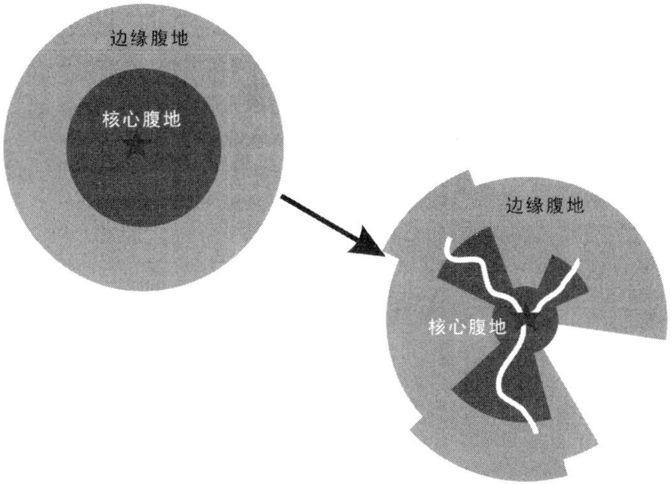

图 3.21　**核心腹地的模式图——汉口**

在这个过程中，特殊制度性因素——子口税报关制度，使腹地具有极端的指向性：同心圆存在缺口，这部分缺失腹地成为下游某个港口的扇形覆盖范围。而且，经由汉口的土货货源地远远大于洋货的销售范围。特别是对于某种特殊的土货如桐油来说，其货源地的范围更极其广泛。对于不同的土货来讲，其来源地也有很大差异。如茶叶的来源地是湖南、湖北和江西等省，而桐油则主要是长江上游的重庆和四川附近。所以，以某种土货产地作为腹地衡量标准的方法必须进行小心的校正才能使用。类似的情况同样出现在上海的子口税贸易上，上海的土货转口已经到达了黄河流域，而洋货的转口仅仅停留在苏北。

由于中国旧海关出版物尚在系统整理过程中，有许多年份的子口税数据有待挖掘，本章的研究仅为抛砖引玉，希望为有志于此的学者提供一种有趣的思路。

区域的空间结构是一个动态发展的过程。学界对于前工业化阶段的区域空间结构具有一定的争论。美国著名区域规划学者弗里德曼（J. Friedman）在 1966 年出版了《区域发展政策》一书，其认为在前工业化阶段（工业产值比重小于 10%），区域的空间结构的基本特征是区域的空间均质而无序，有若干的地方中心存在，但是它们之间没有等级结构分异。① 持有相同观点的还有以施坚雅为代表的西方学者。②

如何回答本书开头提出的问题——国内市场网络发展程度如何？本章的结论是，国内流通网络是相当发达且具备内部层次分级的。比如，长江流域子口税是以沿江贸易为轴心，以开埠港口为节点的串珠状空间形态，而整个子口税贸易又是海关统计序列中埠际贸易的向下延伸，更接近终端消费市场和原料产地。上述二者有逻辑上和空间上的层次性，因而具备明显的现代性特点，一定程度上吻合所谓“系统”的科学定义。

子口税贸易虽仅是港口贸易之一小部分，但是由于其在海关统计中被赋予了货物的源流属性，因而具有相当的学术价值。本章的腹地界定结果经过与他人研究成果的对比，发现其可基本完整地定量化界定长江流域中小港口的腹地范围（上海港较为特殊，结果偏小）。

---

① 刘再兴主编《区域经济理论与方法》，中国物价出版社 1996 年版，第 167 页。

② 施坚雅对中国城市体系的考察几乎都是分区域的，也许潜意识里，他认为没有进行全国研究的客观必要。

第四章　区域贸易空间结构：近代山东和湖南

清末，西方现代统计学传入中国后，中央政府和地方上的有识之士均深感了解国情与社会调查的重要性，纷纷在地方范围或者某些行业进行了一定程度的农业、工业或者社会综合调查。

进入民国后，社会调查得到进一步的发展，不仅政府部门继续组织全国范围的人口调查和地方性的物价调查，社会团体和组织为了改良社会，高校、科研单位和学者个人出于学术认知目的，也都进行了大量有关教育、经济和民族、民俗等方面的社会调查。国民政府建立后，社会调查更是形成了一个高潮。后来，燕京大学学者就将有关社会调查活动称为“社会调查运动”。[①]

20 世纪 30 年代，作为“国民经济建设运动”的一部分，实业部国际贸易局牵头组织了中国实业调查的团队，并陆续出版了《中国实业志·浙江》《中国实业志·江苏》和山东、山西等省的调查成果。在湖南和山东分册的内容中，记录了以县为单位的“进出口”贸易，这些数据来源于调查员的实地调查，然而，这部分数据在作为调查结果刊载出版后，长时间未得到重视与利用，直到最近才有学者利用这些资料来研究山东省的城市体系。[②] 本章节亦利用这些资料进行城市体系的考察，但是与引述文章采

① 黄兴涛、夏明方《清末民国社会调查及其学术内蕴》，《中国图书评论》2008 年第 11 期。

② 王茂军、申玉铭、高宜程《民国时期山东城镇体系的空间组织——基于洋货空间流通的分析》，《地理研究》2007 年第 6 期。

用的方式并不尽相同。

第一节 理论依据

区域空间结构的研究是当前经济地理学的理论研究热点之一。城市乃是任何区域发展的增长极，古今皆如此。而城市体系的研究亦具有相当的意义。

城市体系是一个现代化的字眼，在没有真正的现代化之前，或在没有初步的现代化之前谈城市体系没有意义。那时城市的集合体并不具有“体系”所需要的科学内涵。施坚雅在其《中国农村的经济和社会结构》一文中认为只有在轮船、铁路或者经过改良的道路将城市与国外或者国内工业生产中心联系起来，才算具备促进现代变革所必需的效益水平。众所周知，这些东西都是开埠以后才有的。所以，笔者认为，开埠之后的城市体系是中国城市体系的理论起点。

施坚雅给国内学界的另一个启示是其对中国晚清民国时期城市的界定。如何定义施坚雅所谓的城市：1893—1953 年任何作为县及其以上的治所或自治市；在此期间发挥地方经济中心或更高一级经济中心的作用的中心地；清末人口 4000 以上或者 1953 年人口 50000 以上。衡量中心地的标准：1. 人口级数。2. 城市行政级别。3. 城市的经济水平。在上述基础上，分为三类：高水平城市，低水平城市，非行政性的中心。其中第一类包括府和直隶州的治所、省府及首都，第二类包括县府、散州和厅治所，上述属于行政性划分。

经济性的中心地划分则是标准的两分法：一类是上述的三类城市，一类是集镇（中心—中间—基本三级）。施坚雅先生的上述分析具有前瞻性，但毕竟已经经过了几十年，以当今眼光来看不可避免有一些局限性，比如，我们可以看到，施坚雅上述分类是一种静态分类。何谓静态分类？就是按照其静态属性如人口、经济指标如 GDP 或者贸易指标等进行的分类。这种静态分类具有一定局限。举一个不甚恰当的例子：在抢劫银行的案件中，法官在确定主犯和从犯的时候，不是按照他们背的钱袋子里有多少钱来定罪，而是按照在这个犯罪团伙中谁在幕后制定计划、发号施令，谁来跑龙套具体实施来确定，换句话说，是按照他们之间信息流的流向来判断的。所以，考察历史时期城市体系的最佳切入点还是进行动态的分类，比如利用贸易流来分类。

城市体系与城市间的贸易联系是密不可分的。如何定量化地界定某一港口城市 A 跟其腹地城市 B 直接关系强弱，如：B 地与同为腹地城市的 C 之间是否也有联系？A－B，A－C 之间联系谁强谁弱？B－C 的联系强度一定小于前两者？这都是一个根源问题的多个切面反映。

货物输入的路径，应该是一个以矩阵为数学最终表达式的网络结构，不是河流水系状的单向传输，平行层级单元之间应该也有相当强度的联系。和研究一个单独的城市不同，不同城市之间联系强度的确定是研究这个网络的最重要的一环。

本章节试图以湖南和山东为例子，寻找现代城市地理学在近代经济范畴内的应用方法。

第二节　数据基础

《中国实业志・湖南省》的编纂工作由朱羲农、朱保训负责，以 1934 年的全面实业调查为基础，综合之前多次调查的结果编纂而成。具体步骤为：第一步全面调查，第二步将调查数据编制成表格，第三步认真审核表格中的统计数据，第四步是分析数据做出文字说明。该书比较详尽地记述了 1934 年及其以前湖南实业的发展情况。

其中，“特别是关于进出口贸易的记述尤为系统，将之区分为对外洋贸易、对他省通商口岸贸易和本省临县间商品贸易”①。

---

① 朱羲农、朱保训编纂《湖南实业志・前言》，湖南人民出版社 2008 年版，第 3 页。

1934 年出版的《中国实业志》山东和湖南分册，记录了 20 世纪 30 年代初山东省 65 个县市、湖南省 66 个县市的以县市为单位的进出口商品。包括商品名称、数量、折合价格总值以及其来源地（或者输出地）。而《中国实业志》的江苏、浙江分册则没有类似的记录。

上述数据，建立起了一个贸易网络结构的雏形，是研究当时城市间贸易流通的珍贵数据。

如下表所示，以章丘、邹平、淄川为例：

表 4.1 《中国实业志·山东省》进出口货物数据

（单位：元）

进口				出口		
县别	货物	值	来源	货物	值	销路
章丘	糖类	26100	日本	小麦	550000	济南
章丘	纸烟	153000	英美	棉花	700000	青岛、济南
章丘	洋布	733000	日本	花生	2400000	青岛、济南
章丘	煤油	150000	英美	大米	126000	济南临县
章丘				黑豆	560000	济南
章丘				烟叶	762000	青岛、济南
章丘				大葱	30240	青岛
邹平	面粉	1600	济南	茧	1300	济南、周村
邹平	药材	1500	济南	丝	1200	济南、周村
邹平	盐	2000	济南	棉	1974000	周村
邹平	花生油	2200	济南	土绸	1000	周村
邹平	粗洋布	1600	周村	土布	5600	周村
邹平	煤油	3500	周村			
邹平	洋线	8000	周村			
淄川	煤油	45000	青岛	煤炭	150000	青岛、济南
淄川	面粉	52000	济南	粗陶器	9000	胶济沿线
淄川	高粱	70000	大连			
淄川	布	10000	潍县			

（续表）

进口				出口		
县别	货物	值	来源	货物	值	销路
淄川	火柴	8000	青岛			
淄川	茶叶	7500	安徽			
淄川	红白糖	23900	青岛			

为了探求任意两地直接的联系强度，我们将物品的属性忽略，仅仅将其价值求和，则可以得到两地物流状况。具体数据处理上，由于进出口货物种类和数量都有明显差异，我们以出口货物的值为例，进口数据不加计算。特别需要说明的是，如果目的地不唯一，如表4.1中的淄川出口煤炭150000元到青岛、济南，由于无法得到两者具体的比例，为求简单，将150000元均分到青岛、济南两者名下。① 有3～5个输入地或输出地的均按照此方法计算。另外，有些县市数据缺失，将其删除。有的货物输入地记录为“山东省”“广东省”“河南省”等省级单位，本书均将其省会城市替代带入矩阵。

通过技术手段，获得以输出地为行、输入地为列的进口数据矩阵，如表4.2所示。

表4.2　《中国实业志·山东省》进口货物数据矩阵

（部分）

	安东	安国	安徽	安邱	北京	北平	泊头	亳州	博山	……
安邱	0	0	0	0	0	0	0	0	0	……
博平	0	0	0	0	0	0	0	0	0	……
博山	0	0	0	0	0	0	0	0	0	……

① 这无疑是一种并不精确的分法，但无从得到其青岛与济南之间的分配比例，只能采取这样的策略。

（续表）

	安东	安国	安徽	安邱	北京	北平	泊头	亳州	博山	……
博兴	84000	0	0	0	0	0	0	0	93648	……
曹县	0	0	0	0	0	0	0	1500	0	……
昌乐	0	0	0	0	0	0	0	0	0	……
昌邑	0	0	0	0	0	0	0	0	0	……
长清	0	0	0	0	0	0	0	0	0	……
朝城	0	0	0	0	0	0	0	0	0	……
茌平	0	0	0	0	0	0	0	0	0	……
单县	0	0	0	0	0	0	0	0	0	……
德平	0	0	0	0	0	0	0	0	0	……
德县	0	0	0	0	0	0	0	0	0	……
定陶	0	0	0	0	0	0	0	0	0	……
东阿	0	0	0	0	0	0	0	0	0	……
东平	0	0	0	0	0	0	0	0	0	……
恩县	0	0	0	0	0	0	0	0	40000	……
范县	0	0	0	0	0	0	0	0	0	……
肥城	0	0	0	0	0	0	0	0	40000	……
高密	0	0	0	0	0	0	0	0	0	……
高唐	0	0	0	0	0	0	0	0	0	……
高苑	0	0	0	0	0	0	0	0	0	……
观城	0	0	0	0	0	0	0	0	0	……
冠县	0	0	0	0	0	0	0	0	0	……
馆陶	0	0	0	0	0	0	0	0	0	……
…… 共123 县市										……

第三节 区域研究之一：近代湖南土洋货进出口贸易的空间结构

本节以湖南省为例，将进出口贸易之和作为两地贸易流强弱的标志。通过 FlowMapper 的分析，将 20 世纪 30 年代湖南各县的进出口贸易网络结构展示如下。

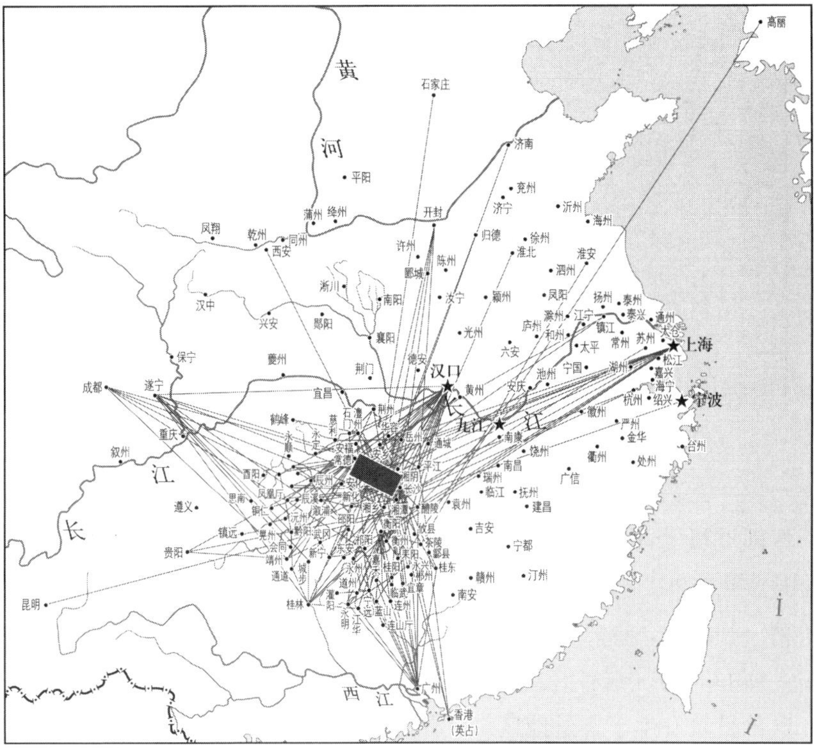

图 4.1 湖南省土洋货进出口贸易网络空间结构示意图

在图 4.1 中，可以看到，湖南省的外在联系城市主要分布在北方和东部，而其进出口贸易整体的重心也在全省的东北角。但是湖南省各县的进出口贸易网络非常复杂（较之山东省），具有明显的网状特征。

图 4.2 的省外城市对湖南省的经济辐射，主要考察了上海、汉口、广州和桂林对湖南的影响。广州对湖南省内各县的影响主要局限在南部地区，相应的桂林主要集中在西南区，可见二者对湖南的影响主要是区位临近而造成的“接触浸润型”经济影响。而汉口和上海对湖南省各县的影响分布于湖南全境，并不似广州具有区域性特点。

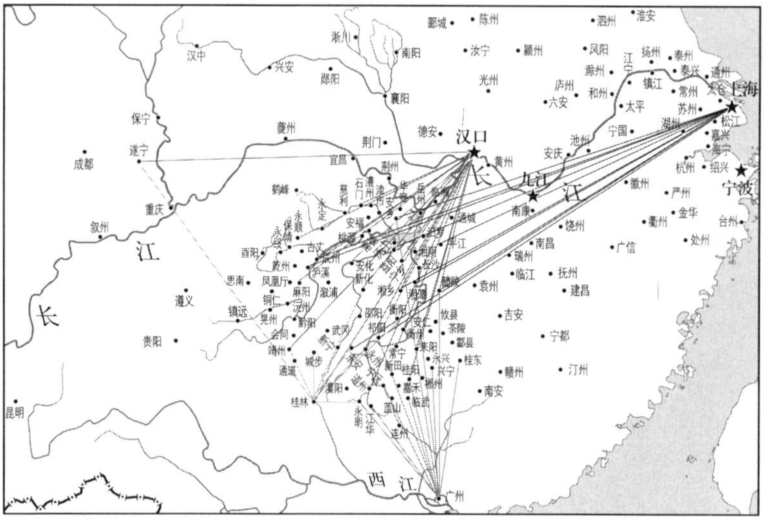

图4.2　省外城市如上海、汉口、广州和桂林对湖南各县经济辐射

仔细考察上海、汉口、广州和桂林对湖南省的经济影响和货物流辐射，其影响方式，可以分为两种类型：

第一种类型，以广州为例，其与湖南省的经济联系是传染扩散（Contagions Diffusion），这种经济联系的特点是从一个“源”向外进行空间扩散。这种扩散发生于临近地区。广州与湖南省南部各县的联系，显然并不借助于湖南省业已存在“汉口—长沙—常德—各县”或者类似这样的多级货物分销体系，而是部分阶层的扩散，唯一影响的因素就是与广州的自然地理交通的便利与否。在自然界中，纯粹采取这样的传染扩散的方式非常少见，因此，上述这个例子具有非常好的代表性意义。

第二种类型，是以上海为例，其与湖南省的经济联系，并不局限在某一个区域，而是借助于“汉口—长沙—常德—各县”类似的省内货物分销体系而遍及全省，这种类型称为等级扩散（Hierarchical Diffusion）。这种扩散类型，其特点在于分等级，在影响力上，各个城市受到上海经济辐射的影响大小，完全取决于其在分销体系中所占据的位置。

关于近代中国湖南省的国内贸易流通，两种贸易扩散类型完美地共存于同一个地域，虽然内在地具有完全不同的内部结构类型，但是共同发挥了对湖南省的经济拉动功能。

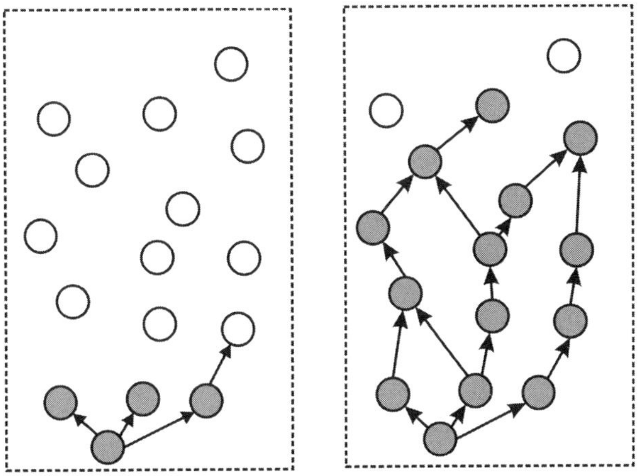

图 4.3　传染扩散的发展

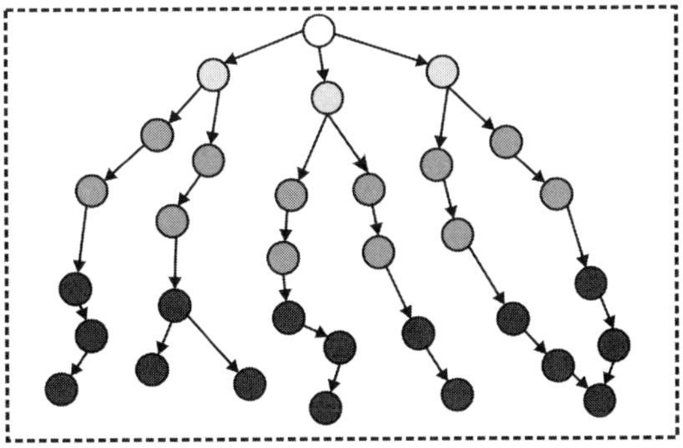

图 4.4　等级扩散的示意图①

① 本图和上图改绘自许学强等《城市地理学》，高等教育出版社 1997 年版，第 156～157 页。

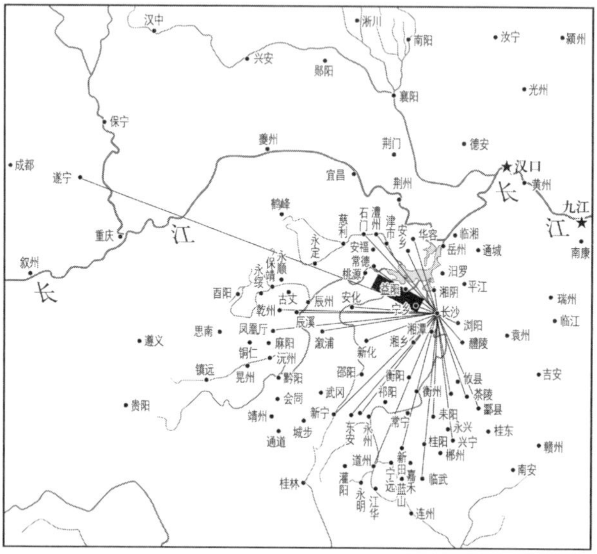

图4.5　长沙的贸易流及辐射范围

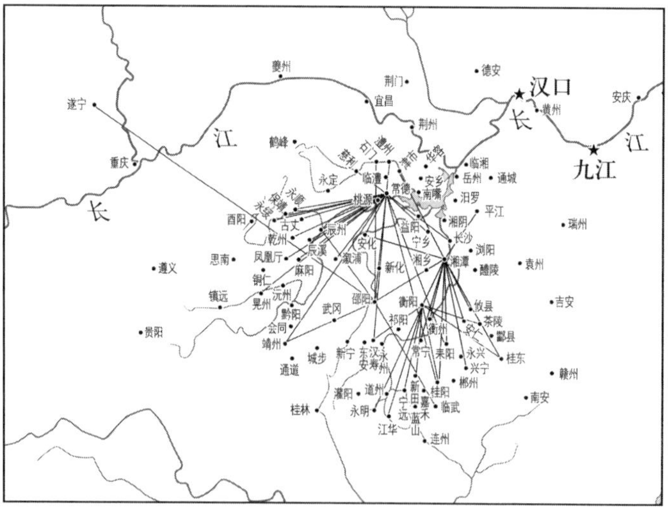

图4.6　常德、湘潭、衡阳和邵阳的贸易辐射范围

湖南省内最为重要的枢纽性城市无疑是长沙。从图中可以看得出来，除了湘、资、沅、澧四大水系最为上游的几个县市，与长沙存在直接经济

联系的县市遍布湘省内部，而尤以湘江流域为甚，沅江和澧水流域次之，资水流域最为疏远。此外，长沙通过对四大水系中的区域性城市如常德、邵阳和衡阳的经济交流，间接地施加其经济影响力。

除了长沙，面积如此广阔的湘省显然必须有区域性的物流集散中心市场。湘、资、沅、澧四大水系，自然而然形成四个较为独立的区域市场，而每个区域市场都有1～2个集散中心。湘江流域除了长沙，湘潭和衡阳具有较高的经济辐射能力。资水中游的邵阳，辐射资水的东西两岸。常德靠近洞庭湖，与长沙交通便利，并且对于沅江流域的经济影响力很大。

从上节埠际贸易的矩阵中，将属于湖南省的城镇筛选出来，然后，将其进出口贸易的总值汇总到各个城镇。根据上述公式计算得到湖南省赫芬达尔指数为1937.413。

由此，我们可以认为，湖南省的贸易结构具有“高度的垄断性和集中度”，但是其指数仅仅高于1800，刚刚脱离“一定的集中度”这一阶段。湖南省具有如此高的贸易空间极化程度，和其自然地理形态具有十分密切的关系。

第四节　区域研究之二:近代山东洋货输入的空间结构

与湖南省的自然地理不同，山东省的交通运输条件要好得多，而且，最为重要的是山东省具有绵长的海岸线和烟台、青岛等港口。山东省对外贸易的空间结构与湖南又有如何的异同?

采取同样的数据处理方式，本节对山东省的货物输入贸易进行研究。本书数据基础是1932年左右的贸易数据。

如图4.7所示，山东省输入贸易的空间结构呈现济南—青岛占据两头，潍坊、周村一线发展的哑铃形空间结构，整个贸易结构重心在胶济铁路一线。鲁中山地以南地区是货物输入的空白地区，现今的黄河三角洲地区也极少有货物输入。输入的来源地分布十分广泛，省外的上海、天津、杭

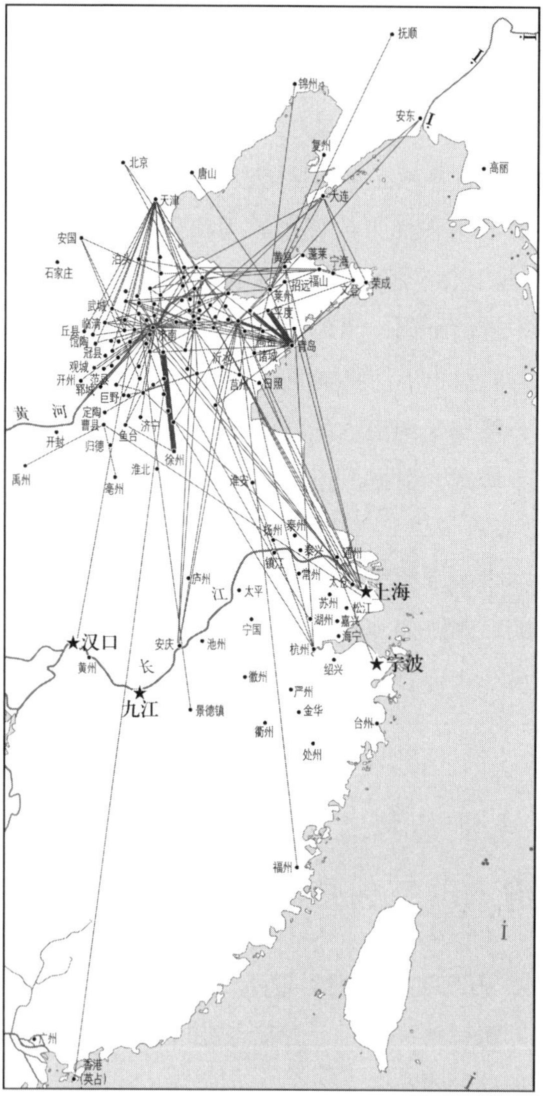

图4.7　山东省各县洋货进口的空间结构

州、徐州、镇江、福州、大连和香港均有贸易联系，甚至远至长江中游的汉口亦有洋货转运至山东省内。

图4.8表达的是天津和上海对山东省货物输入的辐射范围。虽然天津、上海为近代我国南北最大的港口，但是二者对山东省的影响方式并不相同。

如果将天津和上海看作两个经济发达地区，将山东省看作经济欠发达的地区，二者经济在空间上的互相影响具备两种不同模式。

首先，仔细分析，天津对于山东省的经济影响力全部集中在山东北部的今德州、滨州地区的县市，其洋货输入较少越过黄河进入胶东，而且，呈现明显的点—线辐射状。这说明，天津对山东省的经济影响主要依靠区位上的“临近”而产生浸润效应。而且，这种影响仅仅从图上判断即可知道其运输路线均为陆路。如果采取港口对港口的贸易形式，其必然通过胶东的港口进入鲁省境内，而必然在胶济一线产生自己的经济影响区域。

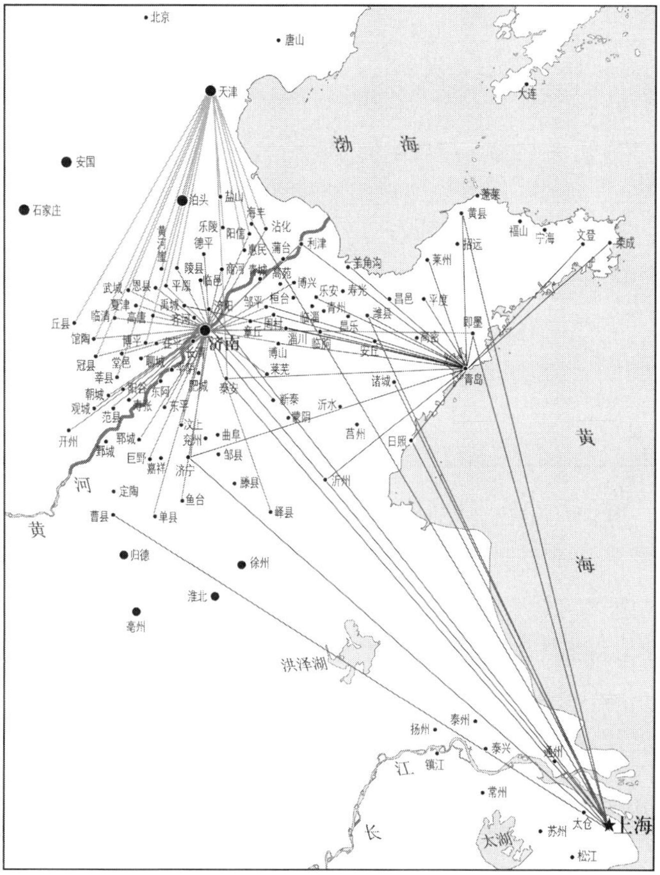

图4.8　天津、济南、青岛和上海的洋货辐射范围

而上海对山东省内的影响完全不同，其依靠海运运输方式，通过与青岛、烟台等港口的联系，进入业已形成的山东省货物分销网络，通过胶济线深入内地，达到了比天津更为深远的影响力。由此可以看到，上海的辐射范围从胶东到鲁西南甚至鲁南地区均有涉及。

在湖南省的章节已经阐述了“传染扩散”以及“等级扩散”的不同影响类型。在山东省，天津对于山东省各县市的经济辐射显然属于“传染扩散型”，而上海则属于“等级扩散型”。

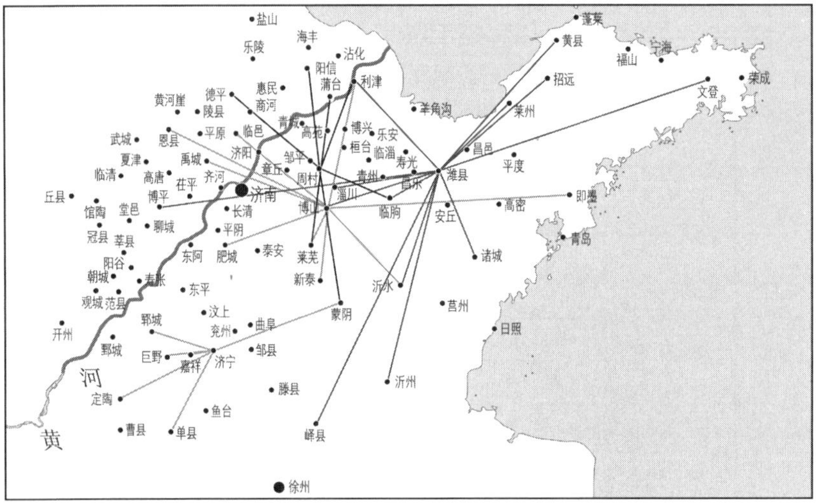

图4.9　山东省各县进口（周村—博山、潍坊、济宁的辐射范围）

如同湖南省内具有衡阳、常德等一些区域性的货物集散中心，山东省内的区域性市场亦十分发达。较为显著的是经济区位十分优越的潍县，两相靠近几乎可称为双子城市的周村—博山，以及在运河时期发达、津浦线建成之后又重振雄风的济宁。三者各有自己的腹地范围，互相出现几乎交叉腹地的情况，且较为常见，这是北方地区港口—腹地结构的最重要属性。

利用上节图示背后的基础矩阵数据，计算每个县市在货物总额的份额，继而计算出当年度货物进口网络的总体赫芬达尔指数为1420.86。

据此指数而言，山东省内货物进口网络的空间集中程度处于一种适中的程度。较之湖南省赫芬达尔指数1937.413要低很多。

这是因为湖南省和山东省的自然地理条件还是有差异的。湖南省的省内流通主要依靠四大水系，洋货的进口和土货的出口都非常集中在湘省的长江入口。而山东省的交通运输条件较之湖南更为多元，陆上运输也更为便利。

根据货物进口的贸易空间结构和物流强度，本书尝试进行山东省城市体系的划分。本书将山东省内的城市体系分为两个层次，第一层次：济南、青岛、上海和天津各据有自己独特的一个空间范围。上述四个空间范围互有交叉。此外，青岛另下属四个二级子系统：潍县、博山、周村和济宁。这四个二级子系统的空间范围亦互有重叠，但较之第一层次的独立性要强。

表4.3　近代山东城市体系

<table>
<tr><td>济南</td><td colspan="3">蒲城、利津、沾化、无棣、阳信、惠民、青城、商河、济阳、临邑、陵县、德平、乐陵、平原、黄河崖、齐河、禹城、高唐、恩县、武城、夏津、博平、堂邑、临清、聊城、东阿、莘县、朝城、观城、冠县、茌平、阳谷、寿张、费县、范县、郓城、巨野、鄄城、东平、汶上、肥城、平阴、兖州、新泰、泰安、莱芜</td></tr>
<tr><td rowspan="4">青岛</td><td rowspan="4">日照、莒县、沂水、蒙阴、博山、淄川、周村、青州、博兴、临淄、广饶、临朐、昌乐、潍县、寿光、昌邑、莱州、平度、黄县、招远、烟台、莱芜、文登、荣成</td><td>潍县</td><td>黄县、招远、诸城、沂州、峄县、昌乐、利津</td></tr>
<tr><td>博山</td><td>沂水、新泰、肥城、莱芜、蒲城、临邑、恩县、章丘、禹城</td></tr>
<tr><td>周村</td><td>莱芜、临朐、蒙阴、博兴、德平、利津、阳信、惠民</td></tr>
<tr><td>济宁</td><td>嘉祥、郓城、巨野、定陶、单县、蒙阴</td></tr>
<tr><td>天津</td><td colspan="3">沾化、无棣、惠民、阳信、乐陵、德平、高唐、武城、夏津、临清、冠县、聊城</td></tr>
<tr><td>上海</td><td colspan="3">黄县、潍县、无棣、泰安、蒙阴、济宁、曹县</td></tr>
</table>

城市体系因为其区域经济的属性，是很难被行政区划所分割的。硬性地将其约束在一个省内进行城市体系的划分并不科学。

第五节　讨论与结论：基于历史文献和现代地理学

一、历史文献解读

（一）湖南

湖南省的水路较为发达，早至光绪二十九年（1903），太古洋行、怡和洋行就设立航运公司，进行湖南省内的水路轮船运输。后又有日资的湖南轮船公司、中资的两湖轮船公司和湘东轮船公司。

自从汉口有了直达湘潭的轮船，洋货也更加快捷迅速地深入湘江中上游。

表 4.4　汉口到湘潭里程表

（单位：海里①）

									汉口
								京口	60
							宝塔州	120	180
						新堤	120	240	300
					岳州	120	240	360	420
				卢林潭	180	300	420	540	600
			湘阴	60	240	360	480	600	660
		靖港	60	120	300	420	540	660	720
	长汀	60	120	180	360	480	600	720	780
湘潭		70	130	190	250	430	550	670	850

资料来源：《水运》，邮传部图书通译局转译自《中国经济全书》，邮传部图书通译局，出版年代未知，第 57 页。

---

① 原文即使用海里。

沅江流域的轮船运输，开展得并不顺利，起初“其开行不过两月而止，厥有二故。一航路困难（水浅滩多，又木筏往往顺流而下，与轮船相撞）。二则耗失（客货仍争用民船，轮船往来耗失频仍）”①。“沅江之上游通连云贵二省，其货物往来较湘江维多，但夏天水涨，吃水四尺内外之船可达常德。而冬季水浅，自十二月至二月，即民船亦难交通。至此路输入之货，较湘江无大差，其数量且较多云。”②

尽管湖南三山七水，河流密布，湘、资、沅、澧四大水系遍布全省，可是具有通航价值的四季可通轮船河道并不丰富。

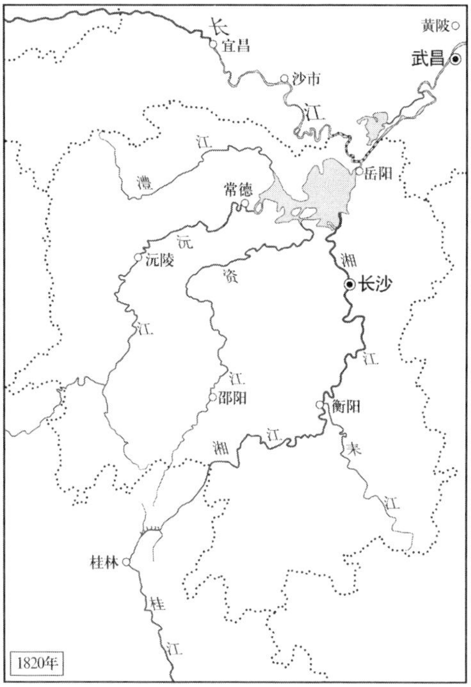

图4.10　湖南省湘、资、沅、澧水系通航能力图

① 《水运》，邮传部图书通译局转译自《中国经济全书》，邮传部图书通译局，出版年代未知，第60页。

② 《水运》，邮传部图书通译局转译自《中国经济全书》，邮传部图书通译局，出版年代未知，第60页。

在湘省四大水系中，只有长沙以下湘江可以通行小型江轮（Small River Steamers），衡阳到长沙段可以通行小汽轮（Steamboat），湘江的上游以及其他三个水系，都只能通航木船或者皮筏（Junks，including rafts of inflated skins）。

惟就交通而言，在中外商船竞争的情形下，水上运输短时间内有了长足进步。问题在如何改进水域的可航性，使原航小船之处可通大船，原为舢板之处可通汽船。但是由于当时时局动乱，地方政府和中央政府无力进行类似上海的河道疏浚工作，因此也决定了其客运与货运依旧以传统船只运输方式为主。

换句话说，本章前几节所处理的贸易数据，其多半是由传统商人，采取传统的交易方式，利用传统的运输手段进行搬运。

1. 湖南土产货源地。

按照各个地方的土产进行腹地的划分，是一种传统的界定腹地的方式。湖南各县进出口商品，各地大致相同，大抵不外为棉布、棉纱、煤油、五金、食盐、颜料、糖类、纸烟、面粉及其他各种日用品。至于出口商品，则各县颇有不同。兹以湘省主要出口商品为经、出口各县为纬分述于次：

（1）茶叶

湖南全省各县中茶叶外销数多者计有平江、长沙、湘阴、浏阳、湘乡、安化、宁乡、临湘、常宁等县，均以汉口为集中地点。

（2）米

湘省各县中米谷外销较多者计有长沙、湘潭、湘阴、醴陵、湘乡、益阳、宁乡、南县、澧县、临澧、安乡、常德、汉寿、桃源、沅江、衡阳、衡山、安仁、零陵、新田、芷江、黔阳、麻阳、靖县。

（3）桐油

湘省各县中有桐油出口者计有长沙、湘潭、桃源、慈利、石门、大庸、衡山、常宁、道县、祁阳、东安、永明、江华、沅陵、泸溪、辰溪、溆浦、黔阳、麻阳、会同、永顺、保靖、古丈、乾城、凤凰、永绥、晃县。

（4）茶油

湘省各县中茶油出口较多者计有茶陵、平江、桃源、慈利、大庸、衡山、耒阳、常宁、道县、零陵、祁阳、东安、永明、江华、郴县、永兴、辰溪、溆浦、麻阳、会同、永顺、永绥、晃县。

（5）纸类

湘省各县中出口较多者有湘潭、浏阳、湘乡、益阳、安化、新化、新宁、城步、平江、桃源、石门、衡阳、衡山、常宁、零陵、祁阳、东安、新田、资兴和绥宁。

（6）棉货

湘省棉货出口县计有华容、南县、澧县、安乡、常德、汉寿、桃源、慈利。

（7）木材

湘省木材出口，计有湘潭、浏阳、益阳、安化、茶陵、新宁、桃源、酃县、零陵、祁阳、新田、沅陵、溆浦、芷江、黔阳、麻阳、会同、通道、永顺、凤凰、永绥、晃县。

（8）牛皮

湘省牛皮出口，计有常德、沅陵、麻阳、靖县、绥宁、永顺、古丈、乾城、晃县。

（9）莲子

湘省各县中莲子出口，计有湘潭、华容、南县、安乡、汉寿、桃源、衡阳、耒阳、祁阳。

（10）苎麻

湘省苎麻出口，计有平江、临湘、华容、汉寿、沅江、大庸、耒阳、宁远、资兴、桂阳、蓝山、乾城。

（11）豆

湘省豆类出口，计有临湘、华容、澧县、安乡、衡阳、衡山、安仁、江华、永绥。

（12）煤

湘省煤出口，计有湘潭、醴陵、湘乡、宁乡、安化、新化、衡山、祁阳、永兴、辰溪。

（13）编爆

湘省编爆出口较多者，有浏阳、醴陵、衡山、宁远、泸溪。

（14）猪

湘省猪出口，计有湘潭、湘阴、湘乡、宁乡、桃源、桂东。

（15）猪鬃

湘省猪鬃出口，计有湘潭、湘乡、宁远。

（16）夏布

湘省夏布出口，以醴陵、浏阳二县为主。

（17）瓷器

湘省瓷器出口，以醴陵为主，衡阳次之。①

总体看来，长沙是湘省的中心物流集散地，其辐射范围遍及全省。常德、衡阳、湘潭和邵阳是四个副中心。

长沙是中心，辐射湘、资、沅、澧四个水系。“长沙为湘省省会，为湘江流域货物集散之区，对汉口有水路可通，实际湘省对外贸易，可谓大部集中于长沙。”虽然岳州更接近汉口，在商务上也更便利，但其地位“不仅不及长沙，有时且不如常德。盖以湘中、湘南各地贸易，均汇集于长沙，湘西之贸易又汇集于常德。岳州不过为货物通过报关值场所，并不需以此为集散地”②。

① 实业部国际贸易局《中国实业志·湖南省》，实业部国际贸易局，1935年，第120页。

② 朱羲农、朱保训编纂《湖南实业志》，湖南人民出版社2008年版，第192页。

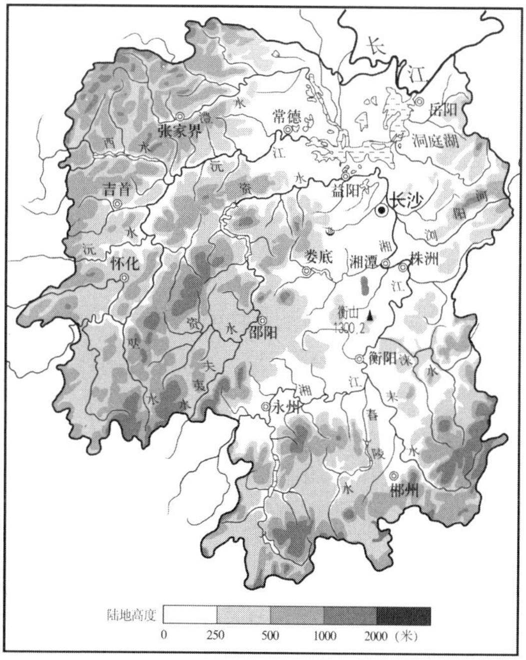

图4.11　湖南省自然地理简图

常德、衡阳、湘潭和邵阳这四个次中心各有职能分配。常德借助沅江的便利，辐射湘西，为湘西的重要门户，“抑且与邻省商务关系至为密切，如滇黔物产多集散于此”①。衡阳和湘潭均在湘江流域，其经济功能和商务辐射均有重叠，均在湘南一带。邵阳以资水流域为其经济腹地。

2. 湖南自然地理。

湖南全省以中低山与丘陵为主，面积约为 14.9 万平方公里，占 70.2%；岗地与平原约为 5.2 万平方公里，占 24.5%；河流湖泊水域面积约为 1.1 万平方公里，占 5.3%。地质方面，分属两个大地构造单元。以罗翁绥宁大断裂向北，东经安化、宁乡至长寿永安大断裂一线为界，其北西为扬子准地台的一部分，其东南为南华准地台的一部分。

① 朱羲农、朱保训编纂《湖南实业志》，湖南人民出版社 2008 年版，第 312 页。

本省东、南、西三面山地环绕，中部和北部地势低平，呈马蹄形的丘陵型盆地。西北有武陵山脉，西南有雪峰山脉，南部为五岭山脉（即南岭山脉），东面为湘赣交界诸山，湘中地区大多为丘陵、盆地和河谷冲积平原，除了衡山高达千米，其他均为海拔500米以下，湘北为洞庭湖与湘、资、沅、澧四水尾闾的河湖冲积平原，地势很低，一般海拔50米以下，因此，湖南的水系呈扇形状汇入洞庭湖。武陵山脉位于湘西北角，属湘鄂山原的一部分，海拔1000米左右。山地地势大致从西北向东南渐降。

水文方面，湖南境内水系比较发达，境内有全国第二大淡水湖——洞庭湖，有湘、资、沅、澧四水和长度在5公里以上的大小河川5341条，总长9.93万公里。这些大小河川除了湘南一部分属珠江水系、湘东一部分属鄱阳湖赣江水系，其余均由四水注入洞庭湖，于城陵矶汇入长江，形成一个非常完整的向心状水系。这样的向心状水系对于湖南的经济空间结构影响极大。

湖南省的自然地理决定了其交通主要采取水运方式，而水运又取道长江。“现代以前的湖南交通，以水运为主，洞庭湖为水运网的辐辏，出而与长江联运，上溯湘江，可直达桂省的兴安县。其支流耒水，可通郴县，渌水可通江西萍乡。但资水、沅水均因水急滩多，仅下游通民船。大体言之，本省西部南部，或多山区，或多丘陵，交通甚不发达，对外联络，大多取水道出长江，此为本省日后之发展始于水运区域之原因。”①

也就是说，在近代，湖南洋货输入和土货输出的主要吞吐口非常集中，依赖四大水系水运和长江运输。西侧、南侧、东南侧均有山脉阻隔，陆路交通十分不便，仅能依靠山间的谷地进行交通。

（二）山东

山东省洋货进口贸易的空间结构：山东省的洋货进口具有两个层次，第一层次是上海、天津、青岛和济南这四个主要的枢纽城市。第二层次是潍县、周村—博山和济宁这些省内货物集散地。

济南和青岛作为省内的洋货转运枢纽，其辐射范围具有鲜明的地域特

---

① 张朋园《湖南现代化的早期进展》，岳麓书社2002年版，第6页。

色。济南和青岛的洋货辐射范围以桓台—临淄—博山一线为界，以东为青岛的洋货销散目的地，以西是济南转运洋货的输入地，二者的界限非常明显。

济南作为山东省的省会，政治地位较为特殊，但其经济地位的提高也是近代的事情。济南郊外有小清河和黄河入海，还有黄桥和泺口两个货物集散市场，胶济铁路和津浦铁路修成以后，济南成为两大交通线的枢纽，由胶济可在一日内直达青岛，由津浦可在一日内达京、津、沪。因此，在民国初年，济南成为省内与青岛具有同等重要地位的省内商埠。

本来，在19世纪中叶，济南还只是一个地区性的政治文化中心，市场基本为一种消费性市场，城市商业集中在消费服务性行业。直到开埠前后，其经济地位尚不及周村、潍县、烟台和济宁。恰如包德威（David D. Buck）所言："济南在晚清只能算做一个三流商业城市。"① 这与山东省政治文化中心的地位明显不相称。烟台开埠通商后，济南通过烟潍商路延长线，开辟了与烟台进出口市场间的商品流通渠道，市场开始转型。19世纪80年代，济南每年从烟台输入价值200万银两的纺织品，并输出部分土货产品。此后20年间，济南商业由东关和城里向西关转移，与周邻市场的商品交流也逐渐趋于活跃，但此时市场贸易仍带有很强的地方性色彩。商埠设立后，烟台、青岛的洋商纷纷到济南开设商行，经营与口岸贸易相关的土洋货输出入业务，民国初年商埠洋行已发展到25家。与此同时，经营土产贸易的行栈商人资本也开始在棉花、粮食、畜产等行业崭露头角，逐步形成城乡间新的商品购销网。②

青岛是另一个洋货输入枢纽。其辐射范围主要是在鲁中山地以东以北的部分。在此不再赘述。

天津对于山东省内县市的洋货输入主要是局限于省内北部靠近河北省的若干县市，比如德州地区和滨州地区的乐陵、无棣、夏津等，其辐射范围很少越过黄河进入鲁中或者鲁南。

---

① David D. Buck, *Urban Change in China: Politics and Development in Tsinan, Shantung*, 1890 - 1949, Madison: The University of Wisconsin Press, 1978, p. 3.

② 庄维民《近代山东市场经济的变迁》，中华书局2000年版，第173页。

上海的辐射区域比较分散，并不局限于某地，说明上海洋货转口进山东省，并非由于区位上的临近，而主要是因为众多洋货的第一停靠地都是上海，通过海运转口到青岛、烟台和威海等港口，从而进入山东省内。

潍县是第二层次的最重要的货物集散地，潍县地处胶东，原为富庶之地，南北货运要口，而潍县为必经之孔道，商贾来往，故当时有“金胶州，银潍县”之称，迨青岛开埠，商业日臻繁盛。又有烟潍公路直通烟台，及建设中之台潍公路，联络津浦铁路附近之台儿庄。潍县经济地位之重要，胶济沿线，首屈一指。① 由此可知，潍县交通便利，区位优势十分明显。

“1905 年潍县自开商埠后，商业日臻繁盛，因地理位置适当烟、青、济三大市场中心，依靠烟潍贸易商路和胶济铁路，与开埠城市的贸易获得长足发展。青州府、沂州府、泰安府部分地区的土货，如土布、茧绸、草辫、花生、烟草、畜产品等，往往要先集中于潍县，然后才能运往通商口岸；同样，通商口岸的进口商品也是先运抵潍县，然后才分销到区域内大小市场。据 1906 年统计，潍县从烟台、青岛输入的棉纱价值 200 万两，布匹价值 150 万银两，这些棉纱、布匹由 25 家洋布庄分销，行销范围达于沂州……泗水等地。”② 而且，潍县的周围农村，也是山东省近代手工业的重要策源地之一，土布、草辫、烟叶和花生等产量很大。家庭手工业的发达，附带产生的社会影响是人民具有较高的收入水平、文化水平和开阔的眼界思路，较为易于接受“洋货”。因此，潍县周围也是“洋货”行销的主要地区之一。

周村地处山东省区位中心，靠近黄河和小清河，南通沂蒙，东接胶东，素有“旱码头”之称。

“周村亦是山东北部来自国内外货物的最大集散中转的地点。集散中转的货物来自烟台经小清河入海港口羊角沟，有布匹、棉布、棉纱、生铁、火柴、煤油等。由海路到羊角沟的货物卸船后，再装一种平底船，溯

---

① 实业部国际贸易局《中国实业志》，实业部国际贸易局，1935 年，第 81 页。
② 庄维民《近代山东市场经济的变迁》，中华书局 2000 年版，第 169 页。

小清河而上约二百华里到达索镇后，再用牲口运到周村。周村每年贸易额共约关银一千五百万两。到达柳疃、青州和周村三处的货物，尤其是蚕茧和丝绸都是用牲口运输的。因为山东北部沿海海滩甚浅，民船装卸货物离岸很远，耽误时间，加以海路运输，风险较大，所以中国商人宁愿采用价格高，费时长的陆路运输。”①

周村在青岛开埠后，转以青岛为主要的输出、输入市场。1903 年胶济铁路在周村设站，大量洋货通过铁路进入周村，大大强化了其洋货转运功能。同时，当地的工商业也逐渐兴盛。当地居民消费能力提高，大大提高了洋货的销路。

运河是开埠前济宁经济能够维系的最为重要的因素，镇江市为其最为重要的经济贸易对象。此外，济宁的陆路交通条件亦相当发达。后来运河淤塞，济宁的经济经历过一段时间的低潮。1912 年济宁到兖州的津浦铁路支线修建完成以后，货运多通过铁路进行。“此时的济宁再次成为‘山东西南部商业之中心’，鲁西南商品的‘供给需用，皆握权本市场之商店’。据 1921 年调查，济宁由津浦线输出入的货物基本以浦口（上海）、济南、天津为吐纳市场，年货运总量达 30 万吨，其中输出占三分之二，输入占三分之一。”②

由此可见山东省的洋货贸易网络具有十分健全的结构。济南和青岛是省内具有全省意义的洋货分销枢纽，济宁、周村—博山、潍县作为区域性的货物集散中心，分担较低一个层级的任务。

二、现代地理学校正

现代地理学对于山东省和湖南省城市空间的研究最近亦有将研究期限上溯至近代的趋势。

---

① 青岛市档案馆编《帝国主义与胶海关》，档案出版社 1986 年版，第 55 ~ 56 页。

② 庄维民《近代山东市场经济的变迁》，中华书局 2000 年版，第 166 页。

（一）山东

王茂军等人在前人工作的基础上，在简单讨论已有的相对中心性测度方法的基础上，根据研究目的对 Tietz 公式进行了一定的补充。他们利用 1955 年私营商业调查，1982 年和 2000 年人口普查数据，通过 Neg F 法和 Sum F 法分析了“近 50 年”山东省中心城市的分布及其紧密腹地、松散腹地的变动，勾勒出了 1955 年到 2000 年山东城市体系的动态演化过程。他们认识到山东省城市体系的发展是一个逐步复杂化、有序化的过程，由分别以青岛和济南为中心城市的两个子体系逐步演化至以青岛为中心城市的单一共同体系。在这一过程中，中心城市的等级性逐渐显化。见图 4. 12。

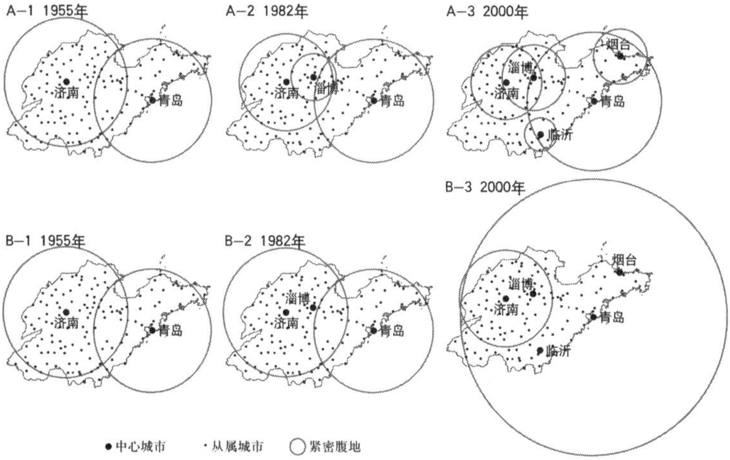

图 4. 12　山东省 1955 年以来的济南、青岛城市体系

资料来源：王茂军、张学霞、齐元静《近 50 年来山东城市体系的演化过程——基于城市中心性的分析》，《地理研究》2005 年第 3 期。

两相对比，1955 年的城市体系和 20 世纪 30 年代的洋货贸易网络的空间结构具有历史的继承性，直到改革开放后的 1982 年，山东省始终是青岛和济南分居胶济线两端，呈现双核发展的态势。不过，进入 2000 年以来，青岛呈现出较为明显的优势地位，其腹地和辐射面积都大大超过济南。

同时，王茂军等人又利用《中国实业志·山东省》的各县进出口贸易数据，建立各县进出口的OD贸易数据，利用因子分析的方式，进行鲁省内部经济空间结构的分析，较之本节，王茂军等人的文章更为深入细致。其文“通过对1932年山东省进口洋货流通的空间组织模式的分析，有以下结论和思考。……民国时期山东省进口洋货表现为三等级的空间组织结构”①。其认为，民国时期山东省内洋货分销网络分为青岛、天津两个大结节地域H1，而济南又是青岛结节地域的下一层结节地域H2，上海仅仅属于第三层次的结节地域，从属于青岛。上述结论与本节略有不同。

彭慕兰在研究19世纪末20世纪初的山东地区的资本市场、利率和区域发展之间的关系时认为，山东有三个区域性的资本市场——北路沿海、核心地区（包括黄运②北路的大部分地区）以及西南部地区（主要是黄运的南部）。③

这个区域性的划分，基于储谷的平均利润所反映的地区内的金融机构借贷利率水平，其基于如下的假设：如果将收割的谷物储存起来，若干时间后再售卖，其多赚的钱必定等于或者高于马上售卖后的货币在同样时间内存放在银行的收益率。也就是说，其认为谷物的平均利润是当地货币化收益率的底线。其通过对全省的储谷平均利润（1900—1911年，月为单位）的计算，从而划出了上述三个地域资本市场。

一般认为，资本市场和商品市场具有很好的耦合关系，在空间上必然存在一定的相似性。但是彭慕兰以资本市场划分的区域和本书以县市货物进出口所代表的商品市场的区域划分有很大不同。

这种不同的最大原因是二者所考察的市场层次不同：本书考察的货物输入，其处于开埠城市—区域中心市场这一级别，基本限于县—市这两种中心地。而彭慕兰所研究的储谷显然其流通范围仅仅限于农村（谷物产

---

① 王茂军、申玉铭、高宜程《民国时期山东城镇体系的空间组织——基于洋货空间流通的分析》，《地理研究》2007年第6期。

② 其所谓的黄运地区，是由陇海线、京汉线以及大运河所组成的三角区域，黄河贯穿而过，大概相当于今天的鲁西、鲁西北及鲁西南地区（德州、济宁、聊城和菏泽）。

③ ［美］彭慕兰著，马俊亚译《腹地的构建：华北内地的国家、社会和经济（1853—1937）》，社会科学文献出版社2005年版，第9页。

地）—最近的市场（县治或者镇甚至本村）这一级别。上述二者几乎没有重叠，也决定了最后对山东省经济空间结构的划分不同。

（二）湖南

现代地理学者对于湖南—长株潭城市群的研究进行多年，取得了一定的成果。对于湖南省内中心城市的聚类，举例如下：有的学者利用年鉴资料，选择人均 GDP、人均固定资产投资额、人均社会消费品等诸多指标，建立湖南省内中心城市竞争力影响矩阵，使用因子分析的方法，得到其因子测评总分，最后使用 SPSS 的聚类分析方法，得到其城市竞争力（综合实力）的聚类图（图 4.13）。

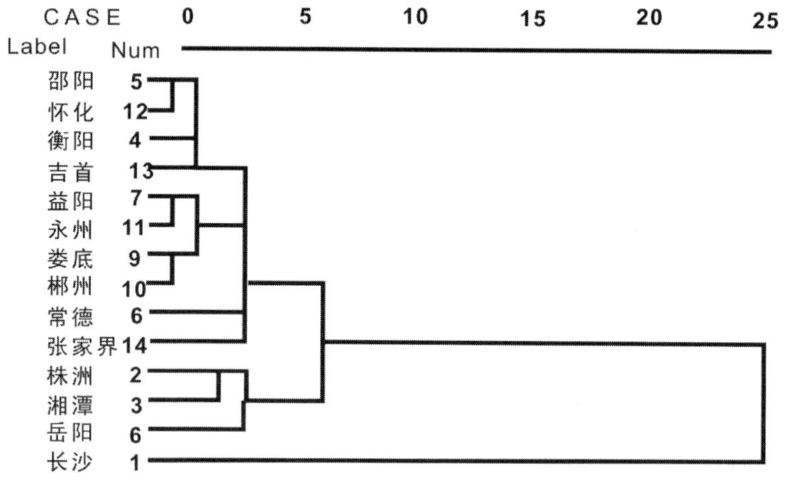

图 4.13　湖南省中心城市竞争力聚类图①

类似这样的研究，在全国范围内几乎每个省份都进行过。从某种程度上看，这是一种“静态”的城市综合实力分析，跟城市 GDP 的关系十分密切。类似的研究成果不胜枚举，研究方法和结果也大同小异。

① 根据下面的文章重绘：邹君《湖南省中心城市竞争力比较研究》，《云南地理环境研究》2005 年第 5 期。

第六节　海关统计的埠际贸易与城市间物流总值的关系

海关统计中的埠际贸易是城市间物流总值的一部分，但仍旧能够反映城市体系的重要趋势。这个论点在本书已经多次重申。但是，海关统计能够占据国内流通总值的多少比例，这个权重一直没有人进行过哪怕粗略的估计。

吴承明对国内商品量做过估计，见表4.5。

表4.5　国内市场商品量估计

（单位：亿两）

类别	年度				
	1870	1890	1908	1920	1936
A	9.68	10.32	18.02	57.61	109.01
A1 农业产品				27.94	53.86
A2 手工制造业产品				21.27	31.36
A3 近代化工厂产品				6.31	20.24
A4 矿冶业产品				2.08	3.55
B 进口洋货	0.71	1.42	4.97	8.49	11.16
市场商品量（A+B）	10.39	11.74	22.98	66.1	120.17
洋货所占比重（%）	6.83	12.09	21.62	12.84	9.29

资料来源：吴承明《近代国内市场商品量的估计》，《中国经济史研究》1994年第4期。

由吴的结论可以发现，洋货仅仅占市场商品总量的6.83%～21.62%，最多一年也只有20%略多。吴所统计的国内流通量，肯定只有一部分计入海关贸易。除了这部分洋货肯定计入海关统计，土货的流通计入海关的部分大概可以从进出口正税的比例来推算。

通过计算洋货净进口NTFI与贸易总值GV的比值，可以展开粗略估计。根据上表吴的结论，下面选择1870年、1890年、1908年和1920年作为代表，进行粗略的推算。

表 4.6　1870 年等三年的洋货贸易跟贸易总值的比例

单位 UNIT	年份 YEAR	港口 PORT	净进口 NTFI	贸易总值 GV	贸易净值 NV	比值:洋货净进口/贸易总值	比值:洋货净进口/贸易净值	年平均值 K2
TAELS	1870	上海	11928889	106425772		11.21%		37.87%
DOLLARS	1870	广州	8126616	23955676		33.92%		
SPAIN DOLLARS	1870	厦门	4905097	11923719		41.14%		
DOLLARS	1870	福州	4299312	18996369		22.63%		
TAELS	1870	宁波	5618493	14752417		38.09%		
TAELS	1870	汉口	12065161	33458725		36.06%		
TAELS	1870	芝罘	4532115	8443542		53.68%		
TAELS	1870	天津	11935176	18016942		66.24%		
HK. Tls	1890	天津	17131846	38727696		44.24%		34.87%
HK. Tls	1890	芝罘	5811206	13105538		44.34%		
HK. Tls	1890	汉口	11442179	47499347		24.09%		
HK. Tls	1890	上海	14379701	145145106		9.91%		
HK. Tls	1890	宁波	6107790	13208205		46.24%		
HK. Tls	1890	福州	3520468	11936995		29.49%		
HK. Tls	1890	厦门	5768081	14260449		40.45%		
HK. Tls	1890	广州	11020021	38604247		28.55%		
HK. Tls	1890	九龙	17960229	38592132		46.54%		

（续表）

单位 UNIT	年份 YEAR	港口 PORT	净进口 NTFI	贸易总值 GV	贸易净值 NV	比值:洋货净进口/贸易总值	比值:洋货净进口/贸易净值	年平均值 $K2$
HK. Tls	1908	大连	18472544	32688184		56. 51%		40. 78%
HK. Tls	1908	芝罘	9887640	34851743		28. 37%		
HK. Tls	1908	胶州	15718278	32089695		48. 98%		
HK. Tls	1908	重庆	13864770	31180995		44. 47%		
HK. Tls	1908	汉口	41421792	133148921		31. 11%		
HK. Tls	1908	上海	35386234	137801020		25. 68%		
HK. Tls	1908	宁波	10474478	26995355		38. 80%		
HK. Tls	1908	福州	7632264	20454840		37. 31%		
HK. Tls	1908	厦门	10124005	19832548		51. 05%		
HK. Tls	1908	广州	29753077	104984953		28. 34%		
HK. Tls	1908	九龙	30979381	53477376		57. 93%		
HK. Tls	1920	大连	70220715		203773599		34. 46%	33. 72%
HK. Tls	1920	天津	89201524		173482542		51. 42%	
HK. Tls	1920	芝罘	6569397		37838877		17. 36%	
HK. Tls	1920	胶州	25557009		67584110		37. 82%	

（续表）

单位 UNIT	年份 YEAR	港口 PORT	净进口 NTFI	贸易总值 GV	贸易净值 NV	比值:洋货净进口/贸易总值	比值:洋货净进口/贸易净值	年平均值 K2
HK. Tls	1920	重庆	8867671		35429409		25.03%	33.72%
HK. Tls	1920	汉口	58740163		169951530		34.56%	
HK. Tls	1920	宁波	9509952		28407884		33.48%	
HK. Tls	1920	福州	5149215		25612810		20.10%	
HK. Tls	1920	厦门	9865699		22299335		44.24%	
HK. Tls	1920	广州	32095248		140814317		22.79%	
HK. Tls	1920	九龙	20476342		41222995		49.67%	

从上表可以看出来，洋货在海关统计中的比例 $K2$ 在 33.7% ~40.7% 的区间，粗略估计 $K2$ 为 37%。用吴先生所统计的洋货占市场商品总量区间 $K3$（6.83%，21.62%）除以 $K2$，即 6.83%/37%，21.62%/37%，得到了计入海关统计的国内流通大概占国内总流通的区间 $K1$（18.50%，58.43%）。

$$K1 = K3/K2$$

表 4.7　1870 年等年海关统计覆盖的国内商品流通比例

年度	1870	1890	1908	1920	1936
洋货所占比重（吴的估计）$K3$	6.83%	12.09%	21.62%	12.84%	9.29%
海关统计覆盖的国内商品流通比例（本书估计）$K1$	18.45%	32.67%	58.43%	34.70%	25.11%

第七节　小结

湖南省的贸易空间结构上具有很大的极化程度（图 4.14）。长沙、常德、衡阳—湘潭和邵阳是四大水系的贸易集散地，通过这便利的水路条件，将下属各县串联起来。湖南省受限于其内陆省份以及半盆地的自然地理条件，货物运输受到极大限制。从湖南境内的唯一一条铁路——粤汉铁路 40 年整才修建完毕①，吾等可知，在近代国内政治军事情况非常不稳定的情况下，水运之外的其他运输方式实在难堪重任。过于依靠水运方式，决定了湘省进出口贸易空间结构的高度集中。

① 倡议于光绪二十二年（1896），建成于 1936 年。

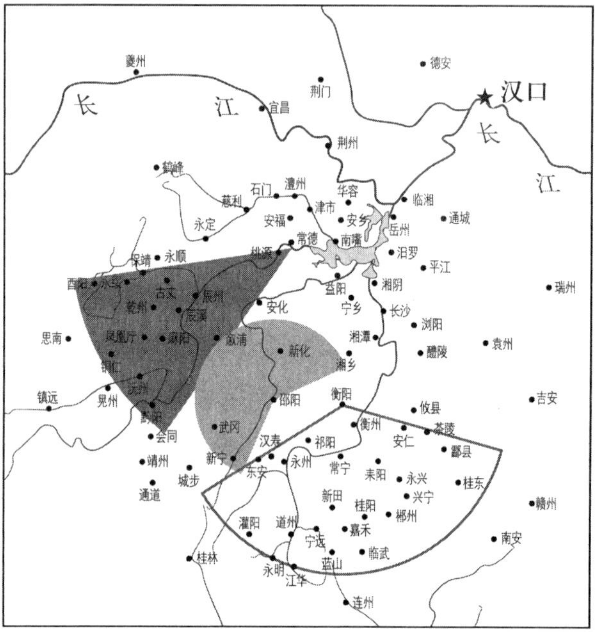

图4.14　湖南省常德、邵阳、湘潭和衡阳的辐射范围

山东省在20世纪初就建成了当时最为现代化和快速的胶济线，津浦线也继而完工。同时，胶东沿海的若干优良开埠港口，为洋货进入山东省创造了便利的条件。因此，洋货分销网络的空间结构较为分散，不似湘省那样集中。而且，胶济线对其沿线腹地的土货出口具有极大的拉动效应，提高了居民的收入，通商也提高了其洋货消费能力。上述二者，相辅相成。（见图4.15）

同时，本书粗略地估计了海关所覆盖的国内流通部分，这个比例从18%到58%不等，充分表明了海关统计的年际变化。

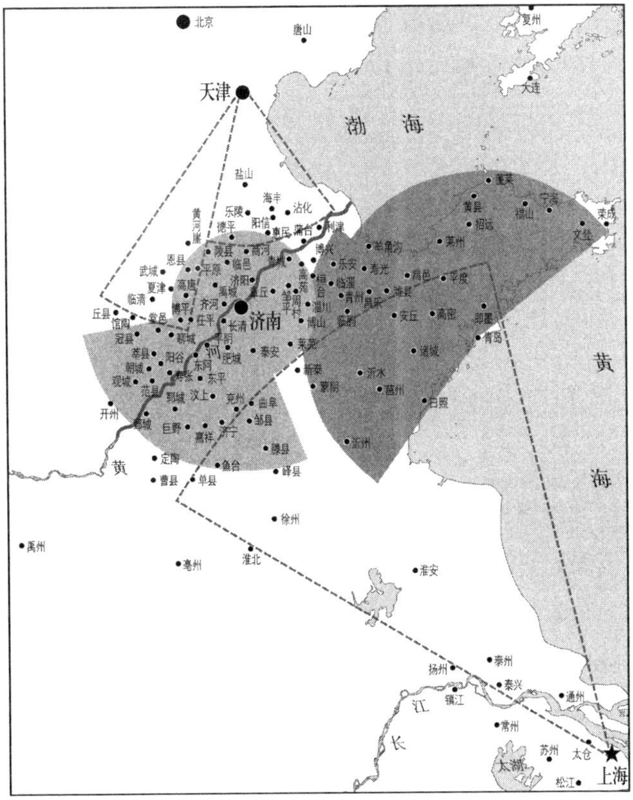

图 4.15　山东省洋货贸易的空间结构

第五章　埠际贸易网络和对外贸易网络的关系

第一节　国内埠际贸易网络和对外贸易网络的契合点

开埠之前的国内流通情况，在亚洲区域内部的贸易而言，是以中国和印度为两个核心，以东南亚为中间媒介的亚洲区域市场。中国以朝贡体系和互市贸易等官营贸易为契机，民间贸易不断扩大，由华侨、印侨从事的帆船贸易在亚洲区域内形成了多边贸易网。在这种贸易网中，中国的茶叶、生丝、土布，日本的贵金属、海产品，泰国的大米，印度的棉花，爪哇的砂糖等在多边贸易中都发挥着作用。可以说，19 世纪中叶以后形成的近代亚洲市场，并不是在近代西欧资本主义打开闭关锁国的亚洲这一开放过程中形成的，而是通过上述西欧国家进入和改组亚洲市场而形成的，在世界市场中占有特定位置，表现为一种历史性继承状态的亚洲市场。①

开埠之后，中国的对外贸易联系突破了亚洲市场的藩篱，逐步融入了世界市场。而国内市场也逐步有了轮船和铁路等现代运输方式，其运输能力和速度都大大提高。国内市场的流通商品结构亦有不同程度的改变。

埠际贸易跟对外贸易相比差距不大，“埠际贸易总值只合五百几十亿小米，仅及对外贸易总值的 1.43 倍，这实在是一件令人难以想象的事。诚然我们的数字限于轮运贸易，并不是埠际贸易的全部，可是我们知道长距

① ［日］滨下武志著，高淑娟、孙彬译《中国近代经济史研究——清末海关财政与通商口岸市场圈》，江苏人民出版社 2006 年版。

离贸易的运输工具，主要是轮船、火车和长途汽车，而我国火车和长途汽车运输量总共不及轮船运输量的3倍。据此以推全部埠际贸易亦仅值2132亿斤小米，这个数字依然是一个很小的数字”①。

吴承明在研究鸦片战争以前的国内市场流通时认为，当时国内最主要的大宗商品粮食和布匹的长距离贩运仅仅占其总生产量的15%～20%。“直到鸦片战争前，我国国内市场，还是一种以粮食为基础、以布（以及盐）为主要对象的小生产者之间交换的市场结构。在这种市场模式中：（1）主要商品，即粮和布，还都是农民家庭生产的，并且，粮基本上没有商品生产，布也主要是农家自用有余的布；（2）粮和布的长距离运销在它们的商品量中只占15%～20%的比重，而绝大部分仍是区域内的和地方小市场的交换。”②

长途贩运的比率一直是偏小的，这和国内生产水平的低下以及交通工具的落后息息相关。

开埠之后，情况发生了革命性的变化。开埠前近乎封闭的国内贸易体系，开始融入东亚贸易体系甚至世界的贸易分工体系以及金融体系。在这个过程中，原来的贸易网络和销售渠道是怎么适应这种变化、两种贸易网络又是怎么融合的？通过何种方式契合在一起的呢？

国内埠际贸易和对外贸易的契合点有二：虚拟契合点和物理契合点。

虚拟契合点：埠际贸易与对外贸易的交集是洋货转运和土货出口之前的国内运输过程，如何估计这部分的价值以及所占埠际贸易和对外贸易的份额？这是本节的主要工作。

针对不同的港口，洋货转运和土货出口之前的国内运输过程在全部税收体系中的份额是不同的。如何界定这个比例？本书采取指数β辅以指数γ。

---

① 章有义《明清及近代农业史论集》，中国农业出版社1997年版，第222页。

② 吴承明《论清代前期我国国内市场》，见《中国的现代化》，生活·读书·新知三联书店2001年版，第163页。

$$\beta = (Q_{沿岸税} + Q_{子口税}) / Q_{总征收}$$

$$\gamma = (Q_{沿岸税} + Q_{子口税}) / Q_{进口正税}$$

显然，沿岸税代表进口商品在通商口岸之间的流通，而子口税代表进口商品深入内地的过程，同时，亦能代表一部分土货出口前在国内的转运过程。当然，这并非国内流通的全部，但在当前的数据下，也唯有依赖上述二者对国内流通部分做一定量的研究。见图 5.1。

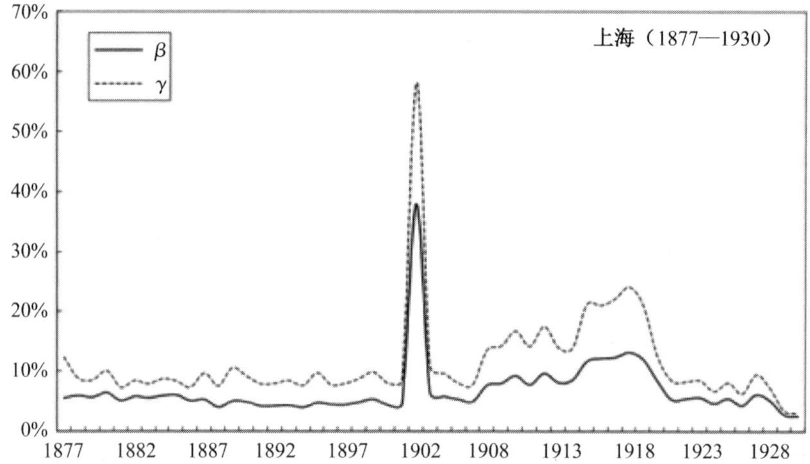

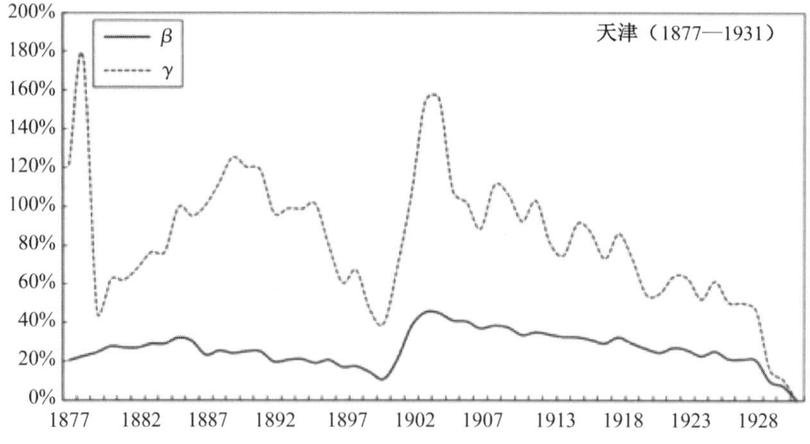

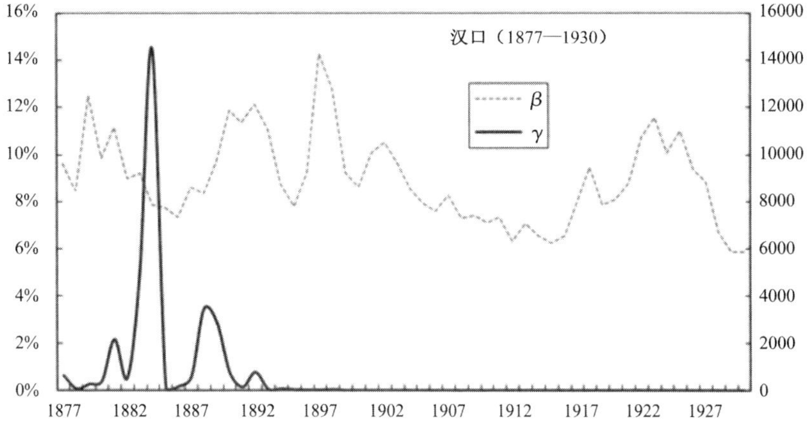

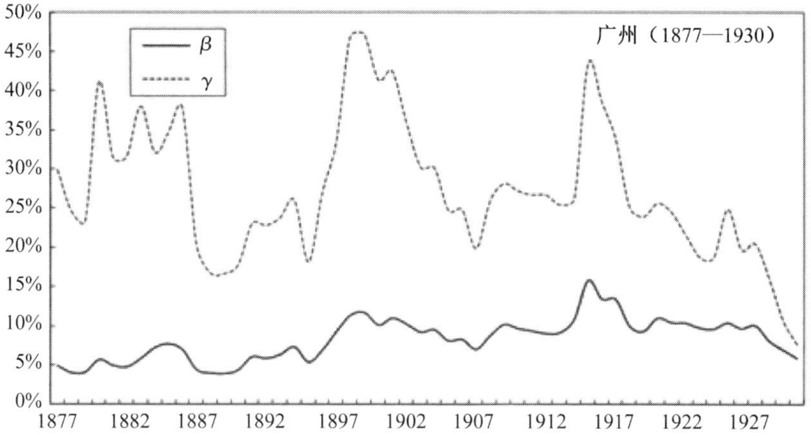

图5.1　上海、广州等四港β和γ指数

β指数在各个港口的分布很不平均，上海和汉口的β指数在10%上下波动；广州的在1897年以前稳定在7%，后来跃升到10%甚至16%；天津更多，一直在10%以上，甚至达到35%。由这四个港口的β和γ指数的长期发展趋势来看，各个港口的β指数都一直在15%上下波动。我们知道，海关统计的范围仅仅限于长途贩运的轮船运输，因此，这个15%大概指的是在所有的海关监管中，国内长途贩运的货物比例为15%。γ指数的港口间差异非常大，而尤以天津为最高。γ指数说明天津进口洋货的很大部分都转口到别的商埠或者深入内地。

两个指数综合来看，较之吴承明的结论，国内长途贩运的货物比例较之前显得更低了。其实，这是由海关监管贸易的局限性所决定的。大量存在的木船运输和陆上运输是无需海关完税的，因此，数字偏低也是理所应当的。

物理契合点：众多的港口担负国内埠际贸易枢纽和重要对外贸易出口港的双重身份，如何将46个城市进行大致功能分类？可以分为以埠际贸易为主的港埠、以对外贸易为主的港埠、两者均衡的港埠。

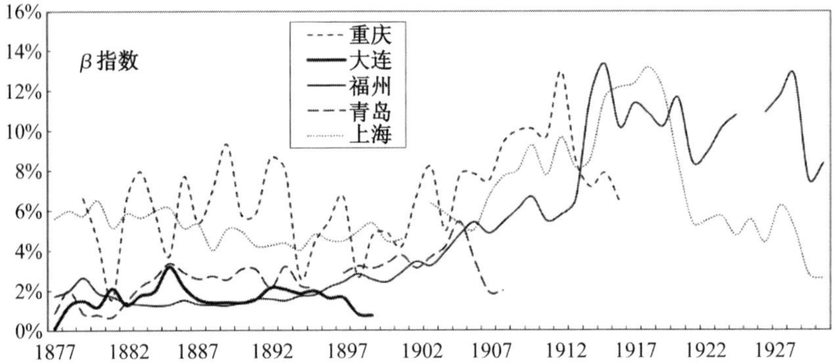

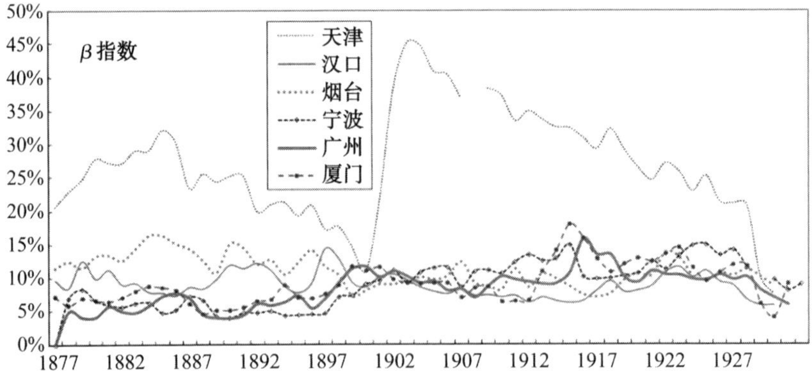

图5.2　主要港口的β指数发展趋势

根据图5.2，β指数的多年平均值，我们将这些港口分为两类。β指数的多年平均值在8%以上的天津、汉口、烟台、宁波、广州和厦门被定义为“内贸型港埠”，β指数的多年平均值在8%以下的重庆、大连、福州、青岛和上海被定义为“外贸型港埠”。所谓内贸型，指的是在港口海关所监管的所有贸易中，跟国内流通的贸易占据了相当的部分，在8%以上；而外贸型的，指的是在海关监管下，国内流通部分较少。

我们将海关所覆盖的那一部分贸易，看作全国贸易总流通的一个切片研究（这种比喻无疑是相当粗略的），β代表子口税加上沿岸税占海关税收总和的比例，这个比例，在15%上下进行年际波动。

第二节　国内贸易和对外贸易发展的同步性

一、四个主要税收项目的长期趋势

对国内贸易流通进行精确的衡量具有一定的难度，这是因为对外贸易数据均可通过海关统计得到，而国内贸易绝不仅仅限于海关统计部分。但是，海关统计所不能覆盖的那部分国内流通，限于资料，我们无法得到其精确的数字。因此，本书将沿岸税（复进口税）、子口税和转口税的某些年份综合起来，作为国内贸易的衡量指标；将进出口税收作为对外贸易的衡量指标。

子口税和沿岸税又有不同，“复进口半税亦称沿岸贸易税，谓课于由本国通商此口转运本国通商彼口之土货之税也。因土货输出外洋各国，或本国沿岸，待遇一律，故曰复进口。因所征之税等于出口税之半，故曰半税。亦因调剂常关税收而设，盖土货复进海关，设不课税，则向来通过常关者，有所趋避，将失平均之道也。肇端于清咸丰十一年长江通商收税章程，其第十二款内载‘洋商由上海运土货进长江，该货应在上海交本地出口之正税并先完长江复进口之半税，俟到长江各口后，一经离口贩运，无论洋商华商，均逢关纳税、过卡抽厘’。又第三款内载‘洋商由上海运到别口所来之土货，已在别口交过出口税，并在上海交过复进口税，如再出口往长江，毋庸再在上海纳出口税，并长江复进口之税，俟到长江各口后，一经离口贩运，无论洋商华商，均逢关纳税、过卡抽厘’等语”①。由此可见，沿岸税是国内贸易的税种。与子口税的不同之处在于，沿岸税是通商口岸之间的，而子口税是在货物由通商口岸向内陆消费市场的过程中所征收的。

因为开埠港口的数量是逐年增加的，每隔几年的开埠港口数量几乎都不一样，所以若计算当年所有港口之和的所谓“全国”的某项税收指标，必然是不精确的。倒不如计算某一个港口的某项税收指标。我们选择上海、汉口、广州和天津四个具有代表性的港口来进行计算。

如在前言中所述，本书涉及进出口的长期经济数据，均采用南开指数进行折算，本书涉及国内流通的部分，采取“中国批发物价总指数”进行折算，这两个指数均以1913年为基期，因此，具备两相比较的科学基础。见表5.1。

表5.1　南开指数和中国物价指数

年份	南开指数进口	南开指数出口	中国物价指数	年份	南开指数进口	南开指数出口	中国物价指数
1877	35.5	40.8	62	1887	43	51.8	69
1878	35.7	40.2	65	1888	43.6	52.4	70
1879	35.2	41.3	64	1889	44.3	53.5	71
1880	38.3	41.1	65	1890	40.7	51.5	75
1881	39.6	40.5	64	1891	38.7	52.3	71
1882	37.6	36.2	64	1892	39.6	51.4	66
1883	37.1	36.8	61	1893	44.7	50.8	71
1884	37.1	32.9	62	1894	62.8	52.8	74
1885	38.1	33.9	63	1895	66.1	53.5	71
1886	43.3	35.3	66	1896	67.1	57.7	72

① 盛俊《海关税务纪要》，商务印书馆1919年版，第108页。

（续表）

年份	南开指数进口	南开指数出口	中国物价指数	年份	南开指数进口	南开指数出口	中国物价指数
1897	71.8	66.1	79	1915	113	107.8	118
1898	71.9	62.3	84	1916	122.4	117	118
1899	67.2	78	93	1917	131	106.2	122
1900	74.8	72.1	87	1918	147	114.5	123
1901	75.3	70.6	81	1919	150.2	112	121
1902	78	81.7	97	1920	175.7	112.9	131
1903	88.3	89	103	1921	118.6	91.5	132
1904	87.2	92.7	99	1922	100.8	94.4	130
1905	81.2	90.4	111	1923	99.1	100.2	137
1906	75.4	90.6	100	1924	96.2	100.9	133
1907	82.3	97.6	104	1925	94.7	101.4	146
1908	95.4	94.1	110	1926	91.8	103.3	149
1909	95.1	90.5	111	1927	95.6	98	157
1910	102.5	91.8	102	1928	91.3	101.3	156
1911	102.2	91.5	106	1929	88.2	105.7	162
1912	100	88.6	106	1930	94.7	103.3	178
1913	100	100	100.1	1931	101.7	98.1	190
1914	108.9	105.4	106				

经过折算，天津、上海、汉口和广州四港口的进出口税、沿岸税和子口税的长期发展趋势如图5.3至图5.6所示。纵坐标采用的都是其在当年“所有”开埠港口的份额权重。

天津的进出口贸易趋势，具有明显的同步性：子口税和沿岸税呈现一定程度上的同步，但是二者关系十分不稳定，子口税亦波动极大，二者均与进出口贸易税看不出任何关系。进出口贸易税收份额均不断稳定增长，由于制度因素和税收则例的变化，在1920年以后增加极为剧烈。见图5.3。

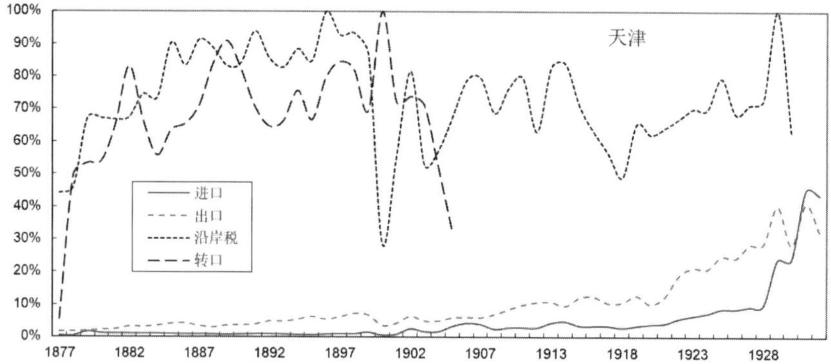

图5.3　天津的进出口贸易、沿岸贸易和子口税贸易长期趋势

作为近代最为重要的港口，上海的四项税收指标具有代表性的意义，可以作为全国贸易状况的一个代表。上海的进出口贸易具有非常明显的同步性，在1930年前后达到顶峰，可以看到进出口贸易在其时具有双峰形态。代表国内贸易的沿岸贸易税和子口税，从1920年前后开始，二者走向大相径庭，沿岸税逐渐走低，子口税不断走高。见图5.4。

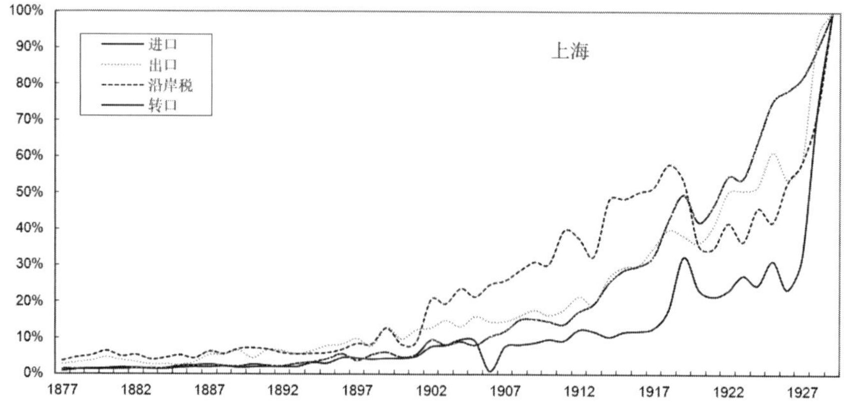

图5.4　上海的进出口贸易、沿岸贸易和子口税贸易长期趋势

上海子口税的走向与出口税的走向有同步性的趋势，而与进口税差异很大。子口税和出口税的征收对象具有相当的同构性，换句话说，出口土

货的内地转运过程在很大程度上是在子口单保护下进行的。沿岸税和进口税的同步趋势相对明显。可见，沿岸税的征收对象和进口税具有相当的重合度，换句话说，进口洋货的很大一部分又通过沿岸贸易转入别的通商口岸后，再进入终端市场。

在 1920 年以前，汉口的出口税和子口税均不断稳定增长，显示汉口为一个贸易不断走向兴盛的开埠港口，而尤以沿岸税为甚。子口税较为稳定，出口税的增长非常显著。由此可见，对外贸易和国内贸易走向关系非常复杂。同时，也可以认为，在汉口腹地范围内，子口税单的制度并未得到很好的贯彻，因此，本地商人和洋商均自觉地不采用这样的方式进行长距离贩运，或者，在执行的过程中，多有反复。

子口税的发展轨迹，在 1910 年以前，进口税和出口税的发展趋势都有一定同步性。但在 1920 年以后，汉口进出口贸易衰减的幅度都非常剧烈。见图 5.5。

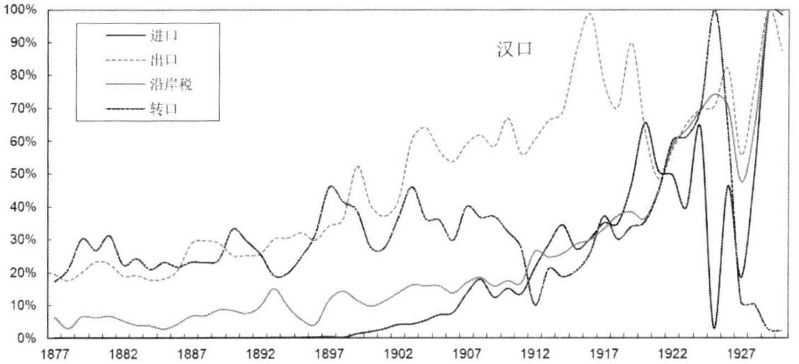

图 5.5　汉口的进出口贸易、沿岸贸易和子口税贸易长期趋势

非常有趣的是，汉口的进出口税收波动图谱有一定程度的类似，但是其具有 4 ~5 年的差距。

如同汉口，在广州出口税也是增加最为显著的税种，沿岸税和其相关性非常明显，亦具有类似上海的征收对象同构性。子口税非常不稳定。见图 5.6。

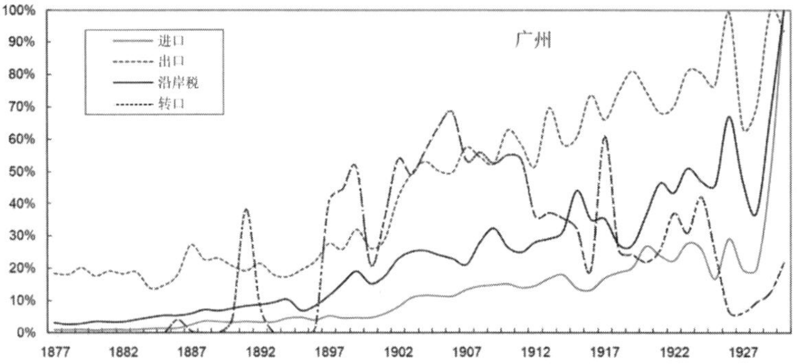

图 5.6　广州的进出口贸易、沿岸贸易和子口税贸易长期趋势

纵观四个主要代表性港口，有如下结论：

1. 沿岸贸易较之子口税单下的贸易要稳定得多。

首先要回顾一下在本书的研究时段之前若干年，沿海及内河贸易的发展轨迹和背景：

1842 年中英江宁条约：广州、福州、厦门、宁波和上海五口通商。

1844 年中美五口贸易章程—海关税则：五口之内美国人可贸易居住，五口之外则不许。

1844 年中法五口贸易章程—海关税则：法人待遇同上。

1858 年中英天津条约：前述五口之外，牛庄、登州、台湾、潮州等英商亦可买卖，但在其余地方，皆属于违法。

1858 年中法天津条约：法人待遇同上。

1858 年中美天津条约：美国人待遇同上。

1861 年中英长江各口通商暂订章程：英船可在江海关领证直达汉口。

1861 年各国长江各口通商暂订章程：洋商可雇买内地船只上下长江。

至于沿海的贸易，亦有一个逐步发展的过程：

1858 年中英通商章程善后条约：豆饼豆石，在登州、牛庄两口外，英商均可带运出口。

1858 年中英天津条约：轮船下货，可由英商自行用小船运走。①

到此为止，所有的贸易权利都是限于洋货进口的。后来，洋商获得土货的贸易权。

“在整个十九世纪中，各国对华贸易政策的特征是，一旦用侵掠或让与的方法取得一项利益，便尽速把这项利益载在条约规定中，以期给予这项既得权益以合法权利的地位，借以防范它的万一被收回。外国人最初是为了企求利润，把他们的贸易强加给中国，继而又恼恨中国人所愿意据以进行贸易的条件，便由当日工商业最发达的那个国家亲自打了一次胜仗，强加中国以他们自己的贸易条件。通商的权益虽然在战争以前就已经存在，但是结束那次战争的和平条约却把权益变成为条约权利了。口味越吃越大。既然已经把他们的贸易地位合法化，又已经取得了对特定口岸直接进行进出口贸易的权利，这些贪得无厌的侵略者便立刻着手作更进一步的侵略。对他们来说，货物交换——那怕是违禁品的交换，以及买进和卖出的行为，乃是比法律都更加必要的事情，因此据他们的看法，这也就使得他们那种硬把贸易推展到非通商口岸的行为成为名正言顺的了。于是他们便又希望能用新条约把这些非通商口岸的开放加以合法化。……可是他们并不满足于仅仅把外国货直接输入那些已经和未经条约开放的沿海口岸，以及从那些口岸把中国货输出外洋，他们现在又急于乘机猎取中国货的沿岸运输业务，这种业务，如上文所述，在它的起源上显然是一种最不平常的权益，但是不久却又固结成为一种条约权利了。他们甚至于还不以此为满足，竟觊觎着中国船舶在中国内河所进行的广大国内贸易，不久就又叫嚣着要中国方面不但准许他们把帆船和轮船驶进扬子江，以便尽可能掠夺那条在当时公认为世界上最富饶的内河流域的一些贸易，而且准许把上海地区中的川流和运河开放给他们的小火轮运输业，借以取得通往该地区中

---

①　聂宝璋编《中国近代航运史资料（1840—1895）》（第一辑）上册，上海人民出版社 1983 年版，第 71 ~ 72 页。

无数内地村镇的便利。”①

由此可见，洋商首先深入内地的洋货贸易，接着是部分劫夺土货的出口贸易，然后是部分劫夺土货的国内转运贸易，最后甚至进入了支流的运输贸易。

在本书研究时段的起始年份，中国转口土货也被征税了。“迨至本文所述期内（1859—1871 年）洋商又渐将其旧有帆船弃置不用，而群以轮船为代，于是中国帆船，相形益绌，而转口贸易遂愈为洋船所攘夺。嗣后中国对于转口土货，除在出口商埠照征出口税外，复在进口商埠加课复进口半税，其税额适为出口税 25%，核与子口税相同。殆因此项土货，苟不舍陆就舟，则经过内地关卡时，必完各种内地税，故令其缴纳复进口半税，以资抵补也。”② 按照一般观念，国内土货的转运，应该受到中央政府的鼓励，实行减免税收的措施，这样才能促进国内流通的发展、促进地区间商品流通，但是，清廷此举，亦是无奈。

用外国船在通商口岸间进行土货贸易，这一直是条约和政治上的灰色地带。其未得到官方的许可，但又大量存在，在《天津条约》签订之前就存在了。国内商人掌握的木船在成本和灵活性上优于洋商的轮船，但是沿海猖獗的海盗劫掠行为对木船贸易是一种致命的打击，因此很多贸易商人选择安全的外商轮船，而不愿意冒着血本无归的风险选择本土船只。

“上述事实表明不但通商口岸的中国商界倾向于外国贸易和外国船舶的存在，就连沿海一带的广大居民，也有这种倾向。他们不会没看出这些将会促进他们地区的繁荣。在沿海进行运输或是在锚地停泊的外国船，要想得到补给品，那是极其容易的。此外，外国船与当地的中国人也保持着

① ［英］莱特《中国关税沿革史》，生活·读书·新知三联书店 1958 年版，第 324～325 页。

② 聂宝璋编《中国近代航运史资料（1840—1895）》（第一辑）上册，上海人民出版社 1983 年版，第 190 页。

友好的关系。”①

“在六十年代初期，轮船已经定期航行于上海和当时实际上开放的沿海每一个口岸之间，所有这类船只都像载运洋货一样地载运土货。随着贸易的发达，这些沿岸贸易船，无论是帆船或轮船，特别是在一八五〇和一八六〇年之间，数目增加极快。因此在一八六三年，根据领事报告书的证明，往来于上海的十分之七的英国船都从事于沿岸贸易，而实际上当时诸如天津、烟台、牛庄、宁波和除汉口而外的扬子江各口的全部贸易都在于土货和洋货的沿岸贩运，这些地方中的任何一处和外洋的直接的贸易都微乎其微。”② 也就是说，洋商所控制下的轮船进行的沿岸贸易，是沿海诸港和长江沿岸的中小型港口的主要贸易种类。洋商在中国享有较高的政治地位和一定的治外法权，猖獗的海盗和当地贪腐官员在抢劫和索取贿赂时也有所忌惮，因此，更多的国内贸易转移到了沿岸贸易上。作为一种常识，贸易量越大的贸易类型越稳定，这也就可以解释为何沿岸贸易较之子口税单下的贸易更加稳定而且不断增长。

因此，所谓的沿岸贸易，慢慢转化成了被外商分食的国内贸易流通那一部分的代名词。对比子口税和沿岸税，沿岸税面向通商口岸之间的贸易，子口税面向通商口岸深入内地消费市场的过程，这是一个系统的不同层级的贸易。通商口岸的人口规模、消费能力岂能是内地市场所能比的？因此，沿岸税较之子口税更为稳定，更有稳定发展的潜力也就不足为奇。

2. 汉口、广州和天津子口税为何这么不稳定而上海为何较为稳健地增长？

子口税的征收对象都是深入内地市场的，较之沿岸税在通商口岸直接的贸易更为复杂、距离更长，更容易受到国内政治军事事件的影响。

在本书的起始年代 1877 年之前的几年，子口税单下的转口贸易仍然并

① 聂宝璋编《1857 年 10 月 1 日渣甸致额尔金信件提要》，《中国近代航运史资料（1840—1895）》（第一辑）上册，上海人民出版社 1983 年版，第 187 页。

② ［英］莱特《中国关税沿革史》，生活・读书・新知三联书店 1958 年版，第 187 页。

不发达，“中国当局仍然在使用转口证运输商品的途中设置障碍，这使外国商人除了通过中国商人之外，不想进行任何要向内地输入商品的认真尝试。即使在中国人手中，对在途商品所征税项也大大阻碍了商品向一定范围以外地区的输出”①。同时，国内的制度环境也未能保证这些制度的彻底贯彻。“1875 年，转口税的增加明显地是一种健康的征候，但中国官方仍未对转口证制度给予必要的支持，使它得以顺利试行和自由发展。就运往苏州河更远地区的布匹而言，按同业公会与道台订立的合约，每年缴纳 2 万两的补偿款就能使这项商品免除厘金和其他税款运到一定距离的内地，这笔费用比转口税要少些；商人们宁可缴纳派给他的定额以便与公会保持友好关系，而不愿采用转口单的办法以代替前者。他们还说：即使转口单受到尊重，但当使用转口单的商品和其他凭公会保证书的商品同时到达关卡时，后者总是得到优先检查和迅速办理，而且使用转口单的商品毕竟还得付给关卡小吏一笔小费以博得他们的好感。因此，凡是要尽早运达市场的商品，使用转口单的结果必然大多要遭受亏损。”② 也就是说，在 1877 年前后，子口税单使用的范围仍然极其有限，而且使用权仅仅局限于外国人，不过，外国人也是通过中国的代理商进行贸易的。但是上海依旧成为这四个最主要的开埠港口中唯一的子口税持续增长的港口。这主要是因为上海出口贸易一直旺盛而稳定。

子口税制度，在一定程度上扩展了上海的腹地范围，抢夺了长江沿线诸如镇江、汉口等地的腹地。如在 1898 年的《修改长江通商章程》里面就规定：“沿江贸易船只计分为三项：出海大洋船、江轮船和小船。凡是驶往镇江上游的大洋船应该在镇江、吴淞或上海请领长江专照；江轮船应

---

① ［英］麦华陀《领事麦华陀 1875 年度上海贸易报告》，见李必樟译编《上海近代贸易经济发展概况：1854—1898 年英国驻上海领事贸易报告汇编》，上海社会科学院出版社 1993 年版，第 362 页。

② ［英］麦华陀《领事麦华陀 1875 年度上海贸易报告》，见李必樟译编《上海近代贸易经济发展概况：1854—1898 年英国驻上海领事贸易报告汇编》，上海社会科学院出版社 1993 年版，第 391 页。

该在上海请领江轮专照，每年在上海、汉口或宜昌换领一次，并且应在发给或换发江照的口岸缴纳船钞……一切小船，无论是划艇、钓船，或洋商雇用的民船，都必须按照持有长江专照的大洋船例，报关、起货和完纳税钞。”① 从这里可以看出，行政制度规定了完税必须在镇江和上海等某几个特定的港口，也无形中扩大了其腹地范围。如果没有这样的规定，轮船可在任意抵达港口完税，上海港的腹地范围就不会像海关税收的统计数字所反映的这般广阔。

二、战争对两种网络的不同影响

战争对于埠际贸易的影响在直观上是相当明显的，由于北方开埠港口不断被侵占，税收不断流失，同时，由于敌对双方的共同节制，敌占区和非敌占区间的贸易被切断的情况非常严重。见图 5.7。

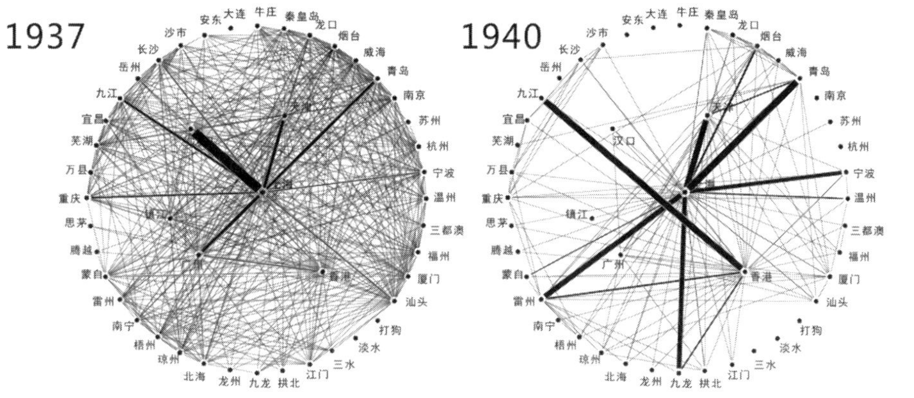

图 5.7　战争对埠际贸易的影响

但是，经过赫芬达尔指数的分析，发现国民政府控制下的国内埠际贸易的空间结构一直处于较为稳定的水平，并未因为战争而产生过于垄断的局面。

① ［英］莱特《中国关税沿革史》，生活·读书·新知三联书店 1958 年版，第 333 ~ 334 页。

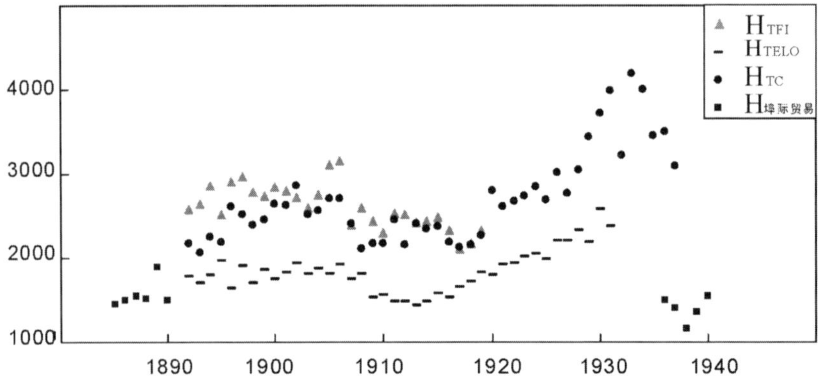

图 5.8　埠际贸易和对外贸易三个指标 $U_{TFI}-U_{TELO}-U_{TC}$ 赫芬达尔指数变化趋势

洋货进口值 U_{TFI}（Total Foreign Imports）、总征收 U_{TC}（Total Collection）和原出口货值 U_{TELO}（Total Exports of Local Origin）作为对外贸易的代表，其赫芬达尔指数十分不稳定，而且，在长期趋势上是增长的。

从上图可以明显地看出来，埠际贸易的赫芬达尔指数在 1890 年前后和 1936—1940 年都稳定在 1500 上下，并未发生太大的变化。而同期的对外贸易所反映的 U_{TC}、U_{TELO} 均增长明显。

1937 年之后的战争，客观上造成枢纽城市原有转运职能的意外强化，其余港口则反之。从总体看，并未使反映港口体系的赫芬达尔指数走高，有的年份如 1938 年和 1939 年甚至比 1900 年前的还要低一些。按照一般的观念，战争必将摧毁既有的埠际贸易空间结构，切断港口间的贸易联系，造成港口贸易向若干尚未受到战争影响的港口集中，从而不可避免地导致整个埠际贸易体系的空间极化。但是，事实恰好相反。战争因素未能使埠际贸易空间结构更加集中，赫芬达尔指数基本稳定，埠际贸易空间结构基本稳定。究其原因，笔者认为：

1. 战争期间的减税措施对国内贸易有一定的恢复作用。众所周知，国内流通要负担众多的税种，运输成本是很高的，战争期间，国民政府为了恢复流通，颁布了众多统一全国税率的条例，从一定程度上降低了运输费用。

2. 江海关在战争开始后较长时间内仍旧发挥其作用，是维持这个埠际贸易网络的关键节点。上海承南接北，又是长江航道的终端，其战争爆发后在多方斡旋背景下留存部分职能的事实很大程度上保证了国内流通网络的基本完整。

3. 战争开始后国民政府开辟了众多西南新运输线。

4. 国内埠际贸易网络是一个有机体系，其基础是不计一切追逐利润的商人所组织的商业单元，其在战争中的钻营和保持活力的能力也许大大超过了学者们的想象。一般而言，战争状况下的运输风险虽高，但是其利润率要远远高于和平时期，所以对于商品流通而言，还是有利可图的。

总结而言，埠际贸易的空间极化并未因为战争而更为集中，对外贸易的空间极化程度则以战争因素而增加非常显著。

第三节　对外贸易和埠际贸易的首位城市变动

首位城市（Primate City），指的是在某些指标的城市序列中居于首位、权重最大的那个城市。

首位城市的变动以及长期变化趋势可以反映整个城市体系的变化。

一、对外贸易

在进出口正税和总征收这三个指标的四城市指数中（图5.9），进口正税的四城市指数是最高的。这说明，在进口贸易最为繁荣的港口中，处于第一位的港口（上海）占据最大的权重，进口贸易非常明显地集中于这个港口。而出口贸易和总的进出口贸易则处于较为适当的贸易空间集中程度。

1877—1945 年这段时间，进口正税四城市指数的变化剧烈，这意味着进口正税的权重排列顺序变动非常不稳定，经常发生权重排名上的更迭。出口正税四城市指数和总征收四城市指数较为稳定。在研究时段的前期，后二者具有一定的同步性，中后期，三者均具有同步性。特别是 1937 年之后，三个指数均有上升，说明各项贸易均向首位城市集中。

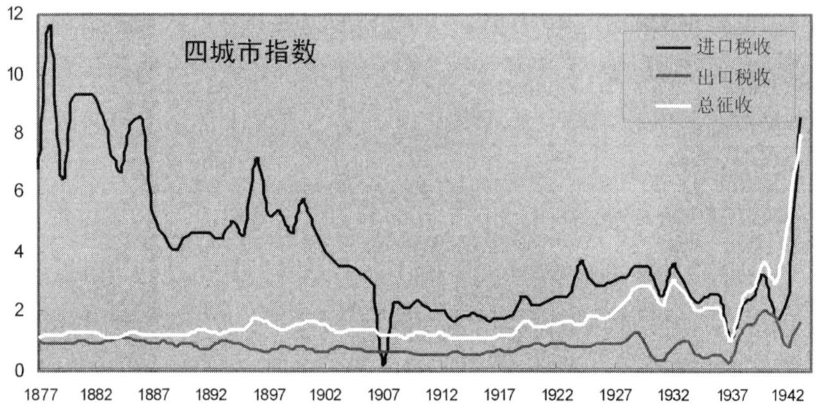

图5.9　进出口税收四城市指数

（1916年以前，出口税收以汉口为首位城市，之后为上海）

进口正税的首位城市是上海，要远远高于后面的港口。2～4位港口城市较为胶着，在长时间尺度上经历了多次序位变迁（图5.10）。

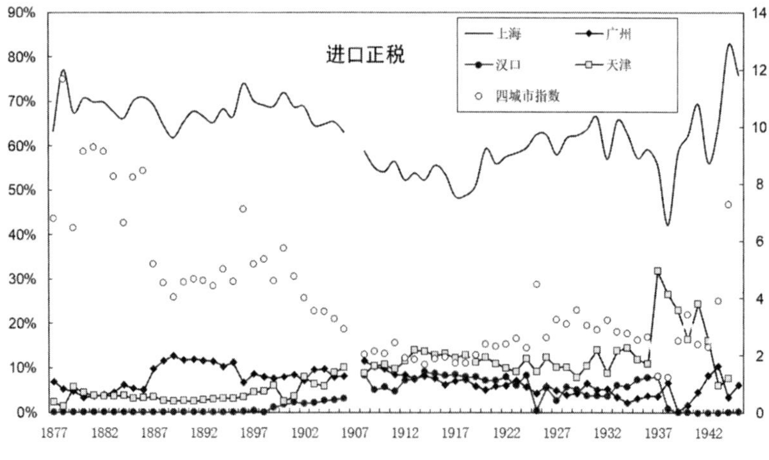

图5.10　进口正税的四城市长期趋势

（1907年数据过大，舍弃）

出口正税与进口正税差异很大，没有一个港口的权重超过50%，这说明在出口贸易的空间结构上，各个港口的差距不大。但是到了后期，由于战争因素，汉口和广州的出口遭到毁灭性打击，所以整个序列进入混乱状态（图5.11）。

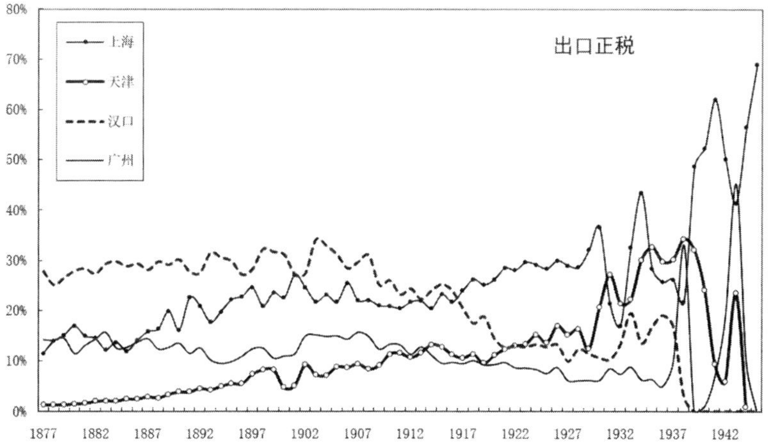

图5.11　出口正税的四城市长期趋势

二、埠际贸易

本节根据前面几个章节的埠际贸易矩阵，计算出了1885—1890年和1936—1940年两个时间段埠际贸易的四城市指数。

表5.2　埠际贸易的四城市指数以及排名

年份	四城市指数	首位	第二位	第三位	第四位
1885	1.036525157	上海	香港	汉口	天津
1886	0.911930994	上海	香港	汉口	广州
1887	0.865796926	上海	香港	汉口	广州
1888	0.813210421	上海	天津	汉口	广州
1889	0.919266023	上海	天津	香港	汉口

（续表）

年份	四城市指数	首位	第二位	第三位	第四位
1890	0. 857259315	上海	香港	汉口	广州
……	……	……	……	……	……
1936	1. 290622736	上海	汉口	天津	香港
1937	1. 276033677	上海	汉口	香港	广州
1938	0. 856064203	上海	香港	天津	广州
1939	1. 095154186	上海	香港	天津	青岛
1940	1. 177656839	上海	香港	青岛	天津

埠际贸易的首位城市一直很稳定，上海在1885—1940年半个多世纪时间里，一直处在国内埠际贸易的第一位。而埠际贸易的第二位到第四位经常发生顺序的颠倒，香港、天津和汉口均进入过第二位。

总结而言，埠际贸易的四城市指数一直在1的上下波动（图5.12）。这意味着，上海的埠际贸易值等于第二位到第四位港口值之和。而进口贸易的四城市指数要高其一个数量级（图5.9），较为温和的出口贸易和贸易

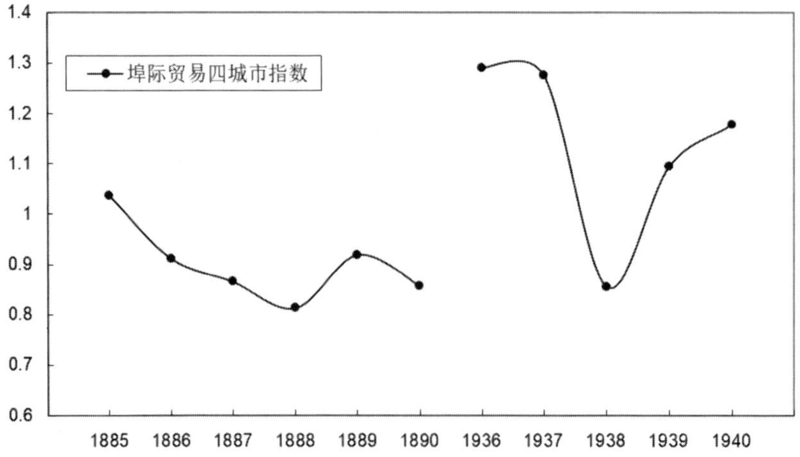

图5.12　埠际贸易的四城市指数示意图

总值的四城市指数仍远远高于埠际贸易。这意味着，在权重最大的 4 ~5 个港口中，埠际贸易的港口间差异较小，进出口贸易的差异非常大，空间上的极化很严重。

第四节　小结

任何港口都有可能同时担任国内网络的节点和对外贸易的起止点，因此，国内贸易网络和对外贸易在表面上很难区分开来，必须通过税收明细和财政进行区分。上述两个网络在国内有两个契合点：虚拟契合和物理契合。

虚拟的契合通过沿岸税与子口税之和跟总征收的比值 β 来确定。经过对广州、上海、汉口和天津四个主要代表性港口的分析，我们大致认为 β 值的多年平均在 15% 上下波动。又尤以天津的指数为最大，说明天津在承担大量对外贸易任务的同时，亦是国内贸易重要节点。

物理的契合点主要是区分以对外贸易为主的港埠、以埠际贸易为主的港埠以及两者均衡的港埠。最后的结论是天津、汉口、广州等分担较多的国内贸易部分，而重庆、大连和上海以对外贸易为主。

上述两个网络通过虚拟和物理的节点契合在了一起，这两个网络在长时间尺度上亦具有一定的同步性。通过对天津、上海、汉口和广州四个代表性港口 1877—1927 年四个税收项目的分析，可以知道：子口税是最为不稳定的税收项目，这项中央政府用来制衡地方政府并从地方财政吸血的策略，在地方上遭到了顽固的抵抗，除了在长江流域征收得较为顺利，在其余港口都非常不稳定，年季变化波动剧烈；沿岸税因为是在通商口岸间进行贸易，其掌握在洋商控制的轮船商贸中，所面对的政治局面和运输安全性要远远好于子口税，因此，沿岸税在多半港口均稳定发展。沿岸税在有的港口与进口税相关性极强，在有的港口与出口税具有极强的相关性。这和港口本身担负的对外贸易和国内贸易的比例息息相关。进出口税是最为稳定的两个税种，所研究的四个港口均在 1920 年前后开始剧烈攀升，这种不正常的增加明显来源于税则的改变或者征收范围的增加，而不是来源于贸易的自然增长。

抗日战争对国内埠际贸易和对外贸易两个网络的影响是不同的。经过对埠际贸易和对外贸易三个指标 $U_{TFI}-U_{TELO}-U_{TC}$的赫芬达尔指数变化进行长时间段的分析，分析的结果是，埠际贸易的空间极化程度要远远小于对外贸易，亦即埠际贸易网络的空间结构呈现多极发展趋势。总结而言，埠际贸易的空间极化并未因为战争而更为集中，对外贸易的空间极化程度则因战争因素而增加非常显著。

对外贸易和埠际贸易的首位城市都是上海无疑，但是两者贸易网络的第二位到第四位的港口顺序一直在进行调整和变动。进出口贸易的四城市指数要远远高于埠际贸易。

第六章　近代特殊商品的贸易网络：以粮食网络可视化为例

第一节　为何要做近代粮食贸易网络研究

近代国内商品流通的定量分析是中国近代经济史研究的难题。吴承明先生就曾经感叹这个问题的难度，他认为仅能间接估计，结果“当然很粗糙”。① 究其原因，在于没有任何的近代机构或组织有能力哪怕尝试性地对近代中国粮食流通网络做过普查分析。所有的当代学者只能借助他源数据进行间接性分析。比如上文所述，陈计尧和王业键曾经对1919—1936年的国内粮食网络进行分析，依靠蔡谦、杨端六、侯厚培和韩启桐等再整理的中国旧海关数据。上文令人印象深刻，在于其努力进行可视化方面的探索，制作了四幅国内粮食运输网络的基本图示，限于技术条件，比较简略。②

自2001年京华出版社出版《中国旧海关史料》、2014年吴松弟整理并由广西师范大学出版社出版《美国哈佛大学图书馆藏未刊中国旧海关史料（1860—1949）》之后，对旧海关数据的整理和分析进入了一个新的阶段，学界掌握了更多的研究数据，其中亦包括近代粮食流通的数据。通过一定的技术手段，笔者亦考察了1936—1937年即抗日战争全面爆发之前的国内

① 吴承明《论清代前期我国国内市场》，见《中国的现代化：市场与社会》，生活·读书·新知三联书店2001年版，第148页。

② 陈计尧、王业键《两次世界大战之间中国粮食贸易网络：1918—1936年》，《“中研院”近代史研究所集刊》第39期，2003年。

粮食贸易的流通网络。需要特别指出的是，此网络不仅包含国内粮食产出运输过程，亦包括进口粮食在国内开埠城市间运输的那一部分，而且后者的份额是不可忽视的：其中，汕头、广州、上海和九龙在20世纪初期达到每年200万担的进口量（米和稻，即Rice and Paddy），宁波和拱北也达到了每年100万担以上的进口量。主要的进口来源是法属印度支那半岛、暹罗、中国香港和英属印度等地。

第二节　数据基础

近代海关贸易中，点对点之间的贸易（或称之为源汇数据，Origin Destination Data）分为两类，一个是埠际贸易，一个是子口税贸易。埠际贸易统计较为完善，基本从19世纪60年代到1949年每年均有统计，但是到了后期，海关统计体例变化，在海关报告（reports）和海关统计（returns）中不再单独列出。子口税贸易的统计，是从开埠口岸到其腹地较小的不开埠城市的贸易类型，也是在早期海关统计中有所涉及，后期也消失了。

笔者查阅吴松弟教授编制的《美国哈佛大学图书馆藏未刊中国旧海关史料（1860—1949）》，试图在第一次在国内公开出版的海关季报（Quarterly）中寻找埠际贸易的统计（此部分在170册《中国旧海关史料》中缺失），但是没有发现关于此部分的资料。本书只能利用郑友揆、韩启桐所编之《中国埠际贸易统计1936—1940》。该书作者利用全面抗战期间从海关总税务司所查的海关统计“原始资料”，经过二次整理，获得了埠际贸易的统计，并在中华人民共和国成立后出版。

尤其需要指出的是，《中国埠际贸易统计1936—1940》在数据结构上，是一个非常典型的源汇数据矩阵（Origin-Destination Data Matrix），这样的数据类型是现代经济学和城市研究中非常珍贵的数据类型，即使是在当代经济研究中也并不多见。虽然两位作者编著此书的时候也许并未认识到这一点，却为我们进行可视化分析奠定了极好的基础。

为了对此数据集进行更好的研究，本书在写作过程中，招募了4位本科生，花费了半年的时间，系统数字化了这套书，建立了“中国埠际贸易数据库（1936—1940）”，将此书的所有350余个表格数据库化，录入了约50万条数据。本书汇总了郑、韩所著中的3个分类作为图6.1的“多种粮食”：表22（麦粉麦屑在内）、表23（米谷）、表24（小麦），每个表格又分为5个年份。数据详见下表：

表6.1　中国埠际贸易数据库（1936—1940）

（1936年小麦运输之部分，单位：国币元）

来源地	目的地									
	天津	龙口	烟台	威海卫	胶州	重庆	万县	……	沙市	长沙
天津	0	400	0	242	0	0	0	……	0	0
烟台	0	8151	0	1500	0	0	0	……	0	0
威海卫	70	0	78	0	330	0	0	……	0	0
胶州	2800	33840	120120	0	0	0	0	……	0	0
宜昌	0	0	0	0	0	877	1823	……	0	0
沙市	0	0	0	0	0	0	4955	……	0	0
汉口	3402831	0	0	0	23800	3900	7980	……	120973	2096270
九江	0	0	0	0	0	0	0	……	0	0
芜湖	0	72600	6600	4400	0	0	0	……	0	0
南京	310200	0	0	0	122800	0	0	……	0	0
镇江	10500	0	165151	0	0	0	0	……	0	0
上海	17608416	1746698	1901880	690646	1337675	1843	851	……	6503	363
……	……	……	……	……	……	……	……	……	……	……

资料来源：郑友揆、韩启桐《中国埠际贸易统计1936—1940》，中国科学院1951年版。

需要说明的是，上表是郑、韩所著之“杂粮及其制品”大类下面的“表二十四”之1936年小麦统计的部分展示。“杂粮及其制品”这个分类，在《中国旧海关史料》中所载的1936年海关统计的原始报告中也是这个名字，列为“第四组”，英文为Cereals and Cereals Products，包括麦粉（麦屑在内）（Flour，Wheat）、米谷（船用米在内）（Rice and Paddy）、小麦

（Wheat）等细分。两者的划分是一致的，郑、韩所著基本照搬海关统计所分类，口径一致，可信度很高。

郑、韩所著的商品统计及分类的原则是什么呢？具体而言是这样的：

> 关于这本统计数字的范围及计算方法，需要说明的，有以次数点。第一，海关对于“土货”转运的管理，仅以按照普通行轮章程行驶之轮船所载为限，其由民船、铁路、公路、飞机以及内港小轮承运的均不包括在内。第二，自一九三二年起，在国内贸易与国外贸易两者界限划分上，关册记载改以各关最后运出口岸为分界点，此法至今照行，因此本书所称中国埠际贸易实际带有广义性质，除一般埠际贸易外，还包括了各埠间接由他埠运往外洋的土产，因在转口途中而增添的记录，如由重庆运往上海的出口猪鬃，包括在上海的进口贸易以内。第三，沦陷期间东北各埠“土货”输出贸易统计无从稽考，不过从关内通商口岸运往东北各埠的货物，仍编列在“国内土货贸易”内。①

换句话说，所谓的“埠际贸易”，不仅仅包括一般埠际贸易，还包括土货出口之前的转运过程和洋货进口之后的转运过程，覆盖面非常广泛。

上述的界定，并非郑、韩两位学者所特有，在目前国内的海关研究中应该算是一种共识。本书也是依照此界定来制图。

第三节　可视化成果

基于上述所建立的“中国埠际贸易数据库（1936—1940）”，我们将1936—1937 年的“多种粮食”表格加总，以货物总值计，通过一定技术手段，获得了当时国内粮食贸易的基本空间分布状况。

---

① 郑友揆、韩启桐《中国埠际贸易统计 1936—1940》“说明”，中国科学院 1951 年版，第 ii 页。

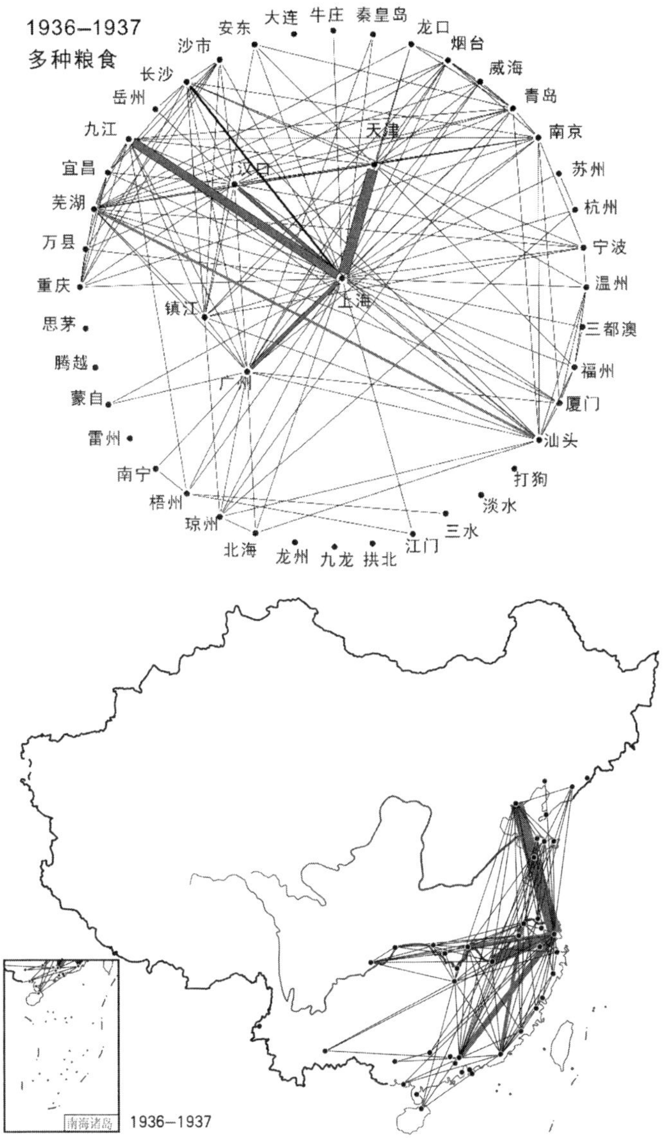

图 6.1　中国多种粮食贸易（麦粉、小麦和米谷）网络（1936—1937）

资料来源：《中国旧海关史料》、《美国哈佛大学图书馆藏未刊中国旧海关史料（1860—1949）》，以及郑友揆、韩启桐《中国埠际贸易统计 1936—1940》（中国科学院 1951 年版），第 168 ~ 205 页。另，较粗的线条为最重要的 5 条粮食贸易流。

1936—1937 年，这段时间的国内经济发展状况，是全面抗战前中国经济的高峰并可视为近代经济正常状况最后之一瞥。上海—天津，上海—九江，上海—广州，芜湖—汕头间的粮食贸易占据近代粮食贸易最主要的份额（仅指通过海关的部分）。长江流域和长江以南城市及其腹地的粮食网络要远远复杂于北方地区，这当然部分因为北方开埠港口要远少于南方，另外的原因之一是对于粮食这样的大宗货物，轮船和木船运输的经济性要远高于陆运。当然，还有原因是北方的粮食市场并未“整合”，而是属于南方粮食市场的“附属”或者“下层市场”。香港在华南粮食贸易中的地位无可辩驳，但是因为海关数据并未单列其数据，因此上图并未显示出香港的粮食网络，不失为一种遗憾。较之珀金斯对20世纪30年代南方粮食市场运输网络的研究而言，海关数据能够提供更多的信息。比如九江在粮食贸易网络中的作用要高于汉口，汕头跟芜湖间的直接粮食贸易亦常常被学者所忽视。当然，上图所显示的是海外贸易因素加入之后形成的复杂的粮食流通网络，跟珀金斯主要依据20世纪初期所编纂的省志、县志、农村实态调查报告和《中国实业志》所得到的结论自然有所不同，在精确性上有很大提高。①

总结来看，粮食贸易网络是李伯重先生所言之业已存在的“全国市场”的一个重要部分。② 清代南方地区米粮的运输网络基本上已经清楚，空间分布方面，大米价格从东到西，从沿海到内陆，分为四个“阶梯”：沿海浙江、苏南诸多府州价格较高，越往内地，进入江西、湖南、湖北，价格降低约0.5个标准差，而进入广西、贵州，米价又降低0.5个标准差。云南省米价一直较高，跟长三角地区几乎保持一致的水平，形成了西南地区的价格高地。

中国旧海关史料中包括精确的含有空间属性的粮食运输数据，可以定量地恢复近代粮食贸易网络的巅峰状况，而且此网络又是国内粮食运销和国外粮食进口二者耦合之结果，较之前人研究成果的单纯国内市场分析更进一步。

---

① Dwight H. Perkins, *Agricultural Development in China*, 1368 – 1968, Chicago: Aldine Publishing Company, 1969, pp. 151 – 153.

② 李伯重《中国全国市场的形成，1500—1840年》，《清华大学学报（哲学社会科学版）》1999年第4期；李伯重《十九世纪初期中国全国市场：规模与空间结构》，《浙江学刊》2010年第4期。

第七章　结　语

空间结构是一个动态发展的过程。学界对于前工业化阶段的区域空间结构有一些争论。美国学者弗里德曼（J. R. Friedman）在 1966 年出版了《区域发展政策》一书，其认为在前工业化阶段区域空间结构的基本特征是区域的空间均质而无序，有若干的地方中心存在，但是它们之间没有等级结构差异。① 持有相同观点的还有以施坚雅为代表的西方中国史学者，他们通常认为在“中华帝国晚期”，中国国内分为若干“地文区”，各个区域间的贸易来往很脆弱，整个国家尚不能够称为一个“城市体系”。

本书的研究时段就是所谓“中华帝国晚期”，而本书研究国内流通网络和对外贸易节点（港口）体系的目的，也就是针对上述的争议，深入分析其时具体的状况。本书期待解决的科学问题是在近代尤其是开埠以后，对外贸易和国内埠际贸易的空间结构基本状况，同时关切的是，这样的结构在长达半个多世纪的时间里，又发生了怎样的变化。

对于对外贸易，本书主要分析了 12 个港口在对外贸易中的不同职能分配和迥异的港口类型。对于埠际贸易，情况更为复杂。首先，海关统计的埠际贸易仅仅是国内贸易总值中的一个较小的子集，也是国内长途大宗货物贩运总值中的一个较大的子集。这部分埠际贸易，亦可分为三个层次（图 7. 1）。第一层次，是沿岸税所反映的通商口岸间的贸易状况，这代表

① 刘再兴主编《区域经济理论与方法》，中国物价出版社 1996 年版。

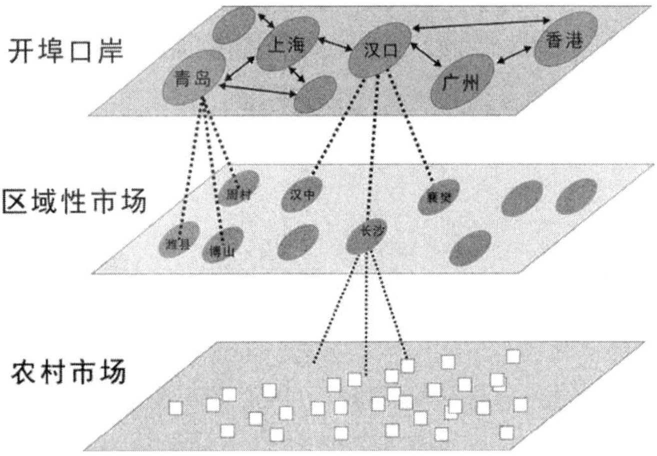

图 7.1　国内市场流通的三个层次

着中东部较为发达城市间的经济联系。第二层次，是子口税和洋货运销所反映的通商口岸（汉口、青岛、济南）跟其腹地间的经济联系。第三层次，是商品在区域集散地（如湖南的邵阳、常德，山东的潍县、周村）向农村销售的这个过程。本书主要着力于前两个层次。

此外，本书还利用《中国实业志》中的各县进出口资料，分析了山东省和湖南省的贸易流通状况。上述资料是以省级区划为单位进行的资料统计，与现代地理学进行一个省的城市体系具有相同的统计口径，可以进行近代现代的对比研究。

第一节　近代中国港口的职能分配和空间差异

开埠以后，较为封闭的中国国内流通体系被打破，全新的对外贸易和国内流通网络耦合而成为一个全新的贸易网络。这个网络是国内内部流通和对外贸易的有机结合。部分港口如上海和汉口，在原有的城市体系中就占有重要的贸易节点地位，比如上海开埠前已经成为南北洋贸易的中心节点，后期又进入开埠的港口体系并由于区位优势而占据国内城市体系或贸易网络顶端的位置。另外一些原有的贸易节点如大运河沿线城市则衰落下去，至今仍未恢复。

现实是历史的函数，任何事物都有历史的继承性。在这个过程中，现代国内经济的空间结构雏形慢慢开始奠基，区域间的流通强度亦逐渐得到加强，新的运输路线和新的运输工具逐步得到使用。很多港口的当代经济腹地范围和与其他城市的经济联系都与近代非常相似，这是本书的现实意义之所在。

对于中国近代的12个主要港口总体而言，其空间上的差异十分明显。首先，长江南北的港口具有不同发展趋势：长江以南的港口，除了上海，在长期的趋势上，其船舶吨位数都是缓慢减少的，这是由于南方港口数量渐增和空间上不断“加密”所致，腹地范围不断被切割，旧有港口的边缘腹地成为新开商埠核心腹地的情况多有发生，这促成了货流分散趋势，港口数量增加，但是每个港口的贸易量均受到影响。长江以北则完全相反，在长期的趋势上，其船舶吨位数都是缓慢增加的。北方海岸线虽漫长，但基岩质的港口少之又少，港口密度较之南方差距很大，在后期增加的亦不如南方那么多。在腹地的出口经济越发达，对洋货需求也缓慢增长的背景下，其进出港口的船舶数之和不断缓慢增加。中部长江流域的港口一般水运条件极佳，与其腹地联系也多依靠廉价水运：长江流域的重庆、汉口和上海这三个港口的进出港船舶吨位一直稳步增长。长江流域的港口不具有上述南方港口的问题，因为其腹地增长较为稳定，在漫长的长江航道中，开埠港口实在不算多。

除了上述所言的空间差异，就进出口贸易而言，中小型港口的进出口贸易均有很好的弹性（换言之即年际波动很大），而大型港口皆十分稳定。这样的表现十分容易理解：港口越大，其腹地越广阔，其进出口渠道建设越发达，因而也较为稳定。在当今，上海等大型港口也具有全国性意义甚至世界性意义，由此可见历史的继承性。

除了长江南北的港口具有空间上的差异，不同的贸易类型亦有空间网络结构上的巨大差异。原出口的赫芬达尔指数 H_{TELO} 一直在2000以下，说明国内港口在土货出口方面，并未出现垄断性港口。洋货总进口和总税收的赫芬达尔指数 H_{TC} 和 H_{TFI} 基本处于 2500 以上，这说明国外进口货物在国内的第一停靠地点和卸货港口非常集中，存在具有统治性的港口。

本书通过计算进出口正税和总征收的四城市指数 S，分析认为出口正税和总征收的四城市指数较为稳定，说明国内港口在出口贸易网络的序列上较为稳定。而同时进口正税的四城市指数变化剧烈，进口商品的输入非常不稳定，具有鲜明的时间性，这说明，就全国范围而言，进口贸易较之出口贸易，其稳定性要差得多。1937 年之后，三个指数均有上升，各项贸易均有向首位城市集中的趋势。

在进行港口整体研究的同时，本书亦对 12 个港口进行了具体的分析，通过计算 α 指数，得到了 12 个港口在港口体系中的职能分配及其发展趋势，简单来说，就是小型的港口脱离开埠初期进出口均衡的趋势非常明显，大贸易量港口 α 值一般趋于减小。

第二节　近代中国国内贸易网络的空间结构

一、第一层次：开埠口岸间的贸易

就本书研究时段的国内埠际贸易而言，其经历了一个盛衰循环的过程，兴盛是因为国内经济的繁荣、政局的相对稳定、新的交通运输工具的使用和新的消费需求被洋货所激发等多种因素综合造成。而衰落则完全是因为外来侵略所造成的正常经济周期之外的影响。

从 60 余年的研究时段来看，埠际贸易网络分布一直处于适度集中的水平，且在近 60 年时间内保持惊人的稳定。随着全国埠际贸易的扩大化，较小城市间的直航代替了枢纽城市的转运功能，转运所占份额和中转作用均有下降，但这个过程并未导致网络整体的空间极化。同时，在战争时期，又有一定程度的反转。但是，不管以何种尺度衡量，埠际贸易的空间极化程度要远远小于对外贸易，亦即埠际贸易网络的空间结构呈现多极发展趋势。

同对外贸易一样，中国近代埠际贸易空间结构内部也存在巨大的东西梯度差异，这一点已无需讨论。但在埠际贸易普遍发生的中东部，南北差异也很明显，北方埠际网络复杂化的增量远不及长江以南地区。以当代区划衡量，长三角地区埠际贸易网络发达，珠三角稍逊但渐具雏形，而环渤海地区埠际交换份额不大。

中国东部沿海自19世纪开埠以来，历经60余年到抗日战争前夕，埠际贸易的空间结构经历了三个阶段的发展，在全面抗战前达到其发展顶峰。其具备巨大规模和复杂的职能差异（图7.2）。在经历了上述三个阶段的埠际贸易发展之后，1949年大规模的战争停止，国内经济政治形势趋于稳定。由于1949年之后的经济结构和国家的力量大大加强，中央政府的经济控制力远远高于战前，计划经济代替了自由发展的经济形式，与国外贸易暂时中断。这时候，埠际贸易的发展方向如何？是延续全面抗战前的发展阶段抑或是有一条新的发展道路？即图7.2中1939—1940年这个第三阶段之后的第③步如何进行？这是一个令人感兴趣的问题。

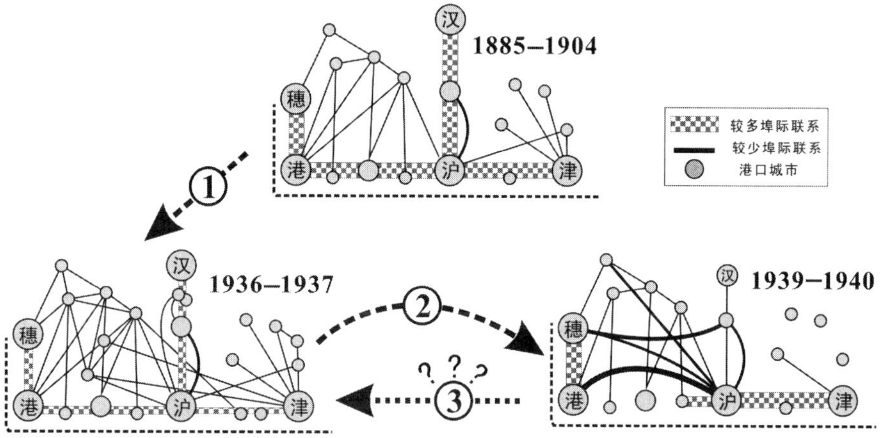

图7.2 国内流通第一层次发展趋势示意图

二、第二层次：汉口等开埠港口的子口税贸易

子口税是对洋货深入内地消费市场和以出口为目的的土货在国内流通过程中所征收的税种，可以一定程度上反映长途大宗货物贩运趋势。

在理想条件下的均质平原，核心腹地和边缘腹地是具有同心圆性质的简单结构，这与中国近代实际情况大相径庭。首先，近代中国南方最重要的运输条件是水运，后期辅以一定的铁路运输，陆路运输从来就不占据主要的地位。再者，我国山地众多，平坦的平原在中部地区非常少见。

针对汉口而言，长江、湘江和汉江带来的便利廉价的水运条件，打破了空间的远近制约，使得一些物理位置较远但“经济距离”很近的城镇进入汉口的核心腹地。相反，另外一些距离汉口陆上相当近但交通不便的城镇很难进入汉口的核心辐射区。本书总结出汉口的腹地范围模型，此模型较为适合于直观理解汉口，对于其他的港口腹地研究也具有一定的参考意义。近代汉口经济腹地的特点有三：1. 河流主导：汉口的核心腹地包括湘江流域、汉江流域和长江上游的重庆三部分。2. 核心腹地流域性：汉口的核心腹地都是靠近江河的水滨城市。3. 具有明显的方向性：汉口的腹地都是长江汉口以上的流域，汉口以下的流域几乎是空白（实为九江之腹地）。

对汉口而言，其土货的货源地要远远大于洋货的销售范围，而且对于某种特殊的土货如桐油来说，其货源地的范围极其广泛。类似的情况同样出现在上海的子口税贸易上，上海的土货转口已经到达了黄河流域，而洋货的转口仅仅停留在苏北。对于不同的土货来讲，其来源地也有很大差异，如茶叶的来源地是湖南、湖北和江西等省，桐油则主要是长江上游的重庆和四川附近。所以，我们认为，以某种土货产地作为腹地衡量标准的方法必须进行小心的校正才能令人信服。

经过与现代地理学对中国城市体系的研究的对比，近代汉口的腹地与现代武汉的经济腹地具有极大的历史相似性，说明汉口腹地的空间结构具有空间上的稳定性。

第三节 区域贸易网络和城市体系

这个层次的研究严格意义上讲与上一节的第二层次有类似之处。但此层次研究是以省为单位进行的，湖南省和山东省的行政区划在中华人民共和国成立后变化并不太大，因此，可以进行比较研究。同时，由于这类研究的数据来源与海关不同，多元化的数据也是对“国内埠际贸易第二层次”研究的丰富和补充。

湖南省的贸易结构空间上具有很大的极化程度。长沙、常德、衡阳—湘潭和邵阳是四大水系的贸易集散地，通过便利的水路，将下属的各县串联起来。湖南省受限于其内陆省份以及半盆地的自然地理条件，货物运输受到极大限制，因此，过于依靠水运方式，决定了湘省进出口贸易空间结构的高度集中。

山东省在20世纪初就建成了当时最为现代化的胶济线，津浦线也继而完工，同时，胶东沿海的若干优良开埠港口，为洋货进入山东省创造了便利条件，因此，山东省洋货分销网络的空间结构较为分散，不似湖南般集中。而且，胶济线对其沿线腹地的土货出口具有极大的拉动效应，提高了居民的收入，也提高了其消费洋货能力。上述二者，相辅相成。山东省的洋货销售网络具备明显的双核特征，以青岛—济南为东西双核，胶济线为中轴。济南覆盖鲁北和鲁西地区，同时承担了核心市场与次一级市场的两个角色，青岛覆盖鲁中以及胶东，中轴线的周村和潍县是次一级的集散市场，鲁南是一个空白地区，仅有一个次级市场济宁。

第四节　国内市场网络

如何回答本书在开头提出的国内市场网络发展程度如何的问题？本书的结论是，起码就全面抗战前（1937 年前）的国内流通贸易状况来看，其网络是相当发达和具备内部层次分级的。这一点在国内流通网络的空间结构上表现得尤为明显。从海关统计中抽离出来的埠际贸易、子口税贸易，或者从另一个数据源《中国实业志》的某些省份省内的流通状况都可以作为证据。

（一）多级贸易体系业已形成

首先，其内部分为若干层次，这也是学理上能够称之为体系的重要原因之一。这个体系，以沿岸贸易和沿江贸易为枝干，依靠支流的水运和后来的铁路、公路运输，将农村与最为繁华的开放商埠上海连接起来，其对于中国的影响是深远的。沿岸贸易和沿江贸易在国内流通总量中的权重已经毋庸再述。

其次，我们在某些年份比如全面抗战前的 1936 年（图 7.3），明显发现其埠际贸易的网络结构呈 T 字型。而这种结构正是现代地理学描述当今

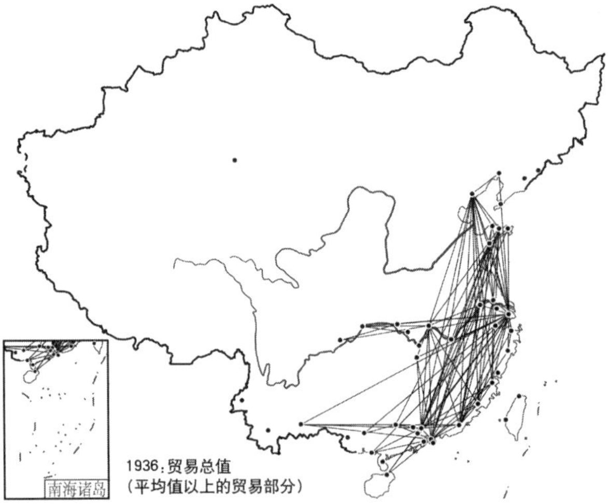

图 7.3　1936 年埠际贸易网络（平均值以上的贸易流）

中国区域空间结构的理论模型之一。① T 型发展的趋势，毫无疑问在近代就已经奠定。

再次，对于国内流通的下一个层次而言，子口税贸易反映的经济腹地形成一个个辐射扇面，其顶端城市就是位于 T 字骨干网络上的开埠城市。笔者称其为“晒袜子”模式：海岸线和长江可视为两条晒衣绳，各个口岸为夹子，夹子上夹的袜子就是其口岸腹地（图 7.4）。

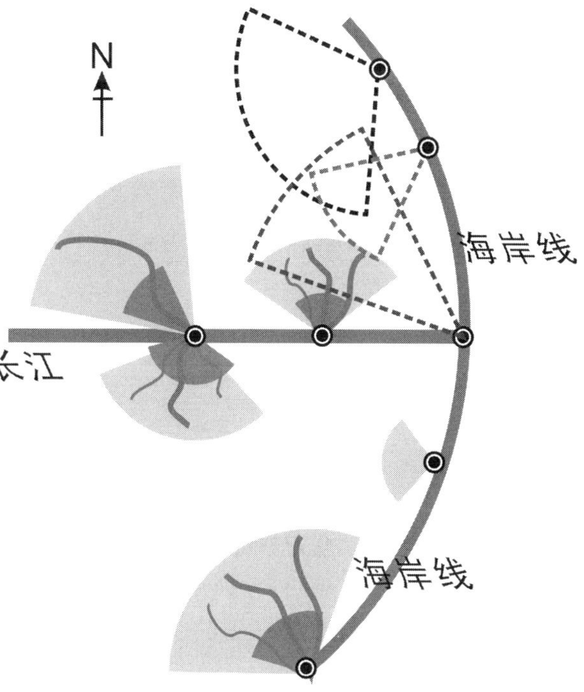

图 7.4 中国国内流通的空间结构示意图②

本图用虚线表示北方港口国内流通范围，而南方采用灰色区块，之所

① 陆玉麒《中国区域空间结构研究的回顾与展望》，《地理科学进展》2002 年第 4 期。

② 笔者根据全书内容抽象提炼绘制。

以这样表达，主要是因为北方地区各个腹地之间的交叉重叠相当多见，比如苏北是上海和镇江的交叉腹地，山东西部是天津、上海和青岛的交叉腹地，是济南的核心腹地范围等诸类情况。相对而言，南方港口的国内流通范围较为独立，主要是其运输依靠的水系具有天然的独立性。

（二）国内流通具备相当强度

此外，从前面章节，我们可以很容易得到国内流通的强度数值。同时，美国学者托马斯·罗斯基在其《战前中国经济的增长》（浙江大学出版社 2009 年版）中亦将 1933 年的中国国内流通强度与美国 1870 年相比较，他发现全面抗战前中国运输强度与 19 世纪 60 年代美国运输强度相差无几。

罗斯基对于全面抗战前中国国内流通的考察较之本书的考察更为全面，本书着力于海关统计而对陆路运输和帆船运输分析不多，因此，罗斯基的结论还是较为可信的。

第五节　工作展望

本书统计的埠际贸易数据包括 46 个港口的数据，在对外贸易方面，令人遗憾的是，限于时间，本书没有穷尽统计所有可得到的所有港口的进出口贸易数据，仅仅统计了最为重要的 12 个港口。同样道理，本书也没有将单独列出子口税转运贸易的所有年份都列入研究范围。

本书所利用的海关资料是海关统计的主要部分：对外贸易进出口数据和子口税单下贸易。除了这两个部分，《中国旧海关史料》中仍有大量珍贵的近代贸易统计数据，例如：国别的进出口船只统计（蒸汽船、帆船分别统计）；年际港口间往来的旅客数据；鸦片税；对茶叶的专项统计；港口贵金属如金、银等进出口数据。本书对于这部分数据的利用极为有限。这些数据的学术价值尚未充分发掘，使用的学者在国内也不算多。以 1890 年（表 7. 1）和 1904 年的上海江海关的贵金属进出口为例：

表 7.1　1890 年江海关国内埠际贵金属进出口

（表头英文照搬自原始资料）

港口	进口					出口				
	gold	silver			copper cash	gold	silver			copper cash
	in bars	in bars	in sycee	in dollars		in bars	in bars	in sycee	in dollars	
香港			684880	4294889		571292	161581	1192540	1304307	
牛庄	394201		243825	8976				68465	6505	16248
天津	1303591		6080904	24244		28725		1444388	143204	78111
芝罘	257022		2063742	60546		579		901515	20748	23724
汉口	20410		81322	8546	16666	897		4059085	188998	
九江			140919	10147	12704	5802		458930	10030	
芜湖			722816	318022		5921		330794	4119	
镇江	1126		2037377	1117435	2667	26612		483288	295886	
宁波	400		19767	5910560	11981			210547	2048426	267
温州				497131				3591	7432	
福州	21067			363536		42428		9994	99606	
淡水				8934		749				267
厦门			14933	431110		64902		14219	2216	
汕头			21707	184701		10211		511	666	
广州			62269	36398					87	

根据类似这样的贵金属进出口数据，我们仍然可以采取本书的方法，建立可以代表全国的主要港口间的贵金属贸易网络的图谱（图7.5），开展贵金属的贸易流向与一般货物贸易流向是否存在耦合关系等研究。这都是可以进行深入研究的学术课题。

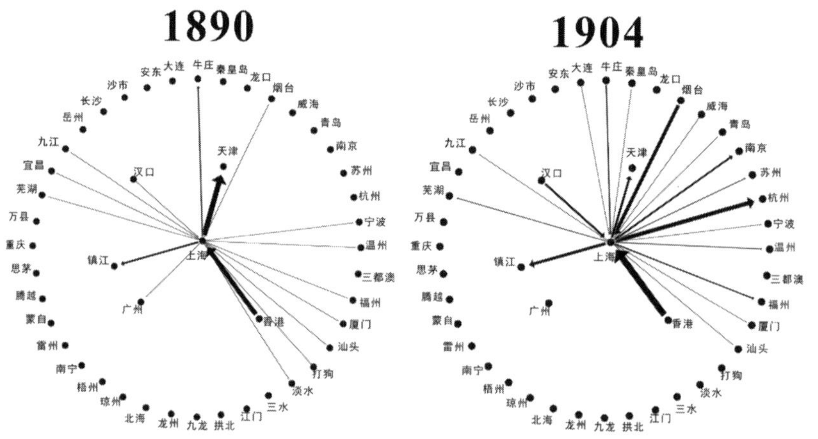

图7.5　江海关1890年和1904年的埠际贵金属贸易网络图

尽管海关所统计的资料是近代最为系统的资料，近代仍然有大量的、由不同的政府部门和学者进行的统计调查，这类调查，其内部含有大量的一手贸易数据，又尤以铁路、公路的运输资料最为珍贵。这一部分数据的统一口径是在使用其过程中的最大障碍。如果单独使用上述数据，将逃不出作为干瘪的数据用以支持某个结论的命运。但是如果将类似零散的数据联合起来，并加以空间的分析和定量的研究，必将是一种开创性的成果。

最后需要指出，本书重在论述趋势的演变，难以做到绝对精确的还原。海关记录的埠际贸易并非某两城市间埠际贸易的全部。航运虽在南方大宗货物运输中占据主流，但20世纪始，北方铁路运输分流了一部分货物运量。埠际铁路运输资料与公路运输资料分散且统计口径不一，不具有本书所主张的数据的统一性。如果将来能将其时铁路和公路运输量数据结合进来，将更具有科学性，也是我们以后研究的努力方向。

附　表

1. 对外贸易:第一章的数据基础(由于数据过多,以上海、汉口、广州、天津为代表)。

附表 1.1　上海:贸易类数据

SHIPPING TRADE												
ID	UNIT OF THE TRADE 结算单位 UNIT	YEAR 年份 YEAR	PORT 港口 PORT	NO. OF THE VESSELS 船舶数 NO.	TONNAGE OF THE VESSELS 船舶吨位 TONNAGE	TOTAL FOREIGN IMPORTS 洋货总进口(从国外直接进口或者从国内转口过来) TFI	NET TOTAL FOREIGN IMPORTS 洋货净进口(除去复出口到国外或者其他中国港口的洋货) NTFI	CHINESE PRODUCE IMPORTED 土货进口,在国内(coast)贸易中 CPI	NET TOTAL CHINESE IMPORTS 土货净进口(除复出口) NTCI	TOTAL EXPORTS OF LOCAL ORIGIN 原出口(原产,首次记录,非复出口);分两部分:f 和 c 贸易 TELO	GROSS VALUE OF THE TRADE OF THE PORT 贸易总值=进口+原出口(含复出口) GV	NET VALUE OF THE TRADE OF THE PORT 贸易净值=净进出口+原出口(不含复出口) NV
105	HK. Tls	1877	上海	4109	2886644	52102172	15092335	36919434	6720829	27771045	116792651	
113	HK. Tls	1878	上海	4248	2961582	49921439	13187404	32861230	6022936	28173605	110956274	

121	HK. Tls	1879	上海	4376	3062682	59999161	11494902	40339011	8802157	31136327	131474499	
129	HK. Tls	1880	上海	4551	3317298	57117133	14575924	42594862	7589731	35204236	134916231	
137	HK. Tls	1881	上海	4844	3690241	68244153	19782334	43798517	8576981	29878687	141921357	
145	HK. Tls	1882	上海	5060	3848426	54993474	15045346	42075969	9443055	25680783	122750226	
153	HK. Tls	1883	上海	4788	3843496	49530585	11461309	37561122	5516709	23341824	110433531	
161	HK. Tls	1884	上海	4777	4024498	47158013	7467896	39454313	6878211	26603194	113215520	
169	HK. Tls	1885	上海	4810	3917178	59804299	15771042	41318389	7611501	26880395	128003083	
177	HK. Tls	1886	上海	5539	4691376	60054928	14356069	42382891	7058374	30233980	132671799	
185	HK. Tls	1887	上海	5747	4827185	63023427	15813446	45014570	6221766	30196603	138234600	
194	HK. Tls	1888	上海	5547	4993835	68661533	23282599	45452853	6189135	32803460	146917846	
203	HK. Tls	1889	上海	5787	5277172	59347669	14412486	48166238	7748905	38136092	145649999	
212	HK. Tls	1890	上海	5853	5443179	66246006	14379701	48518744	7883415	30200356	145145106	
222	HK. Tls	1891	上海	6372	6252005	77336115	17928346	47374027	7212957	40833720	165543862	
232	HK. Tls	1892	上海	6396	6540275	78777426	15017485	49190079	8517253	38859997	166827502	
242	HK. Tls	1893	上海	6317	6529870	83974245	19613967	55293713	10610182	37749878	177017836	
252	HK. Tls	1894	上海	6434	6907413	96920931	30485714	53361347	6269184	45340093	195622371	
262	HK. Tls	1895	上海	6807	7403652	98832827	23864285	58267974	9493575	61632482	218733283	
272	HK. Tls	1896	上海	7002	7964036	130098304	42466210	54982999	10737873	41831213	226912516	
282	HK. Tls	1897	上海	6647	7969674	132708274	31725393	73804340	10941193	59166376	265678990	
292	HK. Tls	1898	上海	6810	8205028	127156897	29426510	76090915	11259760	47958025	251205837	

303	HK. Tls	1899	上海	7400	8937943	154254623	38823995	81624293	14958250	70822474	306701390	
313	HK. Tls	1900	上海	7322	9432419	126808218	38729112	66534803	8736291	50263756	243606777	
324	HK. Tls	1901	上海	8361	10781185	160120312	41663387	75788456	14216377	62546012	298454780	
336	HK. Tls	1902	上海	8830	12041166	183295031	53394947	85995730	8548658	76832103	346122864	
347	HK. Tls	1903	上海	9330	12342535	185221358	39205714	100937149	14565081	65042104	351200609	
358	HK. Tls	1904	上海	9434	12181798	196905998	45288100	127970828	20004636	80187434	405064260	
369	HK. Tls	1905	上海	10265	14344162	259575765	92207173	112274251	12667774	72104246	443954262	
380	HK. Tls	1906	上海	55645	17288732	227535546	74972150	115424069	14767298	78996881	421956496	
391	HK. Tls	1907	上海	52704	17545523	194468147	46328982	124525907	16991711	73737546	137058239	
402	HK. Tls	1908	上海	48581	17714914	178496075	35386234	140782990	24533001	77881785	137801020	
414	HK. Tls	1909	上海	48571	18414555	193362905	46884187	163170576	21525224	92708925	161118336	
426	HK. Tls	1910	上海	45870	18554838	199650178	53123940	176512489	24890218	94908956	172923114	
438	HK. Tls	1911	上海	25828	18512471	220279867	81119205	173806469	26025399	90115886	197260490	
450	HK. Tls	1912	上海	22343	18642803	211769603	73067301	197999146	31126095	81716738	185910134	
462	HK. Tls	1913	上海	20909	19580151	246549481	98567484	203018944	24688312	83966453	207222249	
473	HK. Tls	1914	上海	20704	18950918	241245867	98665753	172685347	24645449	84763933	208075135	
486	HK. Tls	1915	上海	21247	16849638	205999338	65333608	239404817	38864090	103975610	208173308	
498	HK. Tls	1916	上海	20672	16819095	213061472	84183500	236327384	34432024	121856816	571245672	
510	HK. Tls	1917	上海	19853	15716017	214690019	89299892	225423085	46991792	140119734	580232838	
522	HK. Tls	1918	上海	17782	14049293	220900052	88384188	231104855	60524838	175089475	323998501	

534	HK. Tls	1919	上海	17836	18561945	265519271	119605093	264765165	53421955	237721719	768006155	
546	HK. Tls	1920	上海	18924	22498112	390154115	224632688	218151122	54618144	232664201	840969438	
558	HK. Tls	1921	上海	19723	24082274	431301803	217285647	220221375	58534334	275954482	927477660	
570	HK. Tls	1922	上海			424731261	239054283	258561150	86512731	306423079	989715490	
582	HK. Tls	1923	上海			422977165	243887033	318783936	104858140	363356145	1105117246	
594	HK. Tls	1924	上海			488115669	301201236	310984489	91166309	384443201	1183543359	
606	HK. Tls	1925	上海			436669711	259040798	361789389	113037033	382618547	1181077647	
618	HK. Tls	1926	上海			601939457	387416904	398426115	115342459	469527912	1469893484	
630	HK. Tls	1927	上海			462921258	294107879	340750569	115879039	458991566	1262663393	
642	HK. Tls	1928	上海			553085010	371337504	393032998	138429539	519289166	1465407	
654	HK. Tls	1929	上海			628603385	416790205	344459429	119348666	499550862	1472613676	
666	HK. Tls	1930	上海			683867351	470231624	331629004	141357875	533986623	1549482978	
678	HK. Tls	1931	上海			840729125	639411012	336466799	167412180	537980298	1715176222	
690	HK. Tls	1932	上海	19973	34017467	510373174	497002504	174796399	151143602	274445890	959615463	

附表1.2　上海:税收类数据

ID	UNIT OF THE TRADE 结算单位 UNIT	YEAR 年份 YEAR	PORT 港口 PORT	IMPORT DUTY 进口正税 IMD	EXPORT DUTY 出口正税 EXD	COAST TRADE DUTY 沿岸税(退税后) or 复进口税;1931停止征收 CTD	TONNAGE DUES 吨位税;船钞 TOD	TRANSIT DUTY 子口税 TD	OPIUM DUTY 鸦片税 OD	INTERPORT DUTY (export duty on domestic trade) 转口税(始于1931);国内贸易出口税,从前是包括在出口税内的 IND	TOTAL COLLECTION 总共征收(非前述税种的和) TC
105	HK. Tls	1877	上海	1491694	628079	150468	101966	33483	864229		3269919
113	HK. Tls	1878	上海	2384638	771123	178625	134651	31574	929402		3500611
121	HK. Tls	1879	上海	2719038	879020	201727	116843	29500	1072006		4018128
129	HK. Tls	1880	上海	2738146	1091749	244764	115481	30582	989296		4220722
137	HK. Tls	1881	上海	3078982	930164	192109	139950	32735	1010173		4373940
145	HK. Tls	1882	上海	2915917	879429	208537	143840	36773	967372		4184495
153	HK. Tls	1883	上海	2615646	689477	167036	139714	39247	1005155		3651121
161	HK. Tls	1884	上海	2521153	790874	181396	136128	38144	949266		3667695

169	HK. Tls	1885	上海	3126287	703821	207077	151162	54254	857899		4242601
177	HK. Tls	1886	上海	3052008	897731	167595	181071	55705	885146		4354110
185	HK. Tls	1887	上海	2949607	994656	225832	149778	58305	953711		5331889
194	HK. Tls	1888	上海	3310052	985660	199267	164567	48855	1461383		6169784
203	HK. Tls	1889	上海	2733907	1165802	243989	170062	44540	1323162		5681462
212	HK. Tls	1890	上海	3182756	829432	237577	166973	54419	1393698		5864855
222	HK. Tls	1891	上海	3671719	1241833	239419	214846	49691	1415390		6832898
232	HK. Tls	1892	上海	3419793	1197786	221350	209986	50143	1272475		6371532
242	HK. Tls	1893	上海	3056649	1053345	194102	225267	63362	1289220		5881945
252	HK. Tls	1894	上海	3427501	1180823	191487	307547	68426	1294224		6470009
262	HK. Tls	1895	上海	3068460	1411345	206086	282940	92061	1122794		6183685
272	HK. Tls	1896	上海	4633761	1374649	234565	376715	121786	1150011		7891487
282	HK. Tls	1897	上海	4233564	1427075	263788	374501	72389	1124454		7496771
292	HK. Tls	1898	上海	3895212	1190899	242684	401021	99098	1078281		6907194
303	HK. Tls	1899	上海	4442387	1582065	335937	384940	101490	1274027		8120845
313	HK. Tls	1900	上海	3976284	1288084	233577	480988	84657	1053797		7117387
324	HK. Tls	1901	上海	4469233	1657325	268306	544449	104787	1108596		8152696
336	HK. Tls	1902	上海	7036681	1454201	3988468	619765	109306	1195655		10814078
347	HK. Tls	1903	上海	5918262	1371318	489832	603998	143532	1397949		9924891
358	HK. Tls	1904	上海	6298158	1535577	479852	666381	127175	1216290		10323434

369	HK. Tls	1905	上海	8146586	1387774	521863	712276	126767	1184920		12080186
380	HK. Tls	1906	上海	8319323	1686147	522453	895801	125035	1275059		12823818
391	HK. Tls	1907	上海	661044	1421856	582380	897914	156243	1258016		11007454
402	HK. Tls	1908	上海	5476408	1480350	573262	816856	168128	1098522		9613527
414	HK. Tls	1909	上海	5917829	1698863	629119	834608	211912	1182609		10474940
426	HK. Tls	1910	上海	5840988	1844410	742671	849579	233237	968148		10481035
438	HK. Tls	1911	上海	6489539	1704289	702645	861906	214709	1813575		11786663
450	HK. Tls	1912	上海	6390443	1922883	914125	890128	203379	1192105		11513062
462	HK. Tls	1913	上海	8476764	2056819	913774	1023482	270283	1734312		14475434
473	HK. Tls	1914	上海	7479878	1756752	751038	926950	286300	12061197		12061197
486	HK. Tls	1915	上海	6289654	2367222	997942	715449	334948	705405		11410621
498	HK. Tls	1916	上海	6584355	2414569	1000863	726064	380353	218314		11324518
510	HK. Tls	1917	上海	6281150	2716931	1005844	646535	382860	181254		11214574
522	HK. Tls	1918	上海	5980491	2922041	1025033	561028	414455			10903048
534	HK. Tls	1919	上海	8196407	3400655	1169271	972464	550939			14289736
546	HK. Tls	1920	上海	12733699	3229181	993484	1283298	593385			18833046
558	HK. Tls	1921	上海	13710776	3777683	659135	1268573	498189			21511970
570	HK. Tls	1922	上海	14707884	4139770	651916	1575456	559740			21923807
582	HK. Tls	1923	上海	16086469	4802152	744152	1646386	624936			23904095
594	HK. Tls	1924	上海	19556806	4803002	671726	1878951	636935			27547419

606	HK. Tls	1925	上海	17961507	4904865	767311	1698755	690770			26282524
618	HK. Tls	1926	上海	23543664	5682656	688748	1997644	792939			33630877
630	HK. Tls	1927	上海	16944228	5254482	823848	1877134	781015			25680706
642	HK. Tls	1928	上海	24344835	5574144	917350	2000471	822547			33659347
654	HK. Tls	1929	上海	56858908	8431082	1087256	2195229	870519			69442994
666	HK. Tls	1930	上海	72964464	9248902	1370321	2179955	879842			86643484
678	HK. Tls	1931	上海	115434520	4621070		2311478			2168729	125168916
690	HK. Tls	1932	上海	77218242	2065971		1919932			3455840	92180631

附表1.3　汉口:贸易类数据

SHIPPING TRADE												
ID	UNIT OF THE TRADE 结算单位 UNIT	YEAR 年份 YEAR	PORT 港口 PORT	NO. OF THE VESSELS 船舶数 NO.	TONNAGE OF THE VESSELS 船舶吨位 TONNAGE	TOTAL FOREIGN IMPORTS 洋货总进口(从国外直接进口或者从国内转口过来) TFI	NET TOTAL FOREIGN IMPORTS 洋货净进口(除去复出口到国外或者其他中国港口的洋货) NTFI	CHINESE PRODUCE IMPORTED 土货进口,在国内(coast)贸易中 CPI	NET TOTAL CHINESE IMPORTS 土货净进口(除复出口) NTCI	TOTAL EXPORTS OF LOCAL ORIGIN 原出口(原产,首次记录,非复出口);分两部分:f和c贸易 TELO	GROSS VALUE OF THE TRADE OF THE PORT 贸易总值=进口+原出口(含复出口) GV	NET VALUE OF THE TRADE OF THE PORT 贸易净值=净进出口+原出口(不含复出口) NV
104	HK. Tls	1877	汉口	1028	615841	8000361	7858732	5567060	3737300	17800640	31368061	
112	HK. Tls	1878	汉口	1201	706893	7849648	7772689	7287383	4632325	17083530	32220561	
120	HK. Tls	1879	汉口	1322	733335	10969027	10714216	8795261	5239499	20240779	40005067	
128	HK. Tls	1880	汉口	1537	910466	13331335	12187116	13513967	9448522	20649571	47484873	
136	HK. Tls	1881	汉口	1295	917235	16173593	15226394	9073075	6539784	19833413	45080081	
144	HK. Tls	1882	汉口	1329	866076	12683032	11683036	10759875	6215794	16444064	39886971	

152	HK. Tls	1883	汉口	1258	835601	12512722	10857860	11198486	6767540	17729485	41440693	
160	HK. Tls	1884	汉口	1358	954973	13607277	12235392	9110637	5232491	16403998	39121912	
168	HK. Tls	1885	汉口	1232	848972	15620654	13606533	11700792	6914565	17726560	45048006	
176	HK. Tls	1886	汉口	1538	998095	13759419	12124859	10519082	4380658	17685960	41964461	
184	HK. Tls	1887	汉口	1569	1015977	12574974	10528981	10828616	6095382	17264581	40668171	
193	HK. Tls	1888	汉口	1688	1018114	13870188	11357205	10492177	5650783	18582894	42945259	
202	HK. Tls	1889	汉口	1733	1080971	12044581	10127989	13910644	6721887	20761022	46716247	
211	HK. Tls	1890	汉口	1894	1226980	14587391	11442179	13527388	5578852	19384568	47499347	
221	HK. Tls	1891	汉口	1822	1275670	14800682	11700716	14392301	6006221	20778208	49971191	
231	HK. Tls	1892	汉口	2198	1486778	17010216	11905648	12000353	5432109	19563940	48574509	
241	HK. Tls	1893	汉口	2459	1541296	14447759	10723545	12703167	4688199	23850237	51001163	
251	HK. Tls	1894	汉口	2208	1508348	16244567	10985275	14232630	4930691	23218827	53696024	
261	HK. Tls	1895	汉口	2346	1513147	19154764	13154362	17306668	6024248	25328892	61790324	
271	HK. Tls	1896	汉口	2399	1686387	20242739	14193537	17877269	6663411	23449545	61569553	
281	HK. Tls	1897	汉口	2566	1783042	22768620	17172351	22048789	8007897	24540382	69357791	
291	HK. Tls	1898	汉口	2566	1832060	21191325	16019721	18647152	6798073	30953651	70792128	
302	HK. Tls	1899	汉口	2929	1976031	29797757	21666827	23617880	8071839	37463395	90879032	
312	HK. Tls	1900	汉口	1682	31173	27215794	19743376	19167667	5200302	32106961	78490422	
323	HK. Tls	1901	汉口	1288	103645	36045860	25685954	21569423	7161102	29372642	86987925	
335	HK. Tls	1902	汉口	4071	2999193	37700621	26871607	21394903	5713272	41226299	100321823	

346	HK. Tls	1903	汉口	6009	3269938	55045515	36829444	22397827	6593569	55706487	133149829	
357	HK. Tls	1904	汉口	5324	3371813	53591205	37150383	31228403	7213941	63085050	147904658	
368	HK. Tls	1905	汉口	5803	3974739	52112260	47510919	12775863	6326777	57205350	122093473	
379	HK. Tls	1906	汉口	6004	4291424	42333201	36480025	13608119	6943425	53718927	109660247	
390	HK. Tls	1907	汉口	6336	4576520	50315999	45157364	17085869	9486626	60427393	127829261	
401	HK. Tls	1908	汉口	9045	5070780	47543036	41421792	18207620	11218236	67398265	133148921	
413	HK. Tls	1909	汉口	13470	5262285	43048474	37788240	22593575	15360625	72147825	137789874	
425	HK. Tls	1910	汉口	15734	5565339	42992520	37802574	26125623	14414844	83081749	152199892	
437	HK. Tls	1911	汉口	14260	5256984	40917371	33966394	19149270	9916543	74074547	134141188	
449	HK. Tls	1912	汉口	8110	5271630	49699601	40204778	22740324	12122964	82704437	155144362	
461	HK. Tls	1913	汉口	15326	6222519	63765292	52850417	28934507	18511955	82667567	175367366	
472	HK. Tls	1914	汉口	8771	3274903	62015846	51022867	26560861	13703740	76602065	165178772	
485	HK. Tls	1915	汉口	19806	6477427	53669312	43306528	30544996	15634508	101963686	186177994	
497	HK. Tls	1916	汉口	21246	6208914	59259009	49159373	36200505	19551322	106108792	201568306	
509	HK. Tls	1917	汉口	24286	6534724	57193304	47310560	40040956	21796217	101623290	198857550	
521	HK. Tls	1918	汉口	15324	5925693	55298669	43417960	32052143	18919020	102825328	190176140	
533	HK. Tls	1919	汉口	20578	6814338	64282078	52986020	38170094	22491761	124920650	227372822	
545	HK. Tls	1920	汉口	15083	6837480		58740163		23003128	88208239		169951530
557	HK. Tls	1921	汉口	11098	6587892		63484766		23433174	86628834		173546774
569	HK. Tls	1922	汉口				64737594		31437454	109930857		206105905

581	HK. Tls	1923	汉口				58052705		43990700	137702046		239745451
593	HK. Tls	1924	汉口				82305398		47026094	153118003		282450395
605	HK. Tls	1925	汉口				69365189		64309105	155086783		288761077
617	HK. Tls	1926	汉口				66646665		50777155	167686376		285110196
629	HK. Tls	1927	汉口				34228671		39541011	127190262		200959944
641	HK. Tls	1928	汉口				69264147		64108783	178289324		311662254
653	HK. Tls	1929	汉口				64199924		52853917	148465688		265519529
665	HK. Tls	1930	汉口				55924461		31569331	112990312		200484104
677	HK. Tls	1931	汉口				71296446		43160996	93930247		208387689
689	HK. Tls	1932	汉口		6666050			67556094	53738550			

附表 1.4 汉口:税收类数据

REVENUE											
ID	UNIT OF THE TRADE 结算单位 UNIT	YEAR 年份 YEAR	PORT 港口 PORT	IMPORT DUTY 进口正税 IMD	EXPORT DUTY 出口正税 EXD	COAST TRADE DUTY 沿岸税(退税后) or 复进口税;1931 年停止征收 CTD	TONNAGE DUES 吨位税;船钞 TOD	TRANSIT DUTY 子口税 TD	OPIUM DUTY 鸦片税 OD	INTERPORT DUTY (export duty on domestic trade) 转口税(始于 1931);国内贸易出口税,从前是包括在出口税内的 IND	TOTAL COLLECTION 总共征收(非前述税种的和) TC
104	HK. Tls	1877	汉口	260	1522322	78325	5079	84449			1690434
112	HK. Tls	1878	汉口	1833	1388466	32998	4243	97961			1545502
120	HK. Tls	1879	汉口	835	1547765	79208	3697	142752			1774257
128	HK. Tls	1880	汉口	515	1801933	73394	3394	123981			2003217
136	HK. Tls	1881	汉口	106	1770429	81683	1825	147079	46096		2047218
144	HK. Tls	1882	汉口	316	1663641	62239	2655	105495	32228		1866573
152	HK. Tls	1883	汉口	33	1654316	48704	2974	120193	6395		1832615

160	HK. Tls	1884	汉口	10	1721751	45326	3159	102244	940		1873432
168	HK. Tls	1885	汉口	1081	1697461	32439	2333	110702	1061		1845077
176	HK. Tls	1886	汉口	915	1873733	49356	2423	99150	45		2025622
184	HK. Tls	1887	汉口	317	1767823	75773	4608	101700	30888		2063944
193	HK. Tls	1888	汉口	51	1796432	75947	3078	99543	35400		2103435
202	HK. Tls	1889	汉口	67	1711144	94333	3629	101774	28301		2013800
211	HK. Tls	1890	汉口	292	1551753	87195	4291	133589	22385		1858569
221	HK. Tls	1891	汉口	1568	1530518	81885	4842	125601	22196		1825710
231	HK. Tls	1892	汉口	302	1579088	113015	3229	117323	22512		1895217
241	HK. Tls	1893	汉口	5846	1880562	164967	4216	81116	22618		2219475
251	HK. Tls	1894	汉口	2609	1827539	102097	6187	80806	21922		2098883
261	HK. Tls	1895	汉口	5147	1901449	61231	6304	105420	17442		2142996
271	HK. Tls	1896	汉口	11771	1641365	42838	13495	132921	16253		1901259
281	HK. Tls	1897	汉口	19827	1640947	114206	17865	175360	15493		2025013
291	HK. Tls	1898	汉口	7024	1839268	132465	15268	148902	14073		2194412
302	HK. Tls	1899	汉口	74328	2124505	96728	17492	125630	12403		2398929
312	HK. Tls	1900	汉口	101921	1775679	86537	21593	95771	0		2115760
323	HK. Tls	1901	汉口	149197	1664956	107973	28948	102552			2087668
335	HK. Tls	1902	汉口	212757	1619040	110054	30719	113453			2123043
346	HK. Tls	1903	汉口	193941	2152730	121733	27033	134619			2666958

357	HK. Tls	1904	汉口	256833	2187614	124733	28623	110894			2749223
368	HK. Tls	1905	汉口	363171	1992002	111590	31868	97658			2636290
379	HK. Tls	1906	汉口	426785	1881334	106851	43923	89946			2589303
390	HK. Tls	1907	汉口	684636	1922486	126016	35780	116206			2928164
401	HK. Tls	1908	汉口	779143	2080580	130592	45334	100652			3160684
413	HK. Tls	1909	汉口	541680	2039677	110713	40294	100764	15872		2849000
425	HK. Tls	1910	汉口	613495	2306487	133068	58233	95784			3216939
437	HK. Tls	1911	汉口	545949	1938585	122822	46644	77807			2736731
449	HK. Tls	1912	汉口	886504	2163242	193006	49071	28966			3508589
461	HK. Tls	1913	汉口	1184478	2098591	191266	70233	63553			3608621
472	HK. Tls	1914	汉口	1311615	2068855	188302	68251	53385			3690408
485	HK. Tls	1915	汉口	996210	2570286	188649	59617	52454			3867216
497	HK. Tls	1916	汉口	1023683	2666292	197183	57770	66090			4011018
509	HK. Tls	1917	汉口	1111125	2309841	212165	42131	91838			3767100
521	HK. Tls	1918	汉口	983888	1940795	235761	33523	73862			3267830
533	HK. Tls	1919	汉口	1290405	2538988	247082	58578	84547			4219599
545	HK. Tls	1920	汉口	1551608	1771571	215950	50419	81455			3671003
557	HK. Tls	1921	汉口	1778273	1673660	266392	38082	101871			4193544
569	HK. Tls	1922	汉口	2039358	1924373	352293	60757	139536			4568166
581	HK. Tls	1923	汉口	1663618	2060586	360921	65272	135055			4285452

593	HK. Tls	1924	汉口	2765138	2185883	406811	80087	157818			5595737
605	HK. Tls	1925	汉口	129606	2202976	396233	110030	206366			5461562
617	HK. Tls	1926	汉口	2090542	2511708	369707	69584	129139			5310655
629	HK. Tls	1927	汉口	799769	1800097	235479	51020	21658			2910455
641	HK. Tls	1928	汉口	2299380	2399892	323425	74114	20350			5117160
653	HK. Tls	1929	汉口	4712408	2993636	481310	71013	5390			8263756
665	HK. Tls	1930	汉口	4318949	2679635	436623	57573	3769			7496549
677	HK. Tls	1931	汉口	6738100	2213620		66161			541340	9571531
689	HK. Tls	1932	汉口	4849894	1619155		49984			1061846	8200841

附表 1.5　广州:贸易类数据

SHIPPING TRADE												
ID	UNIT OF THE TRADE	YEAR	PORT	NO. OF THE VESSELS	TONNAGE OF THE VESSELS	TOTAL FOREIGN IMPORTS	NET TOTAL FOREIGN IMPORTS	CHINESE PRODUCE IMPORTED	NET TOTAL CHINESE IMPORTS	TOTAL EXPORTS OF LOCAL ORIGIN	GROSS VALUE OF THE TRADE OF THE PORT	NET VALUE OF THE TRADE OF THE PORT
	结算单位	年份	港口	船舶数	船舶吨位	洋货总进口(从国外直接进口或者从国内转口过来)	洋货净进口(除去复出口到国外或者其他中国港口的洋货)	土货进口,在国内(coast)贸易中	土货净进口(除复出口)	原出口(原产,首次记录,非复出口);分两部分:f 和 c 贸易	贸易总值=进口+原出口(含复出口)	贸易净值=净进出口+原出口(不含复出口)
	UNIT	YEAR	PORT	NO.	TONNAGE	TFI	NTFI	CPI	NTCI	TELO	GV	NV
109	HK. Tls	1877	广州	1640	1226251	3779976	3507682	5231527	5197262	15183233	24194736	
117	HK. Tls	1878	广州	1718	403139	3533206	3303867	6830534	6791121	15020992	25384732	
125	HK. Tls	1879	广州	1892	1663972	4133442	3851430	5029689	4960223	17031110	26194241	
133	HK. Tls	1880	广州	2365	2215239	2947153	2698283	8530324	8506558	16391363	27868840	
141	HK. Tls	1881	广州	2196	1841529	4292740	3989805	10279782	10262236	17256901	31829423	
149	HK. Tls	1882	广州	2749	1876284	4593967	4331340	8513115	8508290	16035943	29143025	

157	HK. Tls	1883	广州	2283	1885083	4838652	4658835	6602004	6598145	17118874	28559530	
165	HK. Tls	1884	广州	2183	2020335	5364063	5215773	6673798	6671008	13853243	25891104	
173	HK. Tls	1885	广州	2283	2088956	5710923	5500051	10284325	10276978	13027199	29022447	
181	HK. Tls	1886	广州	3159	2586689	5078454	4814077	12993307	12987223	19792105	37863866	
189	HK. Tls	1887	广州	3256	2662583	8248732	7960171	10007405	9988756	19385230	37641367	
198	HK. Tls	1888	广州	2981	2719562	11782069	11596640	9584667	9571035	16958597	38325333	
207	HK. Tls	1889	广州	2977	2744926	10978158	10828391	9968344	9960509	18784217	39730719	
216	HK. Tls	1890	广州	3195	2974064	11125468	11020021	10012024	9995816	17466755	38604247	
226	HK. Tls	1891	广州	3788	3421362	12528075	12416067	15730410	15387993	18153032	46411517	
236	HK. Tls	1892	广州	3491	3248713	12513960	12411395	15354425	15051546	18885766	46754151	
246	HK. Tls	1893	广州	3926	3135983	13124500	13049115	11370307	11163922	18283272	42778079	
256	HK. Tls	1894	广州	4507	3370935	13785328	13699283	14139964	13686593	18031721	45957013	
266	HK. Tls	1895	广州	4268	3632634	16465011	16363711	13360234	13296397	20614886	50440131	
276	HK. Tls	1896	广州	4550	3696999	12308426	12199086	13918590	13504725	20456532	46683548	
286	HK. Tls	1897	广州	6101	3718064	13837201	13770036	13554723	13264684	22899671	50291595	
296	HK. Tls	1898	广州	7291	3676167	12073436	11995953	14086434	13777594	23781426	49941296	
307	HK. Tls	1899	广州	7235	3741120	13957159	13889687	18355965	17813030	26939147	59252271	
317	HK. Tls	1900	广州	7181	3524793	13739275	13627664	18238281	17718511	21058997	53036553	
328	HK. Tls	1901	广州	6068	3766320	16551696	16514578	20657374	19839346	23636340	60845410	
340	HK. Tls	1902	广州	7583	4292264	16573606	16504924	24663372	23748818	39490965	80727943	

351	HK. Tls	1903	广州	8267	5229583	23698903	23633179	38869329	38226131	48700516	111268748	
362	HK. Tls	1904	广州	7447	5731356	26068065	25959120	27428974	26926517	43361439	96858478	
373	HK. Tls	1905	广州	7443	5567995	26565798	26176790	24530599	24369427	41697433	92793830	
384	HK. Tls	1906	广州	7305	4924031	26089131	25207664	28705552	25320741	43580291	95374974	
395	HK. Tls	1907	广州	7932	4738564	30099057	29894602	19026951	18545787	55342558	104468566	
406	HK. Tls	1908	广州	7914	4691141	30195502	29753077	27036657	26190659	47752794	104984953	
418	HK. Tls	1909	广州	7468	4618545	28769525	28096056	31364465	30202566	48768645	108902635	
430	HK. Tls	1910	广州	7492	4754577	32723148	32213167	24045347	22814777	58738743	115507238	
442	HK. Tls	1911	广州	7742	4804501	30687098	29533302	19793980	18064275	54627044	105108122	
454	HK. Tls	1912	广州	8622	5067534	26419493	25646119	23892078	22759367	47765145	98076716	
466	HK. Tls	1913	广州	9574	5234451	31967686	31268432	21166332	20079446	60938010	114072028	
477	HK. Tls	1914	广州	10853	5333831	35193416	34395931	21595984	21117199	49783193	106572593	
490	HK. Tls	1915	广州	10312	4972317	26823005	25872846	30693542	29558061	48386288	105902835	
502	HK. Tls	1916	广州	9998	4738099	26793720	25045582	24075526	22958565	61077491	111946737	
514	HK. Tls	1917	广州	9955	4394234	28174632	27308250	21039474	20129237	55407453	104621559	
526	HK. Tls	1918	广州	8333	3238447	28543055	27254372	18955431	17950913	58020793	105519279	
538	HK. Tls	1919	广州	8164	4007982	31447314	30067508	48381139	47073094	70812534	150640987	
550	HK. Tls	1920	广州	7488	3976255		32095248		41715054	67004015		140814317
562	HK. Tls	1921	广州	9880	4442374		42508043		39530699	83193636		165232378
574	HK. Tls	1922	广州				54704101		44025815	98558019		197287935

586	HK. Tls	1923	广州				73446794		46864963	98891971		219203728
598	HK. Tls	1924	广州				52849186		56973208	91744046		201566440
610	HK. Tls	1925	广州				46844124		57923779	96952808		201720711
622	HK. Tls	1926	广州				79687153		73735886	108182665		261605704
634	HK. Tls	1927	广州				43656900		51564003	77261509		172482412
646	HK. Tls	1928	广州				40032902		49358774	82189247		171580923
658	HK. Tls	1929	广州				41895279		56085918	85607839		183589036
670	HK. Tls	1930	广州				51507813		75630284	69070052		196208149
682	HK. Tls	1931	广州				62506967		104222436	76502301		243231704

附表 1.6 广州:税收类数据

REVENUE											
ID	UNIT OF THE TRADE 结算单位 UNIT	YEAR 年份 YEAR	PORT 港口 PORT	IMPORT DUTY 进口正税 IMD	EXPORT DUTY 出口正税 EXD	COAST TRADE DUTY 沿岸税（退税后）or 复进口税；1931 停止征收 CTD	TONNAGE DUES 吨位税；船钞 TOD	TRANSIT DUTY 子口税 TD	OPIUM DUTY 鸦片税 OD	INTERPORT DUTY (export duty on domestic trade) 转口税（始于 1931）；国内贸易出口税，从前是包括在出口税内的 IND	TOTAL COLLECTION 总共征收（非前述税种的和） TC
109	HK. Tls	1877	广州	164443	779022	49099	12143				1004707
117	HK. Tls	1878	广州	161714	777520	39808	9924				988966
125	HK. Tls	1879	广州	190890	843906	44516	13833				1093144
133	HK. Tls	1880	广州	129127	740016	53085	14555				936783
141	HK. Tls	1881	广州	164606	817160	51844	16973				1050583
149	HK. Tls	1882	广州	165667	872338	52327	14244				1104576
157	HK. Tls	1883	广州	172839	884231	65745	14255	2			1137073

165	HK. Tls	1884	广州	235548	727340	75660	12503				1051051
173	HK. Tls	1885	广州	239955	750023	83322	16186				1089485
181	HK. Tls	1886	广州	219339	877424	78850	17929	4171			1197713
189	HK. Tls	1887	广州	416249	906307	83653	17896	541			1904633
198	HK. Tls	1888	广州	596837	747525	99618	14472	4			2508292
207	HK. Tls	1889	广州	561664	746366	93329	15625				2398772
216	HK. Tls	1890	广州	571034	695841	97700	18276	3764			2329499
226	HK. Tls	1891	广州	649572	634283	113941	23985	35634			2480160
236	HK. Tls	1892	广州	597291	722702	127946	20892	8176			2342591
246	HK. Tls	1893	广州	539011	610460	128350	19981	2			2034993
256	HK. Tls	1894	广州	518356	568967	134916	20007				1852997
266	HK. Tls	1895	广州	518338	630081	93750	27723	28			1750388
276	HK. Tls	1896	广州	420309	660522	112580	27943	1167			1649327
286	HK. Tls	1897	广州	520476	721007	140361	23667	33901			1885514
296	HK. Tls	1898	广州	453274	716690	177171	25040	35035			1877805
307	HK. Tls	1899	广州	496097	708625	197889	24135	36423			2016270
317	HK. Tls	1900	广州	446703	626967	168854	27101	16029			1838931
328	HK. Tls	1901	广州	556317	699968	207824	25601	28494			2159627
340	HK. Tls	1902	广州	734781	883128	227002	30666	36594			2592260
351	HK. Tls	1903	广州	881856	956600	235061	46546	31498			2908604

362	HK. Tls	1904	广州	946407	988956	247645	39485	37628			3016596
373	HK. Tls	1905	广州	1000202	958569	208945	41773	38084			3064598
384	HK. Tls	1906	广州	1072670	948695	220890	42734	45165			3222391
395	HK. Tls	1907	广州	1156923	1017201	195888	44940	33981			3281726
406	HK. Tls	1908	广州	1079314	999029	246726	55905	33635			3219480
418	HK. Tls	1909	广州	1108055	1001819	280621	48416	31250			3075111
430	HK. Tls	1910	广州	1050598	1181539	250322	42638	35753			2966137
442	HK. Tls	1911	广州	973762	1098725	226734	46943	33434			2787049
454	HK. Tls	1912	广州	1039302	1005391	254896	43327	22519			3076900
466	HK. Tls	1913	广州	1199027	1202549	280371	39660	24581			3346737
477	HK. Tls	1914	广州	1174713	957636	285590	47661	22124			2856027
490	HK. Tls	1915	广州	868692	970967	359530	49313	18022			2398885
502	HK. Tls	1916	广州	770351	1085955	286280	39235	10961			2222726
514	HK. Tls	1917	广州	921191	1072687	278428	32999	32999			2332322
526	HK. Tls	1918	广州	906279	1125118	213844	21964	13735			2280941
538	HK. Tls	1919	广州	958506	1249011	216281	34922	13214			2471934
550	HK. Tls	1920	广州	1087802	1145392	267970	30028	11096			2542288
562	HK. Tls	1921	广州	1435858	1286656	337829	45206	12866			3375882
574	HK. Tls	1922	广州	1576457	1281111	320788	68407	18823			3281789
586	HK. Tls	1923	广州	1994646	1397504	358352	77367	14956			3842825

598	HK. Tls	1924	广州	1917559	1376554	338938	87105	20919			3741074
610	HK. Tls	1925	广州	1254373	1309335	301244	79286	11209			3008978
622	HK. Tls	1926	广州	2261280	1660004	433206	129517	13312			4618288
634	HK. Tls	1927	广州	1453784	1117227	285604	90515	12017			2963282
646	HK. Tls	1928	广州	1552431	1194442	230277	78497	18446			3074093
658	HK. Tls	1929	广州	3978892	1632153	403190	83514	23679			6121427
670	HK. Tls	1930	广州	7523482	1562848	540595	79573	37063			9743561
682	HK. Tls	1931	广州	8958068	1830458		85468			274424	11178210

附表 1.7　天津:贸易类数据

SHIPPING TRADE												
ID	UNIT OF THE TRADE 结算单位 UNIT	YEAR 年份 YEAR	PORT 港口 PORT	NO. OF THE VESSELS 船舶数 NO.	TONNAGE OF THE VESSELS 船舶吨位 TONNAGE	TOTAL FOREIGN IMPORTS 洋货总进口(从国外直接进口或者从国内转口过来) TFI	NET TOTAL FOREIGN IMPORTS 洋货净进口(除去复出口到国外或者其他中国港口的洋货) NTFI	CHINESE PRODUCE IMPORTED 土货进口,在国内(coast)贸易中 CPI	NET TOTAL CHINESE IMPORTS 土货净进口(除复出口) NTCI	TOTAL EXPORTS OF LOCAL ORIGIN 原出口(原产,首次记录,非复出口);分两部分:f 和 c 贸易 TELO	GROSS VALUE OF THE TRADE OF THE PORT 贸易总值=进口+原出口(含复出口) GV	NET VALUE OF THE TRADE OF THE PORT 贸易净值=净进出口+原出口(不含复出口) NV
102	HK. Tls	1877	天津	924	528308	7865774	7757207	17226137	13402048	1783213	26875124	
110	HK. Tls	1878	天津	973	542205	7913015	7694805	17582027	14322428	1954787	27449829	
118	HK. Tls	1879	天津	867	521971	13503506	13279624	13115080	9105582	1980236	28595822	
126	HK. Tls	1880	天津	816	492625	10399347	10169133	13003487	8940205	2559096	25961930	
134	HK. Tls	1881	天津	870	521286	10724918	10589556	11717019	8515898	2500777	24942714	
142	HK. Tls	1882	天津	845	535300	9634678	9509724	13337210	10046919	2968624	25940512	

150	HK. Tls	1883	天津	895	601370	10403543	10290571	11728965	8058774	3317666	25450174	
158	HK. Tls	1884	天津	942	697310	10685392	10618522	13455780	9710459	3610076	27751248	
166	HK. Tls	1885	天津	872	662242	12516208	12462442	13478685	10035250	3745071	29739964	
174	HK. Tls	1886	天津	1052	778876	13996512	13942880	14294056	9304512	4099053	32389621	
182	HK. Tls	1887	天津	1196	886844	13776608	13741010	16111178	10403910	4437686	34325472	
191	HK. Tls	1888	天津	1143	876059	13641592	13579277	15332667	10629500	3750240	32724499	
200	HK. Tls	1889	天津	1164	915006	15412710	15377845	15321373	11167219	4700451	35344534	
209	HK. Tls	1890	天津	1170	899234	17177294	17131846	16571758	12021178	4978644	38727696	
218	HK. Tls	1891	天津	1346	1015477	18431290	18409475	17513455	13062509	5576555	41521300	
228	HK. Tls	1892	天津	1298	1019964	17890775	17862805	15123389	11049635	6414414	39428578	
238	HK. Tls	1893	天津	1275	1024832	19743914	19720227	17995524	12888973	5960947	43700385	
248	HK. Tls	1894	天津	1357	1112832	21767407	21712098	21965020	15700708	6864248	50596675	
258	HK. Tls	1895	天津	1397	1235536	23382529	23340063	26065475	17676819	9158924	58606928	
268	HK. Tls	1896	天津	1395	1241645	29584743	29490949	21599781	13263578	8561840	59746364	
278	HK. Tls	1897	天津	1465	1326663	30306701	30212260	23337466	13846713	11000044	64644211	
288	HK. Tls	1898	天津	1488	1377116	32674447	32579514	28198595	18390950	12093684	72966726	
298	HK. Tls	1899	天津	1692	1583758	39409029	39279788	32622387	22623967	15700807	87732223	
319	HK. Tls	1900	天津	850	803288	14801993	14728354	9759438	9118920	8073384	32634815	
330	HK. Tls	1901	天津	1392	1323107	27678545	27227438	13602111	12029879	10154106	51434762	
331	HK. Tls	1902	天津	1665	1647830	53659526	53443798	26533157	22466744	12567922	93749605	

342	HK. Tls	1903	天津	1446	1528737	37640343	37463822	21891119	19945950	11319289	70850751	
353	HK. Tls	1904	天津	1432	1534251	36840510	36178019	20086039	17881296	14895379	71821928	
364	HK. Tls	1905	天津	1614	1771033	60429673	59640982	25136066	22185331	14739359	100305098	
375	HK. Tls	1906	天津	2033	2391986	65198556	64422439	29228279	26616808	21825308	116252143	
386	HK. Tls	1907	天津	1710	2188074	61966162	61208744	19618410	18317007	17253215	98837787	
409	HK. Tls	1909	天津	1904	2318106	45206807	44299136	29208113	26376763	28076685	102491605	
421	HK. Tls	1910	天津	1779	2300885	54038216	53313037	22467034	19759167	25018151	101523401	
433	HK. Tls	1911	天津	2187	2720547	53501039	52725966	25553978	24515733	39294949	118349966	
445	HK. Tls	1912	天津	1815	2340493	48544533	47922251	18045866	16893711	37442156	104032555	
457	HK. Tls	1913	天津	1999	2491955	71622439	70900368	25566977	24729283	37828623	135018039	
469	HK. Tls	1914	天津	2295	2899123	69770856	68710413	21636596	20227657	34701706	126109158	
481	HK. Tls	1915	天津	1962	2233403	55666045	52859966	24700335	22333528	49859964	130226344	
493	HK. Tls	1916	天津	1740	1918441	59804049	57606509	28423135	26703768	48710122	136937306	
505	HK. Tls	1917	天津	1510	1655391	69021197	67198341	34758511	33043496	42118824	145898532	
517	HK. Tls	1918	天津	1609	1598292	76028599	73808930	28821602	28149658	51180055	156030256	
529	HK. Tls	1919	天津	2122	2181598	86740924	85348380	33190642	32877521	71550033	191481599	
541	HK. Tls	1920	天津	2323	2494467		89201524		39692488	44588530		173482542
553	HK. Tls	1921	天津	2899	3299203		113791298		47369373	63618531		224779202
565	HK. Tls	1922	天津				122440039		47014868	75061425		244516332
577	HK. Tls	1923	天津				102341339		49646387	86420212		238407938

589	HK. Tls	1924	天津				103260453		60868408	87566738		251695599
601	HK. Tls	1925	天津				107709088		80057725	99937953		287704766
613	HK. Tls	1926	天津				105841839		76103282	95629632		277574753
625	HK. Tls	1927	天津				128492918		76849196	119997109		325339223
637	HK. Tls	1928	天津				136121064		98469955	113659636		348250655
649	HK. Tls	1929	天津				145095553		89250857	108284739		342631149
661	HK. Tls	1930	天津				133246191		71642482	110225213		315113886
673	HK. Tls	1931	天津				134702697		82563190	132964050		350229937
685	HK. Tls	1932	天津		5790161			76286594	75933283			

附表 1.8 天津:税收类数据

REVENUE											
ID	UNIT OF THE TRADE 结算单位 UNIT	YEAR 年份 YEAR	PORT 港口 PORT	IMPORT DUTY 进口正税 IMD	EXPORT DUTY 出口正税 EXD	COAST TRADE DUTY 沿岸税(退税后)or 复进口税;1931 停止征收 CTD	TONNAGE DUES 吨位税;船钞 TOD	TRANSIT DUTY 子口税 TD	OPIUM DUTY 鸦片税 OD	INTERPORT DUTY (export duty on domestic trade) 转口税(始于 1931);国内贸易出口税,从前是包括在出口税内的 IND	TOTAL COLLECTION 总共征收(非前述税种的和) TC
102	HK. Tls	1877	天津	54688	72001	66485	7669		121842		322685
110	HK. Tls	1878	天津	40795	72874	72455	7415		124162		317701
118	HK. Tls	1879	天津	229341	80395	104624	9249				423608
126	HK. Tls	1880	天津	170060	97373	106207	9040				382679
134	HK. Tls	1881	天津	166833	102192	103900	9617				382541
142	HK. Tls	1882	天津	153136	123187	104904	6143				387370
150	HK. Tls	1883	天津	144233	120804	110613	5285				380936

158	HK. Tls	1884	天津	144233	120804	110613	5285				380936
166	HK. Tls	1885	天津	138684	146577	138339	7632				431232
174	HK. Tls	1886	天津	140587	158628	133891	7754				440860
182	HK. Tls	1887	天津	151810	185710	153158	11978		152648		655303
191	HK. Tls	1888	天津	134284	164236	150852	7458				591495
200	HK. Tls	1889	天津	114343	200842	143568	9167				590456
209	HK. Tls	1890	天津	127305	200186	153272	7972				609956
218	HK. Tls	1891	天津	136147	214304	162008	10494				642855
228	HK. Tls	1892	天津	142272	263381	137419	17075				692557
238	HK. Tls	1893	天津	144073	257396	142926	9462				683933
248	HK. Tls	1894	天津	160953	297653	159121	14108				749051
258	HK. Tls	1895	天津	144506	353590	146407	14569				762552
268	HK. Tls	1896	天津	219615	332302	175038	21042				841042
278	HK. Tls	1897	天津	275186	427498	167221	28730				973037
288	HK. Tls	1898	天津	265576	471841	178919	26353				1016413
298	HK. Tls	1899	天津	394503	554283	184142	28135				1269804
319	HK. Tls	1900	天津	142889	270982	56688	7389				516707
330	HK. Tls	1901	天津	234740	313616	102499	20979	62206			764514
331	HK. Tls	1902	天津	812802	545956	180506	28729	691665			2294362
342	HK. Tls	1903	天津	590965	460361	124000	35266	790069			2028029

353	HK. Tls	1904	天津	576562	478737	129524	35040	769470			2009198
364	HK. Tls	1905	天津	1120074	567160	171620	47363	1039047			2963336
375	HK. Tls	1906	天津	1344816	578434	180054	81176	1193784			3400007
386	HK. Tls	1907	天津	1337357	610625	188628	72072	994828			3215494
409	HK. Tls	1909	天津	948245	682905	172473	54393	881857			2752016
421	HK. Tls	1910	天津	1136419	807646	193868	79175	1012537			3233916
433	HK. Tls	1911	天津	1239101	949799	184974	87728	959941			3421544
445	HK. Tls	1912	天津	1198890	1024320	152546	78627	1083444			3537827
457	HK. Tls	1913	天津	1817269	1005662	200409	88942	1279036			4391318
469	HK. Tls	1914	天津	1998038	1001866	191838	108050	1306102			4605894
481	HK. Tls	1915	天津	1559814	1349079	171427	63540	1253522			4397381
493	HK. Tls	1916	天津	1582093	1418238	169492	52461	1199570			4421855
505	HK. Tls	1917	天津	1707782	1275065	151810	36756	1097626			4269038
517	HK. Tls	1918	天津	1506865	1180904	136238	41235	1163692			4028934
529	HK. Tls	1919	天津	2076642	1535319	183210	72555	1335661			5203386
541	HK. Tls	1920	天津	2425146	1178024	171429	85625	1159677			5019902
553	HK. Tls	1921	天津	3042750	1475748	191850	112856	1497202			6878496
565	HK. Tls	1922	天津	2807275	1826001	201737	141988	1601409			6647728
577	HK. Tls	1923	天津	2752965	2114967	207820	123616	1532855			6731593
589	HK. Tls	1924	天津	3021787	2203950	218362	111532	1366946			6922578

601	HK. Tls	1925	天津	3492117	2631213	241017	182866	1910726			8535559
613	HK. Tls	1926	天津	3429384	2589854	227936	160638	1514952			8166456
625	HK. Tls	1927	天津	3612141	3078445	242252	123999	1581063			8644068
637	HK. Tls	1928	天津	3998766	2964935	261535	150365	1604745			8980346
649	HK. Tls	1929	天津	9319839	4296545	356035	144783	1167759			15284960
661	HK. Tls	1930	天津	9027084	3135439	230687	81217	751221			13225647
673	HK. Tls	1931	天津	18326739	4451756		97145			464557	23430265
685	HK. Tls	1932	天津	18988680	3317568		122891			802043	25096389

2. 埠际贸易：第二章的数据基础（1885—1904 年和 1936—1940 年中选取 4 个代表年份：1885、1886、1936、1937）

附表 2.1　1885 年的埠际贸易联系

（单位：海关两）

输出自	牛庄	天津	烟台	胶州	重庆	宜昌	长沙	汉口	九江	芜湖	南京
牛庄	0	1612	63009	0	0	0	0	0	0	0	0
天津	13709	0	16680	0	0	0	0	16635	385	341	0
烟台	25737	8224	0	0	0	0	0	466	0	0	0
胶州	0	0	0	0	0	0	0	0	0	0	0
重庆	0	0	0	0	0	0	0	0	0	0	0
宜昌	0	0	0	0	0	0	0	1277748	0	0	0
长沙	0	0	0	0	0	0	0	0	0	0	0
汉口	0	0	0	0	0	2049268	0	0	3217	125050	0
九江	0	0	0	0	0	0	0	2752364	0	39556	0
芜湖	0	0	0	0	0	0	0	125360	255	0	0
南京	0	0	0	0	0	0	0	0	0	0	0
镇江	0	137165	16039	0	0	0	0	150270	8997	26144	0
上海	3755229	18983328	4396208	0	0	11	0	15147356	3248397	2885446	0
杭州	0	0	0	0	0	0	0	0	0	0	0
宁波	0	0	0	0	0	0	0	120312	43053	253	0
温州	1824	0	0	0	0	0	0	0	0	0	0
福州	41053	937656	28932	0	0	0	0	14214	0	0	0
厦门	171283	169789	62346	0	0	0	0	0	0	0	0
汕头	78529	501160	353016	0	0	0	0	1228594	1084	21997	0
广州	142746	912369	161532	0	0	0	0	519333	961	87	0
九龙	0	0	0	0	0	0	0	0	0	0	0
香港	240102	1153868	502327	0	0	0	0	22261	0	19462	0

（续表）

输出自	镇江	上海	杭州	宁波	温州	福州	厦门	汕头	广州	九龙	香港
牛庄	0	825325	0	661	0	16161	603818	1926607	879022	0	262068
天津	1715	2725327	0	17866	46	53270	33323	99535	526900	0	1356389
烟台	0	2494991	0	179	1965	12891	452945	787224	61653	0	146103
胶州	0	0	0	0	0	0	0	0	0	0	0
重庆	0	0	0	0	0	0	0	0	0	0	0
宜昌	140	56	0	0	0	0	0	0	0	0	0
长沙	0	0	0	0	0	0	0	0	0	0	0
汉口	1710495	12778606	0	351185	0	0	0	0	0	0	22261
九江	360746	3375569	0	0	0	0	0	0	0	0	0
芜湖	8512	840321	0	375	0	0	0	0	1059958	0	733
南京	0	0	0	0	0	0	0	0	0	0	0
镇江	0	716507	0	381	0	0	0	0	482248	0	1274
上海	8713418	0	0	5908318	309067	1769854	974991	2550339	4548725	0	4512853
杭州	0	0	0	0	0	0	0	0	0	0	0
宁波	0	15147356	0	0	8713418	0	2697	0	35767	0	12519
温州	0	93955	0	4889	0	0	0	0	0	0	2818
福州	0	416667	0	0	0	0	55923	8586	14	0	62535
厦门	0	293993	0	25445	0	122142	0	6843	0	0	726403
汕头	415740	1736007	0	1000	0	67793	18827	0	0	0	1179221
广州	2442	795950	0	167653	278	0	0	0	0	0	10472467
九龙	0	0	0	0	0	0	0	0	0	0	0
香港	0	11164088	0	43134	0	2977828	6612601	6041442	5668489	0	0

附表 2.2　1886 年的埠际贸易联系

（单位:海关两）

输出自	牛庄	天津	烟台	宜昌	长沙	汉口	九江	芜湖	南京
牛庄	0	2252	89677	0	0	0	0	0	0
天津	10074	0	16126	0	0	13339	0	323	0
烟台	35645	5339	0	0	0	9871	0	0	0
宜昌	0	0	0	0	0	1813840	0	0	0
长沙	0	0	0	0	0	0	0	0	0
汉口	0	0	0	1787992	0	0	6382	182524	0
九江	0	0	0	0	0	3786300	0	47814	0
芜湖	0	31657	0	0	0	97193	29956	0	0
南京	0	0	0	0	0	0	0	0	0
镇江	0	138900	0	0	0	123014	5613	27538	0
上海	4101132	19211032	4628539	0	0	13184776	3293046	3504265	0
杭州	0	0	0	0	0	0	0	0	0
宁波	0	0	0	0	0	155902	33786	230	0
温州	413	0	0	0	0	0	0	0	0
福州	7133	1039825	16884	0	0	24724	3	0	0
厦门	146117	218518	73666	0	0	0	0	0	0
汕头	90	2833	2902	0	0	167	0	0	0
广州	116880	949856	116636	860	0	531640	10081	3953	0
九龙	0	0	0	0	0	0	0	0	0
香港	235378	1050112	522234	0	0	18360	0	22184	0

（续表）

输出自	镇江	上海	杭州	宁波	温州	福州	厦门	汕头	广州	九龙	香港
牛庄	0	1106050	0	0	0	22192	458605	1776639	926748	0	160391
天津	488	2838286	0	28731	191	53718	36740	126931	517661	0	447095
烟台	1311	3111173	0	5622	0	3880	447376	802989	23791	0	471222
宜昌	0	51507	0	0	0	0	0	0	0	0	0
长沙	0	0	0	0	0	0	0	0	0	0	0
汉口	2132808	13702057	0	546559	0	0	0	0	0	0	0
九江	308774	3220129	0	0	0	0	0	0	0	0	0
芜湖	24464	1014140	0	0	0	0	0	24820	2406838	0	675
南京	0	0	0	0	0	0	0	0	0	0	0
镇江	0	3786300	0	483	0	0	0	0	756093	0	9142
上海	7795234	0	0	6501553	339491	2028413	1383267	4027659	5848398	0	4482507
杭州	0	0	0	0	0	0	0	0	0	0	0
宁波	0	4641077	0	0	26235	0	15622	24653	28959	0	20493
温州	0	93018	0	5781	0	0	0	0	3871	0	836
福州	1	433241	0	18	0	0	55072	9992	9	0	448655
厦门	0	440173	0	35324	0	124681	0	9559	0	0	518387
汕头	0	9266	0	0	0	127	3066	0	73	0	89909
广州	1295	950336	0	195151	435	0	0	0	0	0	17184807
九龙	0	0	0	0	0	0	0	0	0	0	0
香港	13206	11200344	0	48246	19834	3027594	5533490	6556188	5066689	0	0

附表2.3　1936年的埠际贸易联系

（单位：海关两）

源自	天津	胶州	重庆	长沙	汉口	九江	芜湖	南京
天津	3242	4308725	4275	26333	166077	103644	47719	57874
胶州	21224139	152144	169	15019	1434460	139093	22832	16389
重庆	617	0	2311	210640	3351254	12	679	3157
长沙	9428	5928	1598104	50	3706220	8037	3015	69764
汉口	284809	562494	7289620	7535181	4997	1429796	511240	207923
九江	2085	4105	44589	93023	1870234	0	62736	21852
芜湖	584504	290666	46001	1706	236534	25739	45011	177337
南京	174956	41082	8614	13014	310061	94146	57097	0
镇江	256211	63	2020	21086	1891352	235415	143056	8542
上海	66406578	35648459	8326048	3962305	13181124	3558648	3855764	459575
福州	3237319	503215	655	1709	12032	1384	0	3571
厦门	42368	27556	193	0	6627	0	0	245
汕头	2108023	615791	13482	4806	677416	20174	125943	44002
广州	402217	794028	361703	4344	96665	2158	773	7409
九龙	0	0	0	0	0	0	0	0
香港	4280349	1521481	210166	156892	371663	47863	51659	104706

（续表）

源自	镇江	上海	福州	厦门	汕头	广州	九龙	香港
天津	7462	41891600	526071	171475	4465835	5079111	5818	6152457
胶州	0	51099397	305894	96606	643284	2351300	0	772935
重庆	29269	4377013	571	0	6761	18961	0	258877
长沙	357	3323745	15073	13471	51498	796528	0	1661
汉口	1038023	27695864	8564	144737	1834178	469827	0	69956
九江	73465	8548821	65244	6607	106216	169241	0	60483417
芜湖	78403	1088461	1266	2538	956352	621178	0	3
南京	67262	1221034	3216	9438	70103	111173	0	30557
镇江	146	335318	503	6523	29803	28921	0	33
上海	2051569	153962	7183276	12374686	26624991	28833517	33200197	13302935
福州	1875	4496983	95250	250685	321194	266571	310	2253658
厦门	4430	1540253	72285	23791	1356309	37834	61	889750
汕头	101720	5110127	322260	286433	1322	913524	3067	7000036
广州	3119	4051750	131559	247069	2020499	2859	0	22641181
九龙	0	0	0	0	0	0	0	12606355
香港	68062	4292506	355904	1127551	897565	1014994	11078464	0

附表 2.4　1937 年的埠际贸易联系

（单位：海关两）

源自	天津	胶州	重庆	汉口	九江	芜湖	南京	镇江
天津	149	2920419	14871	829905	518218	238597	289371	37312
胶州	17928823	45188	847	639092	695466	110971	81944	0
重庆	3086	0	0	7430709	59	3396	15783	146343
汉口	1424045	2770677	13917217	9547	2504119	2554328	1039088	5184516
九江	10427	17777	152800	5749302	0	313681	109259	367323
芜湖	2922519	1453331	230003	1182669	128697	225055	886684	392016
南京	874779	205327	43069	1550303	470730	285483	0	336308
镇江	1281053	313	10102	9456760	1177074	715279	42711	729
上海	54330099	23653088	27546936	60838522	17540983	19225221	2279693	3466929
福州	6464912	2099818	930	59649	6920	0	17857	9376
厦门	40731	33279	964	9205	0	0	1225	22152
汕头	3000711	1041597	15019	2791517	100870	629714	220010	508602
广州	1305430	81321	6163	102152	10792	3867	36409	15596
九龙	0	0	0	0	0	0	0	0
香港	339220	651184	122224	718618	220022	258294	523528	340312

（续表）

源自	上海	福州	厦门	汕头	广州	九龙	香港
天津	29102660	345407	373611	3290582	11066999	19817	5219356
胶州	52336776	1451941	305626	1482612	9890068	0	2023212
重庆	21142023	2856	0	33639	84042	0	198988
汉口	138308767	42433	723683	9170888	1382180	0	9610
九江	42744105	326222	33037	527663	826687	0	90
芜湖	5442307	6330	12689	4781761	3105891	0	16
南京	6105169	16081	47190	350513	555867	0	152783
镇江	1676588	2515	32616	149017	144605	0	166
上海	163717	11291253	10964465	25440930	69437737	0	27171347
福州	5474770	0	249065	587215	675715	1550	2156976
厦门	1421865	96541	0	230717	102747	303	383720
汕头	9646966	374025	373729	41	2454657	388	8129271
广州	12088549	294407	562222	4581072	5976	0	33244104
九龙	0	0	0	0	0	0	14956731
香港	3806341	322149	2726706	1142257	1960347	2448969	0

参考文献

一、海关资料、资料汇编

陈梅龙、景消波译编《近代浙江对外贸易及社会变迁：宁波、温州、杭州海关贸易报告译编》，宁波出版社 2003 年版；

聂宝璋编《中国近代航运史资料（1840—1895)》（第一辑）上册，上海人民出版社 1983 年版；

中华人民共和国杭州海关译编《近代浙江通商口岸经济社会概况——浙海关、瓯海关、杭州关贸易报告集成》，浙江人民出版社 2002 年版；

交通部烟台港务管理局编《近代山东沿海通商口岸贸易统计资料》，对外贸易教育出版社 1986 年版；

李必樟译编《上海近代贸易经济发展概况：1854—1898 年英国驻上海领事贸易报告汇编》，上海社会科学院出版社 1993 年版；

吴弘明编译《津海关贸易年报（1865—1946)》，天津社会科学院出版社 2006 年版；

徐雪筠等译编《上海近代社会经济发展概况（1882—1931）——〈海关十年报告〉译编》，上海社会科学院出版社 1985 年版；

中国第二历史档案馆、中国海关总署办公厅编《中国旧海关史料》，京华出版社 2001 年版；

周勇、刘景修译编《近代重庆经济与社会发展（1876—1949)》，四川大学出版社 1987 年版。

二、中外文专著、译著、论文集

［德］贡德·弗兰克著，刘北成译《白银资本——重视经济全球化中的东方》，中央编译出版社 2008 年版；

［美］吉尔伯特·罗兹曼主编《中国的现代化》，江苏人民出版社 2010 年版；

［美］彭慕兰著，马俊亚译《腹地的构建：华北内地的国家、社会和经济(1853—1937)》，社会科学文献出版社 2005 年版；

［美］施坚雅主编，叶光庭等译，陈桥驿校《中华帝国晚期的城市》，中华书局 2000 年版；

［美］托马斯·莱昂斯著，毛立坤、方书生、姜修宪译《中国海关与贸易统计（1859—1948)》，浙江大学出版社 2009 年；

［美］托马斯·罗斯基著，唐巧天、毛立坤、姜修宪译《战前中国经济的增长》，浙江大学出版社 2009 年版；

［美］王国斌著，李伯重、连玲玲译《转变的中国——历史变迁与欧洲经验的局限》，江苏人民出版社 2010 年版；

［日］滨下武志著，高淑娟、孙彬译《中国近代经济史研究：清末海关财政与通商口岸市场圈》，江苏人民出版社 2006 年版；

［日］富田和晓《经济区位的理论与实践》，大明堂 1991 年版；

《水运》，邮传部图书通译局转译自《中国经济全书》，邮传部图书通译局，年代未知；

David D. Buck, *Urban Change in China: Politics and Development in Tsinan, Shantung*, 1890 – 1949, Madison: The University of Wisconsin Press, 1978;

U. S. Department of Justice and the Federal Trade Commission, *Horizontal Merger Guidelines*, U. S. Department of Justice, 1997;

［英］莱特《中国关税沿革史》，生活·读书·新知三联书店 1958 年版；

陈诗启《中国近代海关史（民国部分)》，人民出版社 1999 年版；

陈争平《1895—1936 年中国国际收支研究》，中国社会科学出版社 1996

年版；

戴鞍钢《发展与落差——近代中国东西部经济发展进程比较研究（1840—1949）》，复旦大学出版社2006年版；

戴鞍钢《港口·城市·腹地——上海与长江流域经济关系的历史考察（1843—1913）》，复旦大学出版社1998年版；

党明德、林吉玲主编《济南百年城市发展史：开埠以来的济南》，齐鲁书社2004年版；

东亚同文会《中国省别全志》第九卷《湖北省》，东亚同文会，1918年；

樊如森《天津与北方经济现代化》，东方出版中心2007年版；

樊树志《明清江南市镇探微》，复旦大学出版社1990年版；

傅崇兰主编《拉萨史》，中国社会科学出版社1994年版；

傅衣凌《明清社会经济史论文集》，中华书局2008年版；

傅衣凌《明清时代商人及商业资本》，中华书局2007年版；

林满红《口岸贸易与近代中国——台湾最近有关研究之回顾》，见《近代中国区域史研讨会论文集》，"中研院"近代史研究所，1986年；

刘景玉、智喜君编《鞍山城市史》，社会科学文献出版社1994年版；

刘石吉《明清时代江南市镇研究》，中国社会科学出版社1987年版；

刘再兴主编《区域经济理论与方法》，中国物价出版社1996年版；

罗澍伟主编《近代天津城市史》，中国社会科学出版社1993年版；

皮明庥主编《近代武汉城市史》，中国社会科学出版社1993年版；

盛俊《海关税务纪要》，商务印书馆1919年版；

实业部国际贸易局《中国实业志·湖南省》，1935年；

宋俊岭、黄序主编《中国城镇化知识15讲》，中国城市出版社2001年版；

陶水木《浙江商帮与上海经济近代化研究（1840—1936）》，上海三联书店2000年版；

王尚义《晋商商贸活动的历史地理研究》，科学出版社2004年版；

王玉茹《增长、发展与变迁：中国近代经济发展研究》，中国物资出版社2004年版；

王钟麟《全国商埠考察记》，世界书局1936年版；

吴承明《中国的现代化：市场与社会》，生活·读书·新知三联书店2001年版；

吴松弟主编《中国百年经济拼图：港口城市及其腹地与中国现代化》，山东画报出版社2006年版；

谢本书、李江主编《近代昆明城市史》，云南大学出版社1997年版；

许学强、周一星、宁越敏《城市地理学》，高等教育出版社1997年版；

叶舜赞《城市化与城市体系》，科学出版社1994年版；

张利民等《近代环渤海地区经济与社会研究》，天津社会科学院出版社2003年版；

张朋园《湖南现代化的早期进展》，岳麓书社2002年版；

张学君、张莉红《成都城市史》，成都出版社1993年版；

张仲礼等主编《长江沿江城市与中国近代化》，上海人民出版社2002年版；

郑友揆、韩启桐《中国埠际贸易统计1936—1940》，中国科学院1951年版；

周一星《城市地理学》，商务印书馆1995年版；

周子峰《近代厦门城市发展史研究（1900—1937）》，厦门大学出版社2005年版；

朱羲农、朱保训编纂《湖南实业志》，湖南人民出版社2008年版；

庄维民《近代山东市场经济的变迁》，中华书局2000年版。

三、论文

Sandra Poncet《中国市场正在走向“非一体化”？——中国国内和国际市场一体化程度的比较分析》，《世界经济文汇》2002年第1期；

曹有挥《长江沿岸港口体系空间结构研究》，《地理学报》1999年第3期；

曹有挥《集装箱港口体系的演化模式研究——长江下游集装箱港口体系的实证分析》，《地理科学》1999年第6期；

曹有挥、曹卫东、金世胜等《中国沿海集装箱港口体系的形成演化机理》,《地理学报》2003年第3期;

曹有挥、李海建、陈雯《中国集装箱港口体系的空间结构与竞争格局》,《地理学报》2004年第6期;

陈彦光、余斌《中国城市空间分布的双侧对称性》,《地球科学进展》2006年第7期;

戴鞍钢《近代上海与长江流域市场网络的架构》,《复旦学报(社会科学版)》1996年第5期;

邓祖涛、陆玉麒《汉水流域中心城市空间结构演变探讨》,《地域研究与开发》2007年第1期;

杜国庆《发展中国家的城市体系空间结构研究——以中国为例》,《南京大学学报》2006年第3期;

樊如森《华北西北经济现代化与天津开埠》,《浙江学刊》2006年第5期;

方书生《近代岭南商埠格局的变迁(1843—1939)》,《中国历史地理论丛》2004年第2期;

方修琦、叶瑜、葛全胜等《从城镇体系的演变看清代东北地区的土地开发》,《地理科学》2005年第2期;

顾朝林《改革开放二十年来中国城市地理学研究进展》,《地理科学》1999年第4期;

顾朝林、庞海峰《基于重力模型的中国城市体系空间联系与层域划分》,《地理研究》2008年第1期;

桂琦寒、陈敏、陆铭等《中国国内商品市场趋于分割还是整合:基于相对价格法的分析》,《世界经济》2006年第2期;

何廉《二十余年来我国已编之物价指数》,《银行月刊》1927年第2号;

黄兴涛、夏明方《清末民国社会调查及其学术内蕴》,《中国图书评论》2008年第11期;

姜涛《通商口岸体系的形成与中国近代城市体系的变动——基于人口史的考察》,《四川大学学报(哲学社会科学版)》2006年第5期;

金凤君、王成金《轴—辐侍服理念下的中国航空网络模式构筑》，《地理研究》2005年第5期；

金凤君、王姣娥《20世纪中国铁路网扩展及其空间通达性》，《地理学报》2004年第2期；

李惠村《南开大学外贸指数研究》，《南开经济研究》1991年第6期；

李娟文、姚华松《全球化背景下武汉城市圈经济发展的思考》，《世界地理研究》2004年第4期；

刘承良、余瑞林、熊剑平等《武汉都市圈经济联系的空间结构》，《地理研究》2007年第1期；

刘承良《武汉都市圈经济联系时空演变特征分析》，《人文地理》2006年第6期；

刘海岩《近代华北交通的演变与区域城市重构（1860—1937）》，《城市史研究》第21辑，2002年；

陆玉麒《中国区域空间结构研究的回顾与展望》，《地理科学进展》2002年第4期；

罗澍伟《试论近代华北的区域城市系统》，《天津社会科学》1992年第6期；

毛立坤《晚清时期中外贸易的个案分析——以香港转口贸易为例》，《中国历史地理论丛》2006年第1期；

任放《二十世纪明清市镇经济研究》，《历史研究》2001年第5期；

沈建法《海外中国城市地理研究进展》，《世界地理研究》2007年第4期；

苏云峰《中国现代化的区域研究：湖北省（1860—1916）》，“中研院”近代史研究所专刊（41），1981年；

唐巧天《从鼎盛到中落——上海作为全国外贸转运中心地位的变迁（1864—1930）》，《史林》2007年第6期；

王成金《中国港口分布格局的演化与发展机理》，《地理学报》2007年第8期；

王非、赵荣《近现代西北城市体系的空间发展及其影响机制分析》，《人文地理》1999 年第 4 期；

王列辉《国外港口体系研究述评》，《经济地理》2007 年第 2 期；

王列辉《近代宁波港腹地的变迁》，《中国经济史研究》2008 年第 1 期；

王列辉《近代上海港崛起的区位分析——兼与宁波港的比较》，《史学月刊》2009 年第 8 期；

王茂军、申玉铭、高宜程《民国时期山东城镇体系的空间组织——基于洋货空间流通的分析》，《地理研究》2007 年第 6 期；

王茂军、张学霞、齐元静《近 50 年来山东城市体系的演化过程——基于城市中心性的分析》，《地理研究》2005 年第 3 期；

王杉《简析近代东北城市的兴起》，《辽宁大学学报（哲学社会科学版）》2001 年第 4 期；

王水《中国近代国内贸易统计》，《中国经济史研究》1987 年第 1 期；

吴承明《传统经济・市场经济・现代化》，《中国经济史研究》1997 年第 2 期；

吴承明《近代国内市场商品量的估计》，《中国经济史研究》1994 年第 4 期；

吴弘明译《中国城市史研究之展望——圆桌讨论会纪要》，《城市史研究》第 22 辑，2004 年；

吴松弟、方书生《一座尚未充分利用的近代史资料宝库——中国旧海关系列出版物评述》，《史学月刊》2005 年第 3 期；

吴松弟、王列辉《唐朝至近代长江三角洲港口体系的变迁轨迹》，《复旦学报（社会科学版）》2007 年第 2 期；

仵宗卿、戴学珍、杨吾扬《帕雷托公式重构及其与城市体系演化》，《人文地理》2000 年第 1 期；

许檀《明清时期城乡市场网络体系的形成及意义》，《中国社会科学》2000 年第 3 期；

许檀《明清时期区域经济的发展——江南、华北等若干区域的比较》，《中国经济史研究》1999 年第 2 期；

许檀《清代前期流通格局的变化》，《清史研究》1999年第3期；

许学强、周素红《20世纪80年代以来我国城市地理学研究的回顾与展望》，《经济地理》2003年第4期；

姚永超《1906—1931年日俄经济势力在东北地区的空间推移——以港口、铁路、货物运销范围的变化为视角》，《中国历史地理论丛》2005年第1期；

张文尝、金凤君、唐秀芳《空间运输联系的分布与交流规律研究》，《地理学报》1994年第6期；

周一星、张莉《中国大陆对外经济联系的空间格局》，《经济地理》2000年第1期；

周一星、胡智勇《从航空运输看中国城市体系的空间网络结构》，《地理研究》2002年第3期；

朱英明、姚士谋《国外区域联系研究综述》，《世界地理研究》2001年第2期；

邹君《湖南省中心城市竞争力比较研究》，《云南地理环境研究》2005年第5期。

四、学位论文

刘景纯《清代黄土高原地区城镇地理研究》，陕西师范大学2002年博士论文；

陆远权《重庆开埠与四川社会变迁（1891—1911年）》，华东师范大学2003年博士论文；

唐巧天《上海外贸埠际转运研究（1864—1930年）》，复旦大学2007年博士论文；

王列辉《区位优势与自我增强——上海、宁波两港空间关系演变的多维分析（1843—1941）》，复旦大学2007年博士论文；

俞勇军《赣江流域空间结构模式研究》，南京师范大学2004年博士论文；

张珊珊《近代汉口港与其腹地经济关系变迁（1862—1936）》，复旦大学2007年博士论文。